JN256749

明治初期 伺・指令裁判体制の一掬

霞 信彦
Nobuhiko Kasumi

慶應義塾大学出版会

はじめに

先学の指摘をふまえ自らの分析にもとづき、筆者は、明治維新後、わが国において、「国家的規模でおこなわれる刑事裁判」が存在するようになるのは、明治三年一二月末の全国統一刑法典「新律綱領」頒布、翌年七月一四日断行された「廃藩置県」、同年一一月二七日の太政官達「県治条例」の制定を経て後のことと思料する。しかしその時の刑事裁判権は、各地に設けられた地方行政区画である「府・県」に委ねられるに止まり、国家の意思が、制度的に直接反映される状況には至らなかった。つまり刑事裁判の処決がよりどころとした刑法典こそ全国共通のものとなったが、それを解釈し具体的な刑事事件に適用する作業は、ほぼ各府県の専権的管掌事項であった。そして各府県は、掌中にした刑事裁判権を、自らが為政者として管轄する地域の統制をより強固にする手段として十二分に活用した。

しかし明治五年四月二五日、佐賀出身の江藤新平が、その前年の官制改革により設置された「司法省」の初代司法卿に就任することを契機として、それまで各府県に一任されていた刑事裁判体制に大きな変革が齎されることとなる。江藤は、司法権の行使は国家の権限にのみ属すべきものであり、国家が設置し管理する裁判所において、国家が任命かつ派遣する裁判官の主導でおこなわれなければならない、との強い信念を抱き着任した。それを実現するため江藤は、任に就いて早々、同年八月三日の太政官達をもって「司法職務定制」（以後ここでは「定制」と略称する）と命名する法令を制定する。「定制」は、全一〇八条からなり、維新後最初の司法行政・司法制度に関する網羅規定で、以後長きにわたりわが国司法制度の根幹に大きな影響を与える存在となる。そして「定制」第一五章により、各府県に「府県裁判所」を置き、速やかに司法権を司法省の管轄下に設けられた府県裁判所に移行すべき新体制が明定された。江藤は全国に府県裁判所の創設を目論むが、既得権を守ろうとする各府県とその背後にあって府県の監督官庁としての省益を維持しようとする大蔵省との確執のもと、明治六年四月一九日までにわずか全国三府一三県に同裁判所が誕生するに止まり、司法権の国家一元化が完成するのには、佐賀の乱で処刑された江藤亡き後の明治九年代まで待たなければならなかった。

さて、江藤の夢見た司法権の国家一元化には少なからぬ時間を要し、地域により、府県と府県裁判所という二系統の別異の裁判機関が刑事裁判を担当したものの、そこに携わった実務者たちは、共通して新律綱領施行下における法令の適正な執行を希求し、解釈・適用に日夜腐心した現実は、今日残された史料の解明を通じて明らかにされ得る。その史料とは、現在法務省法務図書館が所蔵するぼう大な量にのぼる冊子文書、『府県伺留』および『各裁判所伺留』である。両史料に最初に注目しそれらの史料的位置づけや解題をおこない詳細な研究成果を発表したのは、沼正也博士であった。その結果、それらは、明治初期の刑事裁判において、各府県および各府県裁判所の刑事裁判実務担当者と、明治四年九月二七日司法省に設けられた「明法寮」（明治八年五月四日廃止）という部局との間で交わされた、法の解釈・適用をめぐる疑義に関する、伺および指令を収録した原史料であることが判明する。そうした文書が残された前提には、もともと新政府の司法官を養成するために置かれた明法寮であったが、そこに集められた、「法」に関する当時最先端の知識学識を有していた俊秀たちは、単に法学教育に専心するに止まらず、明法寮が、法案の創出、法の運用への建言などにも係ることとなり、法律家専門家集団、今日にいうシンクタンクに匹敵する存在となっていった、という事情が存在する。こうした経緯のなかで、筆者は、各府県・各府県裁判所において刑事裁判の実決を担当した者と司法省（実際には明法寮官人）との間で交わされた伺・指令を基軸としておこなわれた、明治初期のわが国刑事裁判体制、これを「伺・指令裁判体制」と呼称することとし、先学の考察に依拠しつつ、萌芽期の刑事裁判の実態を明らかにすることを目的として小考を書き綴ってきた。今回刊行の対象として付した論考は、同体制を解明するために、人的・制度的・史料解題的な多方面からのアプローチを試みたものである。必ずしも先行研究が十分とはいえない分野でもあり、今日までに書きためた論考を世に問うことで、明治初期刑事司法史の一隅にささやかな灯りをあてることができればと考えている。

本書刊行に際しては、慶應義塾大学出版会編集部岡田智武氏に、多大なる御尽力をいただいた。折りにふれ発表してきた拙い論考が、こうして一書となり世に問うことができたのは、いつに変らぬ岡田氏の真摯かつ細心の編集作業のたまものである。記して心からなる謝意を表したい。併せて、敢えて顕名とはしないが、慶應義塾大学個人研究費として有徳の方々より寄付された浄財の存在が、本書出版を決意する源動力の一つとなったことを銘記しておきたいと思う。

平成二八年一月

霞　信彦

記

一、本書所収の論考中、各論考は、それぞれ左に示す諸誌に初出である。

第一章

○「司法省日誌」考――第一期刊行分を素材として――（『法学政治学論究』第四号・六七頁以下　平成二年三月）

第二章

○司法省日誌記事をめぐる一試論（『慶應義塾大学法学部法律学科開設百年記念論文集〔法律学科篇〕』三五三頁以下　平成二年九月）

第三章

○問刑条例をめぐる若干の考察――法務図書館所蔵「問刑条例」および「各裁判所伺留」を素材として――（『びぶろす』第四一巻第七号・一頁以下　平成二年七月）

第四章

○脱籍逃亡自首者の処分をめぐって（原題「脱藩逃亡自首者の処分をめぐる若干の考察」『法学研究』第六四巻第一号・二三三頁以下　平成三年一月。初出論考は、原禎嗣氏と共著であるが、霞執筆部分のみを掲載し改題した）

第五章

○二つの埼玉裁判所伺をめぐって（『法学研究』第六七巻第一〇号・一頁以下　平成六年一〇月）

第六章

○「司法省日誌」登載指令の援引をめぐる一考察（『研修』第五六五号・三頁以下　平成七年七月）

第七章

○改定律例施行と新旧法の効力をめぐって（『研修』第五八五号・四頁以下　平成九年三月）

第八章

○新治裁判所在勤・司法権少判事三島毅の一側面（戸川芳郎編『三島中洲の学芸とその生涯』・二七五頁以下　雄山閣・平成一一年九月）

第九章

○府県裁判所創設期にみる伺・指令裁判体制の一断面（『研修』第六〇八号・三頁以下　平成一一年二月）

第十章

○明治初期における刑事裁判について――伺・指令裁判体制を中心に――（『法学研究』第七六巻第七号・一頁以下　平成一五年七月）

第十一章

○近代解部考序論（『法学研究』第七九巻第九号・一頁以下　平成一八年九月）

一、本書における伺・指令をはじめとする史料の引用に際し、歴史的言辞として必要と判断される場合（たとえば人名および地名等）を除き、旧字を、今日用いられているいわゆる新字に、また、「ヿ、〆、𬼀、𪜈」などの合字は、「コト、シテ、トキ、トモ」に、「ヰ、ゝ、ゟ」などの変体仮名は「い、に、より」に改めて、それぞれ表記するものとする。

一、本書における明治五年一二月二日までの年月日は太陰暦による表記である。

一、本書における伺・指令、判決書等にあらわれた「人名」は、それが論考の主題となりかつ実名表示が必要不可欠であると判断された場合以外は、すべて仮称とした。併せて「住所地等」についても、同様の判断にもとづき詳細な記述をさけたものがある。

一、本書における「布告」・「布達」の呼称方式は、堀内節「布告・布達の謬った番号標記について」（『法学新報』第九一巻第五、六、七号・二七頁以下　昭和五九年一一月）に述べられた指摘に依拠した。

一、本書に収める論考中に引用する史料は、いずれも論考執筆当時に、史料を所蔵する諸機関の許可を得て入手したものである。

一、本書に収める論考は、いずれも既発表のもの一一篇である。しかし、各論考とも構成については、原則的には初出の状態を維持することとし、内容については、必要に応じて一部加筆したものもある。なお、用語・用例について各章毎に若干の差異のあること、註記を中心に重複する記述のあることは、本書が個々の論考の積み重ねからなることより御海容を乞うところである。

一、本書に収める筆者の論考の引用に際しては、改題をなしたものは、新しい題名とし、上掲各論考の引用箇所を示す「頁」も、本書における頁を挙げた。なお、本書に示した諸先学の職位、本書中に引用する諸先学の労作を掲載する著書・雑誌は、すべて論考作成当時のままとした。

目次

はじめに
記
第一章 「司法省日誌」考――第一期刊行分を素材として――……一
一、はじめに (一)
二、本 論 (六)
三、結 語 (二一)
第二章 司法省日誌記事をめぐる一試論……三七
一、はしがき (三七)
二、司法省日誌明治六年第三号、第五号および第三六号記事をめぐる考察 (三九)
三、司法省日誌明治六年第三号をめぐる伺・指令 (五二)
四、結びにかえて (五九)

第三章　問刑条例をめぐる若干の考察
——法務図書館所蔵「問刑条例」および「各裁判所伺留」を素材として——……六五
一、はじめに（六五）
二、本　論（六八）
三、結　語（七九）
第四章　脱籍逃亡自首者の処分をめぐって……八一
一、はじめに（八一）
二、本　論（八五）
三、結　語（九五）
第五章　二つの埼玉裁判所伺をめぐって……九七
一、はじめに（九七）
二、本　論（一〇一）
三、結　語（一一八）
第六章　「司法省日誌」登載指令の援引をめぐる一考察……一一九
一、はじめに（一一九）
二、本　論（一二四）
三、結　語（一三七）

第七章　改定律例施行と新旧法の効力をめぐって……………………………………一四一
一、はじめに　（一四一）
二、本　論　（一四四）
三、結　語　（一六二）
第八章　新治裁判所在勤・司法権少判事三島毅の一側面……………………………一六三
一、はじめに　（一六三）
二、本　論　（一六九）
三、結　語　（一八八）
第九章　府県裁判所創設期にみる伺・指令裁判体制の一断面………………………一九一
一、はじめに　（一九一）
二、本　論　（一九五）
三、結　語　（二〇三）
第十章　明治初期における刑事裁判について――伺・指令裁判体制を中心に――………………二〇五
一、序　論　（二〇五）
二、本　論　（二一四）
三、結　語　（二二九）

第十一章　近代解部考序論……二三三
一、はじめに　（二三三）
二、本　論　（二三七）
三、結　語　（二五七）

第一章　「司法省日誌」考
――第一期刊行分を素材として――

一、はじめに

明治初期のほんのわずかな期間ではあるが、司法省に直属する明法寮を中心として、いわゆる「伺・指令裁判」[1]と称される刑事裁判体制が採られた。該体制の構造がいかなるものであったかを詳らかにする代表的な研究としては、沼正也『財産法の原理と家族法の原理〔新版〕』に所収の「司法省指令の形成をめぐる明法寮の役割」をはじめ、同博士による一連の論文を挙げることができる。[2]そして筆者は、これまで取り組んできた新律綱領や改定律例（以後本稿では綱領・律例とも呼称する）の「内容研究」を進める過程において、明治初期の刑事裁判制度としての伺・指令裁判体制に興味をもつとともに、その実態をより正確に把握することが、右にいう筆者従来の研究を発展させるためにすぐれて有用であろうと推考するに至った。[3]

一方、「司法省日誌　明治六年第一号」（以下本稿では司法省日誌を単に「日誌」とも呼称する）が発刊されたのは、明治六年一月のことである。以後同日誌は、初期に二度の中断をはさむものの、明治九年五月の「司法省日誌　明治九年第六十六号」を最終刊とする約三年半にわたり刊行をみた。(4) 司法省日誌が、太政官布告や司法省布達はもとより、司法省人事、民事・刑事に係わる主要な伺・指令、さらには他の官衙との交換文書等を収録し、当時の「司法部」の活動状況を知るうえで、最も重要な基礎史料の一つであることは、今日いささかの疑いも容れ得ない。それは、近時の明治初期法制史の研究者達が、これまでに発表した労作の中で、自己の考察を進めるための必須の文献として、たびたび司法省日誌を参照・引用していることからも明らかである。(5)

ところで、かつて小早川欣吾博士は、『続明治法制叢考』所収「明治前期の担保法の基礎」において、その対象を「私法」に限定するものの、司法省日誌の「法源性」に論及し、「当時指令は総て司法省日誌に掲載され、裁判官に多大の指導を与えた」(6) と述べ裁判実務における同日誌の果たした「役割」の大なることを指摘した。(7) また沼博士も前掲・「司法省指令の形成をめぐる明法寮の役割」で、擬律に際しての司法省日誌「援引」の可否をめぐる問題を取り上げ言及している。(8) 叙上先学の考察(9)やこれまでの自らの論考(10)をふまえ、現在筆者は、司法省日誌が、刑事に係わる伺・指令裁判においてどの様な「役割」を担っていたのかを明確にすることこそ、冒頭に言及した伺・指令裁判体制の実態を解明するための重要な手がかりの一つとなるであろう、との考えをもつものである。

従って本稿では、如上の認識に立脚する司法省日誌研究の出発点として、三期に分割される日誌の発刊期間中、(11) 第一期にあたる「明治六年第一号」より「明治六年第三九号」を対象に、同日誌中に収められた新律綱領の解釈・適用をめぐる伺・指令を抽出し素材とする、いわば「史料解題」ともいうべき考察を進めてみたいと考えている。すなわちそこで検討・解明されるべきは、司法省日誌に載録された伺・指令の原史料（以後本稿では特にそれを、「原伺・指令」と呼称する）およびそれを綴じ込む文書はいかなるものであるのか、原伺・指令がどのような基準のもとで日誌に登載されていったのか、日誌作成の主導権を有したのは司法省のいずれの部署であったのか等である。ちなみに沼博士は、「家族関係法における近代的思惟の成立過程（その一）」および「司法省指令の形成をめぐる明法寮の役割」において、司法省日誌発刊の経緯や、終刊に至る曲折を詳細に辿っており[12]、本稿執筆に際してもそれらの論文に依拠するところ少なからぬものがある。しかし、管見の及ぶ限り、右に掲げる視点に立つ研究は、これまで必ずしも十分に進捗しているとは言い難い。

（1）「伺・指令裁判」なる語の使用の起源については、沼正也『財産法の原理と家族法の原理〔新版〕』（昭和五五年一〇月）所収「司法省指令の形成をめぐる明法寮の役割」・六八五頁以下を参照することにより理解されろ。

（2）前掲沼・『財産法の原理と家族法の原理〔新版〕』に収められた諸論文である。

（3）霞信彦『明治初期刑事法の基礎的研究』（平成二年一〇月）所収「はじめに」を参照。

（4）司法省日誌の刊行状況を前掲沼・『財産法の原理と家族法の原理〔新版〕』所収「家族関係法における近代的思惟の成立過程（その一）」・二一〇頁以下註（1）および前掲沼・「司法省指令の形成をめぐる明法寮の役割」・六八二頁以下の考証、あるいは諸史料に依拠してまとめれば、それは、二度にわたる中断の期間をさかいとして以下に示す三期に分割することができる。すなわち第一期刊行分は、「司法省日誌　明治六年第一号」（明治六年一月二日分記事より掲載）に始まり「司法省日誌　明治六年第三十九号」（明治六年二月一三日分記事まで掲載）に至る、第二期刊行分は、「司法省日誌　明治六年〔後〕第一号」（明治六年七月一〇日分記事より掲載）に始まり「司法省日誌　明治六年〔後〕第七十二号」（明治六年九月二〇日分記事まで掲載）に至る、第三期刊行分は、「司法省日誌　明治七年第一号」（明治七年一月一日分記事より掲載）に始まり「司法省日誌　明治九年第六十六号」（明治九年二月二一日分記事まで掲載）に至る、である。なお「司法省日誌」は、昭和五八年九月に日本史籍協会編として、法務図書館所蔵本を底本に、東京大学出版会より覆刻された。

（5） たとえば、手塚豊博士は、『明治刑法史の研究（上）』（昭和五九年三月）所収「国家的刑罰権と非国家的刑罰権」・二〇九頁以下に引用する明治四年一〇月の「鹿児島県伺」の所在を、「『鹿児島県史料』第三冊」ならびに「『司法省日誌』第二九号（明治六年一月）・一頁以下」に求めている。また、藤田弘道「足柄裁判所旧蔵『新律条例』考（二・完）――改定律例の草案と覚しき文書について――」（『法学研究』第四六巻第三号・六五頁以下　昭和四八年三月）には、該日誌の人事記事を参照する考証がなされ、さらに、本節註（2）に指摘する沼書所収の諸論文にも司法省日誌に依頼する記述を随所にみることができる。

（6） 小早川欣吾『続明治法制叢考』（昭和一九年三月二〇日）所収「明治前期の担保法の基礎」・四四二頁。

（7） 一方、本節註（6）小早川論文・四四一頁以下は、明治八年六月八日の太政官第一〇三号布告「裁判事務心得」第五条を引用し、同条をもって「司法省指令」の「裁判の準拠す可き一般の定規たる効力」が否定されたことに言及するとともに、酒田県伺に対する明治八年一〇月二三日指令を挙げ、それにより該指令を登載する司法省日誌の「法源的効力」が否認されたとする。この指摘は、小早川博士が上掲論文において対象としている「私法」に係わる問題として意味を有するにとどまらず、筆者が近時興味をもつ明治八年五月四日の明法寮廃寮までの間の刑事に関する伺・指令裁判体制の構造解明に際しても、次の点で示唆的である。すなわち、綱領および律例の解釈・適用を内容とする、実質的にはその多くが明法寮によって下付されたと考えられる司法省指令の法的性格を、右にいう裁判体制の中でどのように捉えるかは、これまで必ずしも明確に論じられていない。さらにまた、当時としては同省指令の唯一の公的伝達文書たる司法省日誌に「登載された指令」を、いかに位置づけるかについての考察も、今日未だ十分になされているとは言い難い。こうした現状を勘案するとき、本小早川論文の指摘は、叙上諸問題を論じるにあたっての有力な手がかりの一つになり得るものと考えられる（右に挙げた酒田県伺およびそれに応えた指令は、いわゆる伺・指令裁判体制との関係では、時間的に若干の「ずれ」があり、直ちに同列に論ずることはできないが、日誌に対する司法省の意識を知るうえでは看過できない）。

（8） 前掲沼・「司法省指令の形成をめぐる明法寮の役割」・六八四頁註（5）を参照。

(9) 本節註(6)、(7)、(8)を参照。

(10) 筆者は、伺・指令裁判と司法省日誌の関連に注目し、これまでの論考においても、若干の問題提起をなしてきた。いずれも改定律例施行後のものではあるが、たとえば、前掲霞・『明治初期刑事法の基礎的研究』所収「明治七年司法省第一〇号布達の成立をめぐる若干の考察」・一七七頁以下註(16)「(Ⅱ)」は、熊谷裁判所伺中に述べられた「其罪ヲ問ハサル哉ノ趣遙ニ伝聞候ニ付」なる文言に注目し、実際の刑事裁判に多大な影響を与えずにはいられない「姦事私和」を「不問」とする司法省方針が、各裁判実務担当者にどのようにして伝達されたのであろうかとの疑問の意をこめて掲げた項目である。そして右の事例のように「法令」ではないが、科刑に重要な意味をもつ同省方針の伝達について考えるとき、司法省日誌の果たした役割を検証することなしにはいられない(本節註(4)によれば、「姦事私和不問」の司法省方針が決定された時期は、日誌の第二期刊行と第三期刊行の「はざま」にあり、日誌刊行が見合わされていた時期であるが、第三期刊行分の日誌中には、実際に明治六年後半期の伺・指令記事も登載されており、該方針の伝達に関し、日誌の存在を無視し得ない)。また、前掲霞・『明治初期刑事法の基礎的研究』所収「明治七年司法省第一〇号布達施行直後の伺・指令」・二一五頁以下の【4】は、ある問題に関し提起・下付された一連の伺・指令が、司法省日誌中においては、それぞれいかなる日付分の記事として日誌に登載されることとなったのか両者の関係に材をとり、こうした同一問題に係わる伺・指令の、日誌への登載に何らかの「作為」が働いていたのではないかとの疑義を呈したものである。もし右仮説の証明が可能であれば、伺・指令裁判体制における、日誌刊行者たる司法省側が、日誌にいかなる役割を期待していたのかその一端をうかがい知ることも可能であろう。

(11) 本節註(4)を参照。

(12) 前掲沼・「家族関係法における近代的思惟の成立過程(その一)」・二一〇頁以下註(1)および同「司法省指令の形成をめぐる明法寮の役割」・六八二頁以下を参照。

二、本　論

すでに第一節において言及するように、第一期刊行分と位置づけられる司法省日誌は、全三九冊である。それら日誌中、筆者検索の限りにおいて、本稿が対象とする刑事に係わる伺・指令登載の日誌は三六冊、そして伺・指令の総数は一六三件を数える。[1] そこでまず、爾後本稿における考察に「資料」として供するために、司法省日誌発刊の順に従い、該一六三の伺・指令の内容について、次に掲げる六項目に分類し整理してみたいと考える。すなわち右にいう六項目とは、①司法省日誌各号に記された、伺・指令がいかなる期日分の記事として日誌に登載されたかを示す日付、[2] ②伺を提起した府県もしくは府県裁判所名、③原伺に記載された伺提起の日付、[3] ④今日原伺・指令を綴じ込む文書名、⑤原伺に記載された伺の司法省（実質的には明法寮か）への送達日付、⑥原伺に記載されたいわゆる「司法省指令」下付の日付、である。そしてその結果を整理した一覧表が「表1」である（二二頁以下の「表1」を参照）。

さて、司法省日誌は、各「伺・指令」の内容を明示し、かつそれを各方面へ伝達することを主たる目的としていたためであろうか、登載された伺・指令そのものの史料的位置づけを示す表記は必要最小限であり、必ずしも詳細にわたるものではない。これに対し、「表1」に示された各項目の内容を分析することにより、個々の伺・指令が、史料的にどのような意味をもつものかを知ることが可能である。さらにまた該表全体の検討を通じて、本稿で取り上げた刑事に係わる伺・指令の日誌への登載事情について、いくつかの特徴的な事実を指摘することができる。そこで、今後の考察の拠りどころとするために、叙上の諸点についてまとめ左に列挙した。

(1) 第一期刊行分の司法省日誌が登載する一六三件の刑事に係わる伺・指令中、今回の検索により原伺・指令および今日それらを綴じ込む文書が明らかとなったものは、全体の約九割にあたる一四八件である（ただし原伺・指令の実数は一四七）[4]。そして該文書とは、「諸県口書」・「三府口書」・「府県伺留」・「各裁判所伺留」の四つであり[5]、綴じ込まれている原伺・指令の内訳は、「諸県口書」―五二、「三府口書」―一七、「府県伺留」―五二、「各裁判所伺留」―二六件である。

ところで右四文書中、「府県伺留」および「各裁判所伺留」については、沼博士のこれまでの考証により、ともに「明法寮申律課記録」と位置づけられている[6]。従って博士の所論に依拠すれば、後年上掲二文書に収められることとなる七八の原伺・指令は、伺・指令裁判体制において、綱領・律例の解釈・適用に縦横の腕をふるった、明法寮申律課により「処理」されたものということができる[7]（本稿では当該伺・指令を「伺留系」とも呼称する）[8]。それでは、「諸県口書」・「三府口書」に綴じ込まれることとなる残り六九の原伺・指令の「処理」はいかなる部署に委ねられたのであろうか[9]。両口書に綴じ込まれた膨大な数の伺・指令について、個別的な内容の分析が必ずしも進展せずもって未だ該文書の全体的な位置づけが十分になされていない現在[10]、如上の視点から先の問題を論ずることは、はなはだ困難である。しかし本問題に関しては、「表1」⑤項を通じて示される事実が、間接的にではあるがいささかの示唆を与えてくれるように思われる。その事実とは、伺留系とは相違して、両口書所収の原伺紙面には、一致して、本来⑤項に記すべき「日付」の「記載」をまったく見出すことができないという点である。この伺紙面上の明確な差異は、後に両口書に綴じ込まれる伺・指令の「処理」が、伺留系とは別異の部署に委ねられていたことを推測させるものであるといわざるを得ない[11]。そうした前提に立ちさらに本問題を考えるとき、沼博士が、明治五年八月三日の「司法職務定制」（以後本稿では職務定制とも呼称する）第五章判事職制第二一条に定める諸条項をふまえ、前掲・「司法省指令の形

成をめぐる明法寮の役割」においてなした左の言及、

すなわち、「府県裁判所ヨリ」司法本省に「伺ヒ出ル所ノ刑律」は本省の判事ないし断刑課において「断折」し（司法職務定制二一条本文および第四）、指令を与えたわけであった。ところが、この時代にあっては本省判事ないし断刑課は、「律ニ正条ナキ犯罪ハ之ヲ明法寮ニ送付シテ議ヲ取」らねばならないこと等になっていた（同条第五―「法令全書　明治五年」四七七頁以下）[12]。

さらには、先の職務定制第二一条や第二〇章明法寮章程第八三条、第二一章司法省及司法省裁判所庶務順序第八九、九〇各条にもとづき、前掲・「明法寮についての再論」に開陳された、

こと新律綱領や改定律例をめぐり「各裁判所ヨリ」司法本省に「伺ヒ出ル刑律ヲ断折ス」る仕事は本省の断刑課ないし判事局がこれに当たり、その際「律ニ正条ナキ犯罪」なるときは明法寮（申律課等）に送付して議をとる。府県・裁判所から伺い出のあった刑律についての疑讞のうち「律文ノ疑条ヲ質シ及律ニ正条無クシテ更ニ定例ヲ要スル者」を除いては、断刑課ないし判事局で専行する。右のほかのものはすべて明法寮において担当する[13]。

等が示唆的である。上掲職務定制各条やそれにもとづく叙上沼博士の指摘に依拠するとき、日誌刊行当時において制度的に「刑律伺書」に対する指令をなし得る部署は、明法寮申律課を除けば「司法省断刑課」以外には挙げることができない[14][15]。このことと先の「表1」⑤項をめぐる考察を併せ考えれば、「諸県口書」・「三府口書」に綴じ込まれることとなる伺・指令は、ともに「司法省断刑課」が受領しかつ下付したものとの結論に到達せざるを得ない[16]（本稿では当該伺・指令を「口書系」とも呼称する）。よって沼博士のいう両「伺留」の例に倣えば、両「口書」は、少なくとも

現時点では「司法省断刑課記録」ということになる。しかし、右にいう「仮説」を「定説」として証明するためには、今後さらに多くの史料の分析・検討を俟たねばならない。

これまでの考証により、司法省日誌には、刑事に係わる伺・指令について、その取り扱いの部署を別にする二系統の「伺・指令」が、併行して登載されていたことがほぼ確認される。

(2) 司法省日誌各号に記された、伺・指令がいかなる期日分の記事として日誌に登載されたかを示す日付(①)と原伺に記されたいわゆる「司法省指令」下付の日付(⑥)とは、発刊当初においてはほぼ一致し、部分的な例外を除けば、第一期終刊に至るまで若干の「ずれ」の範囲に止まる。そしてこれは、指令が下付された後、伺・指令の日誌への登載が比較的すみやかに決定されたことを意味するものであろう。[17] また、日誌への登載は、伺提起の時期にかかわらず、基本的には右にいう司法省指令下付の日付に従って順次なされていったと思料される。

(3) 司法省日誌各号に記された、伺・指令がいかなる期日分の記事として日誌に登載されたかを示す日付(①)は、二つもしくはそれ以上の複数「号」にわたり重複してあらわれる場合が少なくない(たとえば六―七号、一八―二〇号等)。これは日誌発刊の実際的な状況を知るうえで興味深い[18]。

(4) 「表1」④項先端部の「○×」欄は、先に挙げた四文書に綴じ込まれた伺・指令紙面の一部にみられる「日誌載録」印が、本稿に取り上げる原伺・指令紙面に押捺されているか否かを示している。(1)にいう一四七中、同印の押捺をみるもの、すなわち「○」は五に止まる。

さて、右に掲げた(1)より(4)に至る各項の内容をふまえ、さらに第一期の司法省日誌の史料的位置づけを明らかにするために、若干の点について論じておきたいと思う。最初に取り上げる問題は、第一期の司法省日誌には、日誌登載の対象となる期間内に交換された二つの系統の「伺」および「指令」の全てが、それぞれ網羅的に掲げられることとなったのか、またはその一部が選択的に登載されたのかという点である[19]。そこで、右の問題を考えるための手がかりとして「表2」の作成をみた（三三頁以下の「表2」を参照）。

「表2」は、「表1」を原資料として、司法省日誌に登載の伺・指令の原伺・指令が、四つの文書のいかなる「巻」に綴じ込まれているかを整理し、「表1」④項に記した号数で示したものである。また同表の左欄［　］内には、各巻所収の伺・指令の総号数（何号から何号までの伺・指令を包含するか）を明らかにした。該表に従い、四文書各巻に収められる司法省日誌登載の伺・指令の原伺・指令の「号数」を辿るとき、それらが決して連続していないことが判明する。そこで、もし四文書各巻に所収の日誌未登載の伺・指令中に、その指令下付期日が、「表1」⑥項に示される日付の範囲内（明治六年一月八日より二月一三日）に入るものが見出されるとすれば、日誌編集に際し、刑事に係わる伺・指令として登載の可能性を有する伺・指令が、何らかの理由により「積み残」されたこととなり、もって日誌への登載は網羅的にはなされず、選択的方法が採られたとの実証が可能となろう。以下四文書各巻に綴じ込まれた伺・指令中第一期刊行分の日誌に未登載の「伺・指令」に注目し、その「指令下付期日」を検討していきたいと思う[20]。

そこで口書系の「諸県口書」から検討を進めることとする。さて「表3」は、「表2」に挙げた「諸県口書」全巻を対象として、各巻中に綴じ込まれた日誌未登載の伺・指令の指令下付日付を一覧表にまとめたものである（三四頁以下の「表3」を参照）。該表に拠れば、これらのなかで、（九）・（一三）・（三一）・（四五）各巻については、第一期刊行分の司法省日誌に登載されることのなかった残りすべての伺・指令の指令下付日付が、先に言及する明治六年二月一三日以降であり、そこには日誌への「積み残し」を見出すことはできない。これに対して、（一）・（一五）・（一六）・（二四）・（二五）・（三五）・（四〇）・（四四）各巻に関しては、伺紙面に記された指令下付日付より、それぞれ順に六件・二件・四件・一六件・一二件・三件・三件・五件の未登載伺・指令が「積み残し」に該当すると判断される。

次に、同じ口書系の「三府口書」はどうであろうか。該口書「第一冊」・「第二冊」について、「表3」と同様の趣旨によりまとめたものが「表4」である（三五頁以下の「表4」を参照）。同表を検討するとき、「第一冊」における第一四号以下第四七号に至る指令下付の日付は、先にいう第一期刊行分の司法省日誌登載の伺紙面に見られる下限の日付すなわち明治六年二月一三日を大幅に外れており、これらを「積み残し」と考える必要はない。しかしその一方、「第一冊」に一〇件の「積み残し」が認められ、また「第二冊」では、一件が、本来的に日誌登載の可能性を有しながらも排除されている。如上の状況より、口書系、すなわち司法省断刑課の扱う伺・指令は、日誌編集に際し、選択的にその登載が決定されていったと考えることができよう。

続いて伺留系に関する検討をしてみたい。その中で、「府県伺留」に綴じ込まれた伺・指令については、「表5」が示すように、指令下付の日付を明らかにすることができないものがかなりの数にのぼることが確認される[21]。しかし第四、第五両巻に収められた伺・指令のうち、少なくともそれぞれ四件および一件が明らかに「積み残し」と判断される（三六頁の「表5」を参照）。

最後に「各裁判所伺留」について述べることとする。「表6」に依拠すれば、明らかに六件の「積み残し」が確認される（三六頁の「表6」を参照）。叙上の事実より、伺留系、すなわち明法寮申律課の手になる伺・指令もまた日誌編集に際し、網羅的な登載がなされたとは言い難い。

これまでに言及する検討の結果をまとめれば、第一期刊行分の司法省日誌の編集において、ほぼ時期を同じくして提起され下付をみた刑事に係わる伺・指令「すべて」が余すところなく誌上に登載されたわけではなく、口書系・伺留系を含め選択的登載方式が採られていたことが明らか[22]となる。ところで、明治五年一一月二六日の正院宛司法省届

出中では、同省は日誌の刊行方針につき、

今般当省於テ日誌ヲ編輯シ凡ソ聴訟断獄事務並諸府県ヨリ伺出ニ付指揮ノ類其他衆人ノ観覧ヲ経テ補益アルモノニテ機密ニ渉ラサルハ一切鐫刻シ来ル明治六年一月四日ヨリ公布イタシ候此段御届申進候也
追而本文之儀万一御差支有之候ハ、至急御沙汰有之度候也

と述べ[23]、基本的には伺・指令の「網羅的登載」が発刊計画段階での司法省の本意であったことが認められる。筆者の結論と右刊行方針の両者を照応するとき、当初の刊行方針にもかかわらず、実際の日誌発刊時にはすでにそれが変容していたことがうかがわれ興味深い。

さて、第一期刊行分の司法省日誌が、刑事に係わる伺・指令の登載に際し、選択的方法を採用したことに関連し、それではその伺・指令の「取捨選択」がいかなる部署によってなされたかという疑問が生じる。この点については、日誌の編纂経緯に言及した前掲沼・「司法省指令の形成をめぐる明法寮の役割」における次の二つの指摘が示唆的である。その一は、

「司法省日誌」の名は、司法職務定制第四章「本省分課」の第一八条に「記録課」で「管主スル簿書」一四部中の一として与えられているが（「法令全書　明治五年」四七二頁）、のちに説かれるように、当初明治六年代にあってはおそらくこの「簿書」に整理せられたところのものを中心に、「司法省日誌」名のもとに、逐次出版せんとせられたわけのものであろう。

であり、その二は、

かようにして「司法省日誌」は、司法本省で事務的編纂がなされたものではあろうが、これに登載された重要な指令は、実は明法寮が与えた指令なのであり、その編纂は実質的には明法寮の共同一体的な支援がなければならないものであったといえよう。

である[24]。右の考察を参照しつつこれまでの本稿における考証をふまえ、筆者は先に掲げた問題について以下の見解を採る。まず日誌に登載される制度・人事等に関する通達や諸々の伺・指令を集積整理し日誌の最終的な編纂をなす、すなわち実際の日誌の作成は、右の沼博士の指摘にもあるように、いわゆる「事務的編纂部署」の手に委ねられていたと考えることが妥当であろう（ただ筆者は沼博士とは異なり、該部署として、名称や以下に確認されるその存在時期から類推し、司法職務定制には認められないが、明治六年一月二四日の「司法省ヨリ日誌課へ達」に名前が見られる「司法省日誌課」を指摘するものである[25]）。しかし如上事務的編纂部署の任とするところは、あくまでも日誌の編纂刊行であり、制度的にも機能的にも該部署において伺・指令登載の可否を決定していたと考えることは不可能である[26]。そうであるとすれば、該部署にはすでに登載の決定された伺・指令が送付されるものと推測せざるを得ない。そこでその前段階において、登載の可否の意思決定をなすにふさわしい機関は、やはり各伺・指令の内容を十分に熟知する指令担当部署を措いて考えることができない。従って伺留系伺・指令の取捨に関しては、前掲沼論文の見解をふまえ、「明法寮申律課」がその任にあったとすることがもっとも適当と考える。また一方、口書系についても同じく指令を担当した部署、すなわち本稿における考証に拠れば、「司法省断刑課」が当該決定に携わったと推定される。それでは、各指令担当部署が日誌登載の「可否」を決定する際に、一体いかなる点に判断の基準を置いたのであろうか、さらに口書系と伺留系の登載比率等について、申律課と断刑課との間に何らかの取決めがなされていたのであろうか[27]。こうした疑問については、今日直接史料を徴することができないため、遺憾ながら明らかにし得ない。

本稿を終わるにあたり、先の(4)に掲げた「日誌載録」印の問題にも目を向けておきたい。該印は、口書系・伺留系いずれの文書に綴じ込まれた伺・指令紙面にも見ることができる[28]。ゆえに、同印の押捺された伺・指令こそ「司法省日誌」に登載をみたものとの先入観を抱きがちである。しかし、(4)に明らかなように、少なくとも第一期刊行分の司法省日誌については、実際に日誌に登載された伺・指令の大多数が、「日誌載録」印を有しないものであり[29]、そこには両者の関係を論ずる余地を見出すことができない。従って「該印と実際の日誌登載」の関係については、「日誌載録」印の押捺が開始された「時期」に関する十分な考証をふまえ、さらに第二期以降の司法省日誌についての検証をなすことが必要であり、それらの結果を俟ってあらためて言及すべき問題であると考える[30]。

（1）　本稿第一節にふれたように、第一期刊行分の司法省日誌に登載の「伺・指令」には、本稿が対象とする刑事に係わる伺・指令の他に、それと比較して僅少ではあるが、いわゆる民事に関するもの、訴訟手続を問うたもの、行刑処理をめぐるもの、さらには各省等より廻送された「進退伺」がある。そして全三九冊の第一期刊行分の日誌中、「第一号」に収める五件は、いずれも金銭貸借等、明らかに今日にいう民事事件を扱う伺・指令であり、同じく「第一二号」、「第三五号」にも先にいう刑事に係わる伺・指令は登載されていない。

（2）　司法省日誌の表紙には、発刊の「月」と「号」の表示はあるが、いずれの箇所を見ても「発刊日付」の記載はない。①項にいう日誌に直接表示された日付により各伺・指令がいつの期日分の記事として登載されたかを知るに止まる。なお日誌各号によっては、登載期日を示す日付中に本節註（1）に挙げた諸伺・指令や人事に関する伝達記事等のみを包含するものもわずかながらみられる。これらは、「表1」①項には掲げられていない。

（3）該日付のみは、司法省日誌上の伺に付して記載されている。

（4）「表1」後註（5）中の（h）より（l）を参照。

（5）当時提起された刑事に係わる伺・指令を綴じ込む文書としては、本文に掲げられた四点が最も中心的なものであることは否めない。しかしこの他にも、同時期に提起され回答をみた伺・指令を収める文書として、沼博士が、前掲・「家族関係法における近代的思惟の成立過程（その一）」・三三九頁以下に言及し「明法寮議法課資料」と位置づける「府県裁判所伺留」をはじめとし、「使府口書」・「諸府伺」・「諸県伺」をあげることができる（伺・指令の細目は、それぞれ順に司法省調査課編・「和漢図書目録」（昭和一一年三月）・二〇六三頁以下、一五六一頁以下、二一六八頁以下、二一八九頁以下を参照）。ただこれまでの検索においては、それらの文書中に、本稿日誌に登載された伺・指令の原史料を見出すことはできない。

ところで、沼博士が、前掲・「家族関係法における近代的思惟の成立過程（その一）」・三五七頁註（19）において、両「伺留」が、後年（博士は、「明治一七年またはそれ以後」と推定する）に「編纂」された文書であるとの指摘をなし、さらに同沼書所収「明法寮についての再論」・七三五頁で、「すでに紹介した『府県伺留』および『名裁判所伺留』は、府県・裁判所その他の官庁より司法本省宛（まれには直接明法寮宛）になされた伺に対し申律課の付与した指令の原書綴としてこんにちに伝えられたものなのである」と述べている点は、日誌刊行時の伺・指令のおかれた状況を知るうえで注目される。また、このことと関連して、上掲両伺留に貼付された紙片に、その編纂部署を示すがごとく「刑法局」なる名称が書き入れられている事実は重要である。なぜなら、「司法職務定制」中には、そうした部局名は存在せず、明治一七年七月一六日の司法省達「司法省各局庶務規程」第一条に、初めてその名が挙げられているからである（内閣記録局編『法規分類大全　官職門　官制　司法省一』・一一〇頁以下、三四三頁以下）。すなわち沼博士の指摘や如上の事実に拠れば、本稿に掲げる四文書中まず両伺留については、司法省日誌刊行当時には、今日見られる編纂された形態をとる文書としては未だ存在していなかったことが推測される。一方両「口書」に関しても、前掲二伺留とまったく同様の「刑法局」と記された紙片が貼付されていること、また「諸県口書」に収められた伺・指令が、その内容に従い、綱領・律例に定める各「律」毎に分類され各冊にまとめられている点、「三府口書」が、各「府」毎に整然と伺・指令を列挙している点が確認される。これら諸点を勘考するとき、両口書もまた後に「編纂」された文書であるとの見解を呈さざるを得ない。これまで述べたことよりわれわれは、司法省日誌に登載された伺・指令は、今日的にその史料の所在を明確にすべく「表1」④項に原伺・指令を収める文書名を掲げるものの、日誌刊行当時はあくまでもそれぞれ個別に存在し（何らかの形で順次集積されてはいったかもしれないが）、後年整理され叙上の各文書に綴じ込まれたものであることを認識しておかなければならない。

（6）前掲沼・「家族関係法における近代的思惟の成立過程（その一）」・三四一頁以下、同「明法寮についての再論」・七三〇、七三五頁をそれぞれ参照。また「明法寮申律課」そのものについても、沼博士は、上掲前者論文では二八六頁註（5）、三〇三頁註（16）、三三七頁さらには三三九頁を中心に、また上掲後者論文では七三四頁以下に、それぞれ詳細な考察をなしている。

（7）本節註（5）後段を参照。

（8）職務定制は、第二〇章明法寮章程第八三条に次の条文を定める。

第八十三条　各裁判所疑讞本省ニ伺ヒ出テ律文ノ疑条ヲ質シ及律ニ正条ナクシテ更ニ定例ヲ要スル者ハ本寮論定シテ卿ノ印ヲ受ケ之ヲ断刑課ニ付ス

（前掲・『法規分類大全　官職門　官制　司法省一』・一三〇頁）

（9）本節註（5）後段を参照。

（10）かつて筆者は、前掲霞・『明治初期刑事法の基礎的研究』所収「『鶏姦規定』考」・九七頁註（10）において、沼博士の諸論考に依拠しつつ、「三府口書」をとりあげ、その史料解題の方法について論じ、併せて、「口書」の名称をもつ諸伺・指令集全体にわたる「解題」を進めることの必要性にも言及した。しかし遺憾ながら、以後の研究の進捗は、同『明治初期刑事法の基礎的研究』所収「自首条の適用をめぐる若干の考察」・六七頁註（8）に述べるように、かならずしもはかばかしいものとはいえない。

（11）「表1」に明らかなように、確かに伺留系についても一部ではあるが、⑤項に充当する日付の欠落するものが散見される。しかし両口書に綴じ込まれることとなる原伺には、一致して該日付の記入を見出すことができない。ところで⑤項に充当する日付は、原史料に示された状況から判断して、伺出機関ではなく伺受領者（司法省）側で記入した内部的処理に供する書き込みであると思料される。従ってもし両口書に綴じ込まれた伺・指令が、伺留系と同じ部署において処理されたものであるとすれば、伺留系と同様、少なくとも大部分の原伺紙面に、該日付の書き込みがなされていなければならないと考えられる。叙上諸点を勘案するとき、本文に述べたように、両口書に綴じ込まれる伺・指令の処理は、そうした日付の記入を必要としない伺留系とは異なる部署において行われたと推測することが可能であろう。

（12）前掲沼・「司法省指令の形成をめぐる明法寮の役割」・六八六頁。なお職務定制第二一条は左の通りである。

第二十一条　断刑課

本省ノ判事課ヲ分チ各裁判所ヨリ伺ヒ出ル刑律ヲ断折ス（以下中略）

第四　府県裁判所ヨリ伺ヒ出ル所ノ刑律ヲ断折シ死罪伺及疑讞ハ卿ニ呈シ処分ヲ取リ流罪以下ハ選任処断シテ受付課ニ付ス其口書ハ府県口書編冊其擬律伺ハ府県擬律伺編冊ニ分編ス

第五　律ニ正条ナキ犯罪ハ之ヲ明法寮ニ送付シテ議ヲ取ル（以下後略）

（前掲・『法規分類大全　官職門　官制　司法省一』・一一五頁）

（13）前掲沼・「明法寮についての再論」・七三五頁。なお職務定制第八九、九〇条は左の通りである。

第八十九条　各局所寮ニ関スル公文諸方ヨリ来ル者ハ丞ノ検印ヲ経受付課受領シテ各主務ニ逓付ス其回答ハ丞及受付課ヲ経由ス但シ各局所寮ノ名ヲ題セシハ直チニ其主務ニ付シ往復セシム

第九十条　各裁判所ヨリ差シ出ス刑律伺書ハ受付課之ヲ受ケテ順達表ヲ貼シ丞ニ呈シ検印ヲ受ケ之ヲ断刑課ニ付ス断刑課判事断定シテ流以下ハ専任処分シ死罪ハ卿輔ニ呈シ検印ヲ受ケ上奏ヲ経伺ノ本紙ニ断案ヲ朱書シ丞ニ送リ省印ヲ押シ受付課発付ス其擬律ノ疑条ハ断刑課ヨリ明法寮ニ送付シ寮擬定シテ卿ノ検印ヲ受ケ断刑課ニ還付ス其節次経由逓付皆順達表ニ押印シ月日ヲ記ス

（前掲・『法規分類大全　官職門　官制　司法省一』・一三一頁以下）

（14）他に「明法寮議法課」の可能性が考えられるが、同課において扱った伺・指令をまとめる文書に関しては、すでに本節註（5）前段に明示の通りであり、ここではその存在は当然に除外される。

（15）「司法省断刑課」および「判事局」がいかなる機関であったかについては、前掲沼・「家族関係法における近代的思惟の成立過程（その二）」・二八五頁以下註（4）、同「司法省指令の形成をめぐる明法寮の役割」・六八八頁、同「明法寮についての再論」・七三八頁註（4）を参照。

（16）職務定制第二一条第二には、「司法省断刑課」の「管主」すべき「簿書」の一冊として「府県口書編冊」が挙げられている（前掲・『法規分類大全　官職門　官制　司法省二』・一一五頁）。

今あらためて、本文に示した「結論」と、本文七頁およびそれを補充する本節註（11）とを付合して両者の関係を検証しておきたいと思う。すなわちこれまでに挙げた沼博士の諸論文や本節註（8）、（13）に掲げる職務定制各条により明らかなように、明法寮申律課で扱う伺・指令はその多くが司法本省よりの廻送文書であり、受領を明確にするために、原伺紙面に「表1」⑤項にいう日付を記入することが、基本的に不可欠であったと考えられる。これに対し同じくこれまでに明らかなように、司法省断刑課では、司法省受付課を通じて直接受領される伺・指令を扱うために、当該伺・指令に⑤項にいう日付を特に記入する必要がなかったとの理解が可能である。以上にもとづくとき、先にいう両者は互いに矛盾なき関係としてとらえることができる。

なお、右の言及をふまえ、これまで筆者が採用してきた本稿「表1」⑤項にいう「日付」についての（管見の及ぶ限りにおいて、この日付の問題については今日まで必ずしも明確に論じられていない）、「伺の司法省（実質的には明法寮か）への送達期日」なる表記を、今後「伺の明法寮への送達期日」とあらためたいと考える。ただし本稿のこれまでの表記は、従来通りとする。

（17）本稿第一節註（10）に挙げた前掲霞・「明治七年司法省第一〇号布達施行直後の伺・指令」における問題提起について、第一期刊行分の司法省日誌にはそれに応える資料を徴することはできない。

（18）ところで沼博士は、前掲・「司法省指令の形成をめぐる明法寮の役割」・六八二頁で、日誌の刊行状況にふれ、日誌第一号より第五号までの本稿にいう「表1」①項の日付を挙げて、「ともかくも当初は文字通りに日刊の日誌といってよいものであった」との考えを呈している。本節註（2）後段に言及する日付をも勘案するとき、確かに第一期刊行分の日誌各号を通じて、①項の日付の連続性が認識される。しかし、本文に例示のように日誌各号における①項日付の重複をみるとき、日誌の発刊が「日刊」であったとする表現には抵抗があり、むしろ刊行は、伺・指令の登載決定や他の記事の集積をにらみつつ進行していったと考えることが自然なのではないだろうか。またそうした状況ゆえに、本節註（2）に指摘するように、日誌そのものには、「発刊日付」が表記されなかったとも推測される。

（19）この点を明確にする意義は、今後継続されるであろう刑事に係わる伺・指令を素材とする諸々の研究に際し、司法省日誌をいかなる形で利用するかという方針と関連する。もし日誌に掲げられた伺・指令が選択的登載によるものであるとすれば、たとえばある事象の立証のために複数の伺・指令の蓄積を必要とし、日誌上にいくつかの求める事例を発見し得たとしても、それだけでは決して十分であるとはいえず、常に他の原伺・指令を綴じ込む文書に注目しなければならないからである。

（20）「三府口書」については、明治六年分の伺・指令を綴じ込む「巻」は、「表2」に掲げた以外には存在せず（明治四、五年分はもともと存在しない）、従ってそれらを検討すれば必要にして十分である。一方もし特に本文における検討により「積み残し」が発見されない場合も、「諸県口書」・「府県伺留」・「各裁判所伺留」については、該表には摘示されずかつ明治四、五、六年の伺・指令を綴じ込む諸「巻」の検討が、さらに必要となる。

なお以下の検討に際し「積み残し」の伺・指令であるか否かの数的確認は、指令下付日付が明示されたもののみを対象とした。

（21）その理由は、前掲沼・「家族関係法における近代的思惟の確立過程（その一）」・三五七頁註（19）にも指摘されているように、「府県伺留」編纂に際しての「裁断」による。

（22）沼博士は、前掲・「家族関係法における近代的思惟の確立過程（その一）」・二九七頁において「明治五年代以前の司法省指令は、断片的にしか、公刊されてある資料からは求めえられないこと、明治六年代のそれは網羅的に司法省日誌に登載されているとされてはいるものの大きな二つの断層があること」と表記するが、これまでの考証より「明治六年代のそれは網羅的に」なる部分には疑問を呈さざるをえない。

（23）内閣官報局編『法令全書　第五巻―二』（明治五壬申年）・四七二頁。同刊行方針については、前掲沼・「司法省指令の形成をめぐる明法寮の役割」・六八二頁にとりあげられている。

（24）引用は、それぞれ前掲沼・「司法省指令の形成をめぐる明法寮の役割」・六八二、六八八頁。

（25）日誌の事務的編纂部署として「司法省日誌課」を挙げる理由の主たる根拠は、明治六年一月二四日の「司法省ヨリ日誌課へ達」である（前掲・『法規分類大全　官職門　官制　司法省一』・三一八頁を参照）。職務定制には司法省分課としてその名称をみることのできない日誌課の掌務については、明治八年八月三〇日司法省番外達「司法省総則并各課章程」中に規定された「凡ソ本省処分ニ係ルノ諸伺指令并ニ大審院送致スル所ノ判決録等ヲ編成刊行スルヲ掌トリ且ツ本省所蔵ノ諸書ヲ管主シ其出入ヲ調査ス」により推知することができる（前掲・『法規分類大全　官職門　官制　司法省一』・三三三頁）。また同章程には「記録課」なる分課は存在しない。右に挙げた日誌課の掌務を勘案し（上掲規定中に「日誌編纂」の文言をみることはできないが同章程には他に文書の「編成刊行」の任にあたる分課はない）、その時日は明らかにし得ないが記録課がいつの時点かで廃されたこと、少なくとも明治六年の一月後半段階では日誌課が存在していたこと等を考えるとき、本文にいう筆者の推測に到達する。あるいは、官制改革の途次にあって職務定制第一八条に定められた「記録課」が「日誌課」に名称・掌務ともども改編されたのであろうか。

（26）事務的編纂部署が、沼博士のいう記録課であろうと筆者のいう日誌課であろうと、いずれも司法省「事務」を分掌するものであり、官制上これらが決定機能をもつものではない。それは、職務定制第四章本省分課「本省録ノ事務ヲ分テ書史受付記録出納ノ四課トス」（傍点筆者）なる文言によっても理解され得る（前掲・『法規分類大全　官職門　官制　司法省一』・一一一頁）。

（27）その数字上の結果が、偶然によるものかあるいはなんらかの意思にもとづくものかの判断はできないが、すでに本節七頁に示した数値に明らかなように、申律課および断刑課の手になる伺・指令がほぼ同数登載されている（各登載「率」については、別に考えなければならないことはいうまでもない）。

（28）「表1」および、「表3」より「表6」を参照。

（29）「日誌載録」印押捺開始の時期と関係するものであろうか。しかしそれでは、「表1」にみられる同印の押捺された五件についての説明ができない。また「表3」より「表6」の「積み残」された伺・指令には例外なく「日誌載録」印の押捺はない。

(30) たとえば「日誌載録」印を押捺した部署はどこであるのか、また同印を有する伺・指令が確実に第二期以後の司法省日誌に登載されているのか、もし同印の押捺がありながら日誌に未登載であるとすれば、その理由は一体何であるのか等いずれも司法省日誌の解題としては不可欠の、明確にすべき重要な疑問である。

三、結　語

本稿は、明治初期に刊行された司法省日誌のほんの一部について、該史料に対する筆者の今後の研究課題をふまえて考察を試みたものである。その考察を通じ、日誌に登載された刑事に係わる伺・指令と原史料との関係や、それら伺・指令の日誌への登載方法等、これまで必ずしも明確にされていない若干の点が明らかにされた。しかしその一方、たとえば本論にいう選択的登載が採用された意図がいかなるところにあったのか、伺・指令に押捺された「日誌載録」印の押捺開始時期についてどう考えたらよいのか等、継続的な考察のもとで明らかにされなければならない問題が残されている。またすでに本稿冒頭で述べたように、明治初期に明法寮を中心としておこなわれたいわゆる伺・指令裁判の実態の解明に際し、「司法省日誌」の担った「役割」が決して看過することのできない極めて重要なものであると推知される今日、さらに第二期、第三期の刊行分についても本稿同様の解題をなし、もって該日誌の性格をより明らかにすることが急務であるといわねばならない。筆者は叙上の問題意識のもと、さらに司法省日誌を題材とする多面的な考察を進めていきたいと考える。

表1

「司法省日誌」号数	①日誌登載の日付	②伺出機関	③伺出月日	④綴じ込み文書名		⑤原伺記載の司法省（明法寮）への送達日付	⑥原伺記載の「付ス」日付
〈明治六年第一月〉（第二号）	1／8	岡山	明治五年一〇月	×	口書(35)第九七〇号	記載ナシ	記載ナシ
	1／8	奈良	明治五年一〇月一二日	×	口書(45)第一二二一号	記載ナシ	一月 八日
	1／8	置賜	明治五年九月二〇日	×	口書(1)第一号	記載ナシ	記載ナシ
	1／8	長野	明治五年一一月一九日	×	口書(1)第二号	記載ナシ	記載ナシ
	1／8	敦賀	明治五年八月晦日	×	口書(32)第八九一号	記載ナシ	一月 八日
〈明治六年第二月（ママ）〉（第三号）	1／8	山形	明治五年一〇月一四日	／	（不明）	（不明）	（不明）
	1／8	大坂	明治五年九月	×	三府（第二冊）第七二号(a)	記載ナシ	一月 八日
	1／8	足柄裁	明治五年一〇月二日	×	口書(24)第六四九号	記載ナシ	記載ナシ
	1／8	山梨裁	明治五年一一月	×	各裁(1)第二八号	記載ナシ	記載ナシ
〈明治六年第一月〉（第四号）	1／9	大分	明治五年一〇月二二日	×	口書(44)第一二〇〇号	記載ナシ	一月 八日
	1／9	宇都宮	明治五年八月	×	口書(1)第五号	記載ナシ	一月一三日（ママ）
	1／9	長野	明治六年一月九日	×	口書(1)第八号	記載ナシ	一月一九日（ママ）
〈明治六年第一月〉（第五号）	1／10	栃木裁	明治六年一月八日	×	各裁(1)第一号	記載ナシ	一月一〇日(b)
	1／12	京都裁	明治五年一一月二三日	×	各裁(1)第二号	明治五年一一月二八日	一月一二日

	1/12	印幡裁	明治五年一一月七日	×	各裁(1) 第三号	明治六年 一月 七日	一月一二日
	1/12	宇都宮裁	明治五年一一月二三日	×	各裁(1) 第四号	記載ナシ	一月一二日
	1/12	木更津裁	明治五年一一月二八日	×	各裁(1) 第五号	明治六年 一月 七日	一月一二日
〈明治六年第一月〉（第六号）	1/12	愛知	明治五年一一月	×	府県(4) 第一九一号	明治五年一一月一七日	一月一二日
	1/12	柏崎	明治五年一一月二八日	×	府県(4) 第一七八号	明治五年一一月二八日	一月一二日
	1/12	高知	明治五年一一月	×	府県(4) 第一八九号	明治五年一一月二七日	一月一二日
	1/12	水沢	明治五年一一月一五日	×	府県(4) 第一六七号	明治五年一一月二七日	一月一二日
	1/12	長野	明治五年一一月二六日	×	府県(4) 第一七五号	明治五年一一月二六日	一月一二日
	1/12	筑摩	明治五年一一月一五日	×	府県(4) 第一六六号	記載ナシ	（判読不明）
	1/12	盤前	明治五年一一月二六日	×	府県(4) 第一七四号	明治五年一一月二六日	一月一二日
〈明治六年第一月〉（第七号）	1/12	京都	明治六年 一月 八日	×	府県(5) 第六号	（判読不明）	（判読不明）
〈明治六年第一月〉（第八号）	1/13	木更津裁	明治五年一一月 九日	×	口書(44) 第一二〇二号	記載ナシ	一月一四日（ママ）
〈明治六年第一月〉（第九号）	1/14	佐賀	明治六年 一月 八日	×	府県(5) 第五号	明治六年 一月 八日（ママ）	一月一四日
	1/14	浜田	明治五年一一月一五日	×	府県(4) 第一六四号	明治五年一一月一四日	一月一四日
	1/14	香川	明治五年一一月二三日	×	府県(4) 第一七三号	明治六年 一日 八日	一月一四日
	1/14	佐賀	明治五年一〇月二二日	×	口書(9) 第一八六号	記載ナシ	一月一四日
	1/14	豊岡	明治五年一〇月	×	口書(24) 第六六四号	記載ナシ	記載ナシ

表1

号	日付	差出	日付		所収		
〈明治六年第一月〉(第一〇号)	1/14	印幡裁	明治五年一一月一三日	×	口書(24) 第六六三号	記載ナシ	一月一三日
	1/14	浜松	明治五年一一月二〇日	×	口書(24) 第六六六号	記載ナシ	一月一四日
	1/15	埼玉裁	明治五年一一月二八日	×	口書(25) 第六七七号	記載ナシ	一月一五日
〈明治六年第一月〉(第一一号)	1/15	広島	明治五年一一月二八日	／	(不明)	(不明)	(不明)
	1/15	宇都宮裁	明治六年一月七日	×	各裁(1) 第一四号	明治六年一月一〇日	一月一五日
	1/15	木更津裁	明治六年一月一〇日	×	各裁(1) 第一三号	明治六年一月一二日	一月一五日
	1/15	岡山	明治五年一一月二七日	×	府県(4) 第一七七号	明治五年一一月二七日(ママ)	一月一五日
〈明治六年第一月〉(第一三号)	1/17	神奈川裁	明治六年一月一四日	×	各裁(1) 第一五号	記載ナシ(c)	記載ナシ
	1/18	佐賀	明治六年一月一八日	×	口書(25) 第六七八号	記載ナシ	一月一八日
	1/18	新潟	明治五年一一月二四日	×	口書(44) 第一二〇五号	記載ナシ	一月一八日
〈明治六年第一月〉(第一四号)	1/18	京都裁	明治五年一一月二八日	×	三府(第二冊) 第五七号下	記載ナシ	一月一八日
〈明治六年第一月〉(第一五号)	1/20	福岡	明治五年一一月二九日	×	府県(4) 第一八一号	明治六年一月一五日	一月一八日
	1/20	三潴	明治五年一一月一七日	×	府県(4) 第一六八号	記載ナシ	一月一八日
	1/20	大坂	明治六年一月七日	×	府県(5) 第三号	明治六年一月一三日	一月一八日
	1/20	大坂	明治六年一月七日	×	府県(5) 第二号	明治六年一月一三日	一月一八日
	1/20	山口	明治五年一一月	×	府県(4) 第一八二号	記載ナシ	一月一八日(d)
	1/20	群馬裁	明治六年一月九日	×	各裁(1) 第一一号	明治六年一月一三日	一月一八日
	1/20	京都裁	明治六年一月七日	×	各裁(1) 第一六号	明治六年一月一二日	一月二四日(ママ)

	1/20	新川	明治五年一一月一三日	×	府県(4) 第一五九号	（判読不明）	一月一八日
〈明治六年第一月〉（第一六号）	1/20	大分	明治五年一〇月二一日	×	府県(4) 第一四一号	記載ナシ	記載ナシ
	1/20	石鐵	明治五年一一月一四日	×	府県(4) 第一六一号	明治五年一一月二四日	一月一八日
〈明治六年第一月〉（第一七号）	1/20	印幡裁	明治六年一月九日	×	各裁(1) 第一〇号	明治六年一月一一日	一月一八日
	1/22	名東	明治六年一月八日	／	（不明）	（不明）	（不明）
	1/22	入間裁	明治五年一一月九日	×	口書(25) 第六七五号	記載ナシ	一月一四日
〈明治六年第一月〉（第一八号）	1/22	茨木（ママ）裁	明治五年一一月一〇日	×	口書(24) 第六六二号	記載ナシ	一月一二日
	1/22	茨木（ママ）	明治五年一一月五（ママ）日	×	口書(24) 第六五七号	記載ナシ	一月一二日
	1/22	福岡	明治五年一一月二日	×	口書(24) 第六七〇号	記載ナシ	一月一四日
	1/22	敦賀	明治五年一〇月二五日	／	（不明）	（不明）	（不明）
	1/22	兵庫	明治五年一〇月一七日	／	（不明）	（不明）	（不明）
〈明治六年第一月〉（第一九号）	1/22	筑摩	明治五年一〇月二二日(e)	×	口書(40) 第一一一四号	記載ナシ	一月一九日
	1/22	東京裁	明治六年一月	×	三府（第一冊）第一号	記載ナシ	一月九日
	1/22	東京裁	明治六年一月	×	三府（第一冊）第二号	記載ナシ	一月九日
	1/22	東京裁	明治六年一月	×	三府（第一冊）第三号	記載ナシ	一月九日
	1/22	兵庫	明治五年一〇月一七日	×	口書(44) 第一一九九号	記載ナシ	一月九日
〈明治六年第一月〉（第二〇号）	1/22	京都裁	明治五年一一月五日	×	三府（第一冊）第四八号	記載ナシ	一月一二日
	1/22	京都裁	明治五年一一月五日	×	三府（第一冊）第四九号	記載ナシ	一月一二日
	1/22	京都裁	明治五年一一月五日	×	三府（第一冊）第五〇号	記載ナシ	一月一二日

表1

	1/22	京都裁	明治五年一一月五日	×	三府（第一冊）第五一号	記載ナシ	一月一二日
	1/22	京都裁	明治五年一一月五日	×	三府（第一冊）第五二号	記載ナシ	一月一二日
	1/22	京都裁	明治五年一一月五日	×	三府（第一冊）第五三号	記載ナシ	一月一二日
	1/22	京都裁	明治五年一一月五日	×	三府（第一冊）第五四号	記載ナシ	一月一二日
	1/24	岐阜	明治六年一月一四日	×	府県(5) 第一七号	（判読不明）	一月二四日
	1/24	岩手	明治六年一月六日	×	府県(5) 第一号	明治六年一月一八日	一月二四日
	1/24	奈良	明治六年一月九日	×	府県(5) 第八号	明治六年一月一五日	一月二四日
〈明治六年第一月〉（第二一号）	1/24	群馬裁	明治六年一月一四日	×	各裁(1) 第一八号	明治六年一月一八日	一月二四日
	1/24	群馬裁	明治六年一月一三日	×	各裁(1) 第一七号	明治六年一月一八日	一月二四日
	1/24	群馬裁	明治六年一月一五日	×	各裁(1) 第一九号	明治六年一月一八日	一月二四日
	1/24	筑摩	明治五年一一月二九日	×	府県(4) 第一八〇号	明治六年一月一二日	一月二四日
	1/24	岐阜	明治五年一〇月二八日	×	口書(1) 第三号	記載ナシ	一月 九日
	1/24	石川	明治五年一〇月三〇日	×	口書(44) 第一二〇三号	記載ナシ	一月一四日
	1/18	滋賀	明治五年一〇月三〇日		（不明）	（不明）	（不明）
	1/20	広島	明治五年一一月二八日	×	口書(44) 第一二〇八号	記載ナシ	記載ナシ
〈明治六年第一月〉（第二二号）	1/25	京都裁	明治五年一一月	×	三府（第二冊）第五八号	記載ナシ	一月二四日
	1/25	白川	明治五年一〇月	×	口書(16) 第四二〇号	記載ナシ	一月二四日
	1/25	小倉	明治五年一一月	×	口書(40) 第一一一九号	記載ナシ	一月二四日
	1/25	愛智（ママ）	明治六年一月	×	府県(5) 第四三号	明治六年一月一八日	一月二四日

号	日付	府県・裁判所	年月日	印	出典	日付	日付
	1/25	群馬	明治六年一月一七日	×	府県(5) 第二三号	明治六年一月二一日	一月二四日
	1/20	飾磨	明治五年九月一五日	×	口書(44) 第一二〇七号	記載ナシ	記載ナシ
〈明治六年第一月〉（第二三号）	1/25	大分	明治五年一一月二六日	×	府県(4) 第一七六号	明治六年一月一八日	一月二四日
	1/25	山口	明治五年一一月	×	府県(4) 第一九二号	明治六年一月一九日	一月二四日
	1/25	木更津裁	明治五年一一月一九日	×	口書(35) 第九七一号	記載ナシ	一月二四日
	1/25	木更津裁	明治五年一一月二四日	／	（不明）	（不明）	（不明）
	1/25	大分	明治五年一〇月三日	×	口書(1) 第一〇号	記載ナシ	一月二四日
〈明治六年第一月〉（第二四号）	1/27	大分	明治五年一〇月二一日	×	口書(44) 第一二〇九号(f)	記載ナシ	一月二五日
	1/27	三潴	明治五年一〇月一〇日	×	口書(44) 第一二一〇号	記載ナシ	記載ナシ
	1/27	木更津裁	明治六年一月二〇日	×	各裁(1) 第二〇号	明治六年一月二四日	一月二五日
	1/27	新潟	明治六年一月九日	×	府県(5) 第九号	明治六年一月一八日	一月二五日
	1/27	長野	明治五年三月一七日	×	府県(2) 第三三号	記載ナシ(g)	記載ナシ
〈明治六年第一月〉（第二五号）	1/27	入間裁	明治五年一一月一四日	×	各裁(1) 第二一号	明治五年一一月一四日	一月二七日
	1/27	名東	明治五年一一月二七日	×	府県(4) 第一七一号	（判読不明）	一月二五日
	1/27	宇都宮裁	明治六年一月二二日	×	府県(5) 第二六号	記載ナシ	一月二七日
	1/27	山形	明治五年一〇月	／	（不明）	（不明）	（不明）
	1/28	青森	明治六年一月二七日	×	府県(5) 第三五号	明治六年一月二七日（ママ）	記載ナシ
〈明治六年第一月〉（第二六号）	1/27	三潴	明治五年一一月二五日	×	口書(23) 第六四五号	記載ナシ	記載ナシ
				○	口書(32) 第八九五号(h)		一月二五日

表1

	1/27	八代	明治五年一一月二〇日	×	口書(16) 第四二一号	記載ナシ	一月二五日
	1/28	京都裁	明治六年一月一〇日	×	各裁(1) 第二二号	明治六年 一月一五日	一月二八日
	1/28	埼玉裁	明治六年一月一五日	×	各裁(1) 第二五号	明治六年 一月一七日	記載ナシ
	1/28	印旛(ママ)裁	明治六年一月二三日	×	各裁(1) 第二三号	明治六年 一月二五日	一月二八日
〈明治六年第一月〉(第二七号)	1/28	鹿児島	明治四年一〇月	×	府県(1) 第六九号(i)	記載ナシ	記載ナシ
〈明治六年第一月〉(第二八号)	1/28	兵庫裁	明治六年一月	×	各裁(1) 第二四号	明治六年 一月二二日	一月二八日
	1/28	堺	明治六年一月一四日	×	府県(5) 第一六号	記載ナシ	記載ナシ
	1/28	木更津	明治六年一月二四日	×	府県(5) 第三一号	明治六年 一月二四日	一月二八日
	1/28	和歌山	明治六年一月一七日	×	府県(5) 第二四号	(判読不明)	一月二八日
	1/28	浜田	明治六年一月一二日	×	府県(5) 第一一号	明治六年 一月一五日	一月二八日
	1/28	水沢	明治六年一月	×	府県(5) 第四二号	明治六年 一月一八日	一月二八日
	1/28	筑摩	明治六年一月二三日	×	府県(5) 第二七号	明治六年 一月二七日	記載ナシ
〈明治六年第一月〉(第二九号)	1/28	鹿児島	明治四年一〇月	×	府県(1) 第六九号	記載ナシ	記載ナシ
	1/31	福岡	明治六年一月一五日	×	府県(5) 第二〇号	明治六年 一月二八日	記載ナシ
	1/31	福岡	明治六年一月一五日	×	府県(5) 第一九号	明治六年 一月二八日	記載ナシ
〈明治六年第一月〉(第三〇号)	1/31	宇都宮裁	明治六年一月二四日	×	各裁(1) 第二七号	明治六年 一月二八日	記載ナシ
	1/31	木更津裁	明治五年一一月一九日	×	各裁(1) 第二六号	明治五年一一月二三日	記載ナシ

	1/31	東京裁	明治五年七月九日	×	三府（第一冊）第九号、第一三号(j)	記載ナシ	一月二〇日
〈明治六年第二月〉（第三一号）	2/2	岡山	明治五年九月二四日	／	（不明）	（不明）	（不明）
〈明治六年第二月〉（第三二号）	2/2	白川	明治五年一二月	○	口書(15) 第四一三号	記載ナシ	一月二八日
	2/2	小田	明治五年九月	×	口書(25) 第六八四号	記載ナシ	一月一八日
〈明治六年第二月〉（第三三号）	2/2	山形	明治五年一〇月	／	（不明）	（不明）	（不明）
	2/2	入間裁	明治五年一一月五日	×	口書(25) 第六七九号	記載ナシ	一月一八日
	2/2	印旛（ママ）裁	明治五年一一月	×	口書(25) 第六八〇号	記載ナシ	一月一八日
	2/2	群馬裁	明治五年一一月一三日	／	（不明）	（不明）	（不明）
	2/2	京都裁	明治五年一一月	×	三府（第一冊）第五五号	記載ナシ	一月二二日
〈明治六年第二月〉（第三四号）	2/4	大阪（ママ）	明治五年一一月四日	×	三府（第二冊）第七四号	記載ナシ	二月 二日
	2/4	筑摩	明治六年一月二三日	×	府県(5) 第二八号	明治六年 一月二七日	二月 二日
	2/4	埼玉裁	明治五年一一月二八日	／	（不明）	（不明）	（不明）
	2/5	島根	明治六年一月一九日	×	府県(5) 第二五号	明治六年 一月三一日	二月 四日
	2/5	岩手	明治六年一月三一日	×	府県(5) 第三八号	明治六年 一月三一日	二月 五日
	2/5	三重	明治六年一月一三日	×	府県(5) 第一三号	記載ナシ	二月 五日
	2/5	長崎	明治六年一月一三日	×	府県(5) 第一四号	明治六年 一月三〇日	（判読不明）

表1

号	月日	府県・裁判所	日付		出典		
〈明治六年第二月〉（第三六号）	2／8	山梨裁	明治五年一二月	×	各裁(1) 第二八号	記戴ナシ	記載ナシ(k)
	2／8	長崎	明治六年一月二三日	×	府県(5) 第二九号	明治六年一月三一日	二月七日
	2／8	愛知	明治六年一月	×	府県(5) 第四一号	明治六年一月三一日	記載ナシ
	2／8	三潴	明治六年一月一〇日	×	府県(5) 第一〇号	明治六年一月二八日	記載ナシ
	2／8	高知	明治五年一二月	○	口書(32) 第八九二号	記載ナシ	二月七日
	2／8	三潴	明治五年一〇月二三日	／	（不明）	（不明）	（不明）
	2／3	長野	明治五年一二月一〇日	×	口書(1) 第七号	記載ナシ	一月一八日
〈明治六年第二月〉（第三七号）	2／9	茨城裁	明治六年一月三一日	○	各裁(1) 第三二号	明治六年二月五日	二月八日
	2／9	兵庫裁	明治六年一月三〇日	×	各裁(1) 第三一号	明治六年二月四日	二月八日
	2／9	大坂裁	明治六年一月二五日	×	各裁(1) 第三〇号	明治六年一月三〇日	二月八日
	2／9	宇都宮	明治六年一月三一日	×	府県(5) 第三九号	明治六年一月三一日	二月八日
	2／9	神山	明治六年一月一九日	×	口書(44) 第一二一三号	記載ナシ	二月（以下不明）
	2／9	小田	明治六年一月	×	口書(1) 第一四号	記載ナシ	二月八日
	2／9	入間	明治六年一月二〇日	×	口書(9) 第一八五号	記載ナシ	二月八日
	2／9	飾磨	明治六年一月二二日	／	（不明）	（不明）	（不明）
	2／9	堺	明治六年一月一三日	／	（不明）	（不明）	（不明）
〈明治六年第二月〉（第三八号）	2／12	栃木裁	明治六年一月七日	×	口書(16) 第四一六号	記載ナシ	二月七日
	2／12	群馬裁	明治五年一二月二八日	○	口書(16) 第四一七号	記載ナシ	二月七日
	2／13	木更津裁	明治六年一月一五日	×	口書(44) 第一二一一号	記載ナシ	二月一二日

〈明治六年第二月〉（第三九号）						
2/13	神奈川裁	明治六年一月二三日	×	口書(9)第一七三号	記載ナシ	二月一二日
2/13	香川	明治五年一二月二七日	×	口書(40)第一一二〇号	記載ナシ	二月一二日
2/13	木更津	明治六年一月二五日	×	府県(5)第三三号	記載ナシ	二月一三日
2/13	岩手	明治五年一二月二八日	×	口書(40)第一一一八号	記載ナシ	二月一二日
2/13	岩手	明治六年二月四日	×	口書(40)第一一一八号(1)	記載ナシ	二月一二日
2/13	渡会	明治五年一二月二五日	×	口書(40)第一一一七号	記載ナシ	二月一二日

（1）伺出機関については、地名のみの表示は、各府県よりのもの、地名＋「裁」の表示は、各府県裁判所よりのものである。
（2）伺出月日中、原史料に「壬申」と表記されたものは、すべて「明治五年」にあらためた。
（3）「綴込文書名」欄に示した略語は、それぞれ左の文書を指す。
　○「口書」→「諸県口書」（明治六年）　○「府県」→「府県伺留」
　○「三府」→「三府口書」　○「各裁」→「各裁判所伺留」（明治六年）
（4）「日誌登載の日付」および「原伺記載の「付ス」日付」欄では、「明治六年」の表記を一切省略したが、全て、「明治六年」中の月日である。
（5）右表に付した（a）～（l）の註については、以下に述べることとする。
（a）法務図書館所蔵の「三府口書」原本には、「第一冊」に「貳」、「第二冊」に「壱」の番号が併せて付されている。その意味するところは、不明である。
（b）伺紙面には、「第一月十日出張官吏ヘ直チニ渡ス」と記されており、明法寮より司法省を経由することなく「指令」が下付されたことを明確に示している。
（c）日誌に掲載された「神奈川裁判所伺」（一月一四日提起）は、その文面からも明らかなように、本事案に関する「再伺」である。最初の伺は、一月八日付をもって提起され、一月一二日には明法寮より、直接、担当の西権中判事宛「口書ヲ以テ御伺可有」旨「廻答」がなされている。
（d）伺紙面にはさらに、「四月十九日再議ノ上指令直（ママ）シ」とある。
（e）原史料に拠る（日誌は、「一二日」である）。
（f）日誌上では省略されているが、原史料には、被告「澄之助」に関する日誌登載「指令」のもととなった「指令（案）」とも推測される文書も綴じ込まれている。
（g）原史料には、「指令」の綴じ込みはなく、従って⑤・⑥項の日付は不詳である。
（h）「諸県口書（23）」（賊盗）には、口書の一部が綴じ込まれ、「諸県口書（32）」（闘殴）に、本件に関する「伺」・「指令」が収められている。当該事件の内容に従い、こうした編集措置がとられたものであろう。
（i）原史料上は、「日誌第二十九号」に登載の「鹿児島県伺」と一連のものである。本伺については、本稿第一節註（2）を参照。
（j）日誌には、宝貨偽造・越獄・持兇器強盗の被告および、持兇器強盗の被告に関する処断のみが掲げられているが、前者被告は、入監中他囚殺人未遂事件を起こしており、それについては、「三府口書」（第一冊）に第九号として「指令」を含め綴じ込まれている。
（k）「日誌第三号」に登載の「山梨裁判所伺」に関する訂正記事である。
（l）連続する岩手県伺中、後者は、前者事件被告の死亡に係わるものであり、一連の事件処理として同一史料に収めたものであろう。

表２

〈諸県口書〉（明治六年）		総件数52
（1） 人命 ［1～17］	1, 2, 3, 5, 7, 8, 10, 14	⑧
（9） 賊盗・戸婚 ［172～204］	173, 185, 186	③
（15）賊盗 ［405～413］	413	①
（16）同上 ［414～433］	416, 417, 420, 421	④
（23）同上 ［616～648］	645	①
（24）同上 ［649～671］	649, 657, 662, 663, 664, 666, 670	⑦
（25）同上 ［672～689］	675, 677, 678, 679, 680, 684	⑥
（32）闘殴 ［891～913］	891, 892, 895	③
（35）雑犯 ［970～992］	970, 971	②
（40）詐欺 ［1114～1142］	1114, 1117, 1118, 1119, 1120	⑤
（44）捕亡 ［1199～1217］	1199, 1200, 1202, 1203, 1205, 1207, 1208, 1209, 1210, 1211, 1213	⑪
（45）同上 ［1218～1266］	1221	①

〈三府口書〉		総件数17
（第一冊）明治六年 ［1～57上］	1, 2, 3, 9, 13, 48, 49, 50, 51, 52, 53, 54, 55	⑬
（第二冊） ［57下～89］	57下, 58, 72, 74	④

〈府県伺留〉		総件数52
（1）明治四年 ［1～71］	69	①
（2）明治五年 ［1～62］	33	①
（4）自明治五年九月 至同年十一月［99～192］	141, 159, 161, 164, 166, 167, 168, 171, 173, 174, 175, 176, 177, 178, 180, 181, 182, 189, 191, 192	⑳
（5）自明治六年一月 至同年 二月 ［1～97］	1, 2, 3, 5, 6, 8, 9, 10, 11, 13, 14, 16, 17, 19, 20, 23, 24, 25, 26, 27, 28, 29, 31, 33, 35, 38, 39, 41, 42, 43	㉚

〈各裁判所伺留〉		総件数26
（1）明治六年 ［1～56］	1, 2, 3, 4, 5, 10, 11, 13, 14, 15, 16, 17, 18, 19, 20, 21, 22, 23, 24, 25, 26, 27, 28, 30, 31, 32	㉖

表3～表6　前註

（1）後掲表中、Aは号数、Bは指令下付日付、Cは「日誌載録」印の有（○）無（×）（斜線を引いたものは本史料では判断できないもの）、Dは「積み残しと思われるもの」（＊）を示す。

（2）指令下付日付の記入は原史料通りとした。二つの日付が記入されているものは、早い日付が最初の指令下付期日であり、遅い日付に改めて再度指令が下付されたと考えるべきであろうか。個別的な追求が必要であろう。なお、本稿では、再指令が第一期司法省日誌の対象とする期間外であるものは「積み残し」として数えない。

（3）（1）（2）については、「表3」以下「表6」に共通の事項である。

表3－1　諸県口書（1）

A	B	C	D
4	1／9	×	＊
6	1／18	×	＊
9	1／22	×	＊
11	1／22	×	＊
12	2／7	×	＊
13	2／7	×	＊
15	2／17	○	
16	1／25 2／24	×	
17	3／12	○	

表3－2　諸県口書（9）

A	B	C	D
172	日付ナシ	×	
174	3／2	○	
175	4／29	○	
176	5／12	○	
177	5／13	○	
178	5／27	○	
179	6／8	○	
180	6／12	○	
181 182	4／27	○	
183	5／13	○	
184	6／24	○	
187	4／3	○	
188	3／4	○	
189	4／12	○	
190	4／27 5／29	○	
191	6／9	○	
192	6／25	×	
193	7／8	×	
194 195	3／10	○	
196	3／24	○	
197	4／27	○	
198	4／28	○	
199	5／9	○	
200	5／12	○	
201	6／27	○	
202 203	6／28	○	
204	7／8	○	

表3－3　諸県口書（15）

A	B	C	D
405	1／22	×	＊
406	1／25 2／24	○	
407	1／22	×	＊
408	1／22 3／7	○	
409～412	1／25 2／24	×	

表3－4　諸県口書（16）

A	B	C	D
414 415	2／7	×	＊
418 419	2／7	×	＊
422	2／20	×	
423～425	2／2	○	
426	2／17	○	
427	2／24	○	
428 429	3／7	○	
430	3／17	○	
431 432	3／7	○	
433	3／3	○	

表3－5　諸県口書（23）

A	B	C	D
616～619	6／19	○	
620 621	6／20	○	
622	6／22	○	
623	6／28	○	
624	6／25	○	
625	6／28	×	
626	6／30	×	
627～631	6／28	×	
632～638	6／30	×	
639	6／30 9／4	○	
640	7／5	○	
641 642	7／5 7／27	○	
643	7／5 7／27	○	
644	7／5 7／27	×	
646	日付ナシ	○	
647 648	7／8	×	

表3－6　諸県口書（24）

A	B	C	D
650～656	1／9	×	＊
658～661	1／12	×	＊
665	1／13	×	＊
667～669	1／14	×	＊
671	1／14	×	＊

表3－7　諸県口書（25）

A	B	C	D
672～674	1／14	×	＊
676	1／14	×	＊
681～683	1／18	×	＊
685～688	1／18	×	＊
689	1／22	×	＊

表3−8　諸県口書(32)

A	B	C	D
893	3／28	○	
894	3／29	○	
896 897	3／7	○	
898	3／29	○	
899	3／31	○	
900	4／8	○	
901 902	4／15	○	
903	4／27	○	
904	4／28	○	
905	5／4	○	
906	5／10	○	
907	5／13	○	
908	5／22	○	
909	5／23	○	
910 911	5／27	○	
912 913	6／19	○	

表3−9　諸県口書(35)

A	B	C	D
972	1／22	×	＊
973 974	2／7	×	＊
975	2／20	×	
976	2／24	×	
977	3／2	○	
978 979	3／7	○	
980 981	3／10	○	
982	3／12	○	
983	3／19	○	
984	2／24	×	
985 986	3／28	○	
987	3／30	○	
988	日付ナシ	／	
989	3／29	○	
990 991	4／12	○	
992	4／13	○	

表3−10　諸県口諸(40)

A	B	C	D
1115	2／2	×	＊
1116	2／7	×	＊
1121	1／25	×	＊
1122	2／20	○	
1123	3／13	○	
1124 1125	2／20	○	
1126	3／7	○	
1127	3／8	○	
1128 1129	3／24	○	
1130	4／3	○	
1131	4／15	○	
1132	4／28	○	
1133	4／29	○	
1134	5／4	○	
1135	5／13	○	
1136	5／24	○	
1137	5／30	○	
1138	6／2	○	
1139 1140	6／7	○	
1141	6／12	○	
1142	6／18	○	

表3−11　諸県口書(44)

A	B	C	D
1201	1／13	×	＊
1204	1／14	×	＊
1206	1／18	×	＊
1212	2／12	×	＊
1214	1／9	×	＊
1215	2／20	○	
1216	2／17	×	
1217	3／4	○	

表3−12　諸県口書(45)

A	B	C	D
1218 〜 1220	3／7	○	
1222	2／25	×	
1223	4／5	○	
1224	4／13	○	
1225 1226	4／15	×	
1227	4／24	○	
1228	4／27	○	
1229	4／28	○	
1230 〜 1233	5／4	○	
1234	5／13	○	
1235	5／19	○	
1236	5／22	○	
1237	5／23	○	
1238	6／4	○	
1239	5／23	○	
1240	6／4	○	
1241	6／15	○	
1242	6／20	○	
1243 1244	6／22	○	
1245 1246	6／28	○	
1247 1248	6／25	○	
1249	7／5 7／27	○	
1250 1251	7／14	○	
1252 1253 1254	7／19	○	
1255	7／27	○	
1256 〜 1259	7／30	○	
1260	8／5	○	
1261	8／14	○	
1262 〜 1264	8／28	○	
1265	8／25	○	
1266	日付ナシ	／	

表4−1　三府口書(第一冊)

A	B	C	D
4	1／9	×	＊
5 6	1／18	×	＊
7 8	1／20	×	＊
10	1／20	×	＊
11	1／22	×	＊
12	2／7	×	＊
14	2／20	×	
15	2／24	○	
17	2／24	○	
18	3／12	○	
19 20	3／7	○	
21	3／13	○	
22 23	3／12	○	
24	3／31	○	
25	4／9	○	
26 〜 30	4／27	○	
31	4／28	○	
32	4／30	○	
33	5／13	○	
34	5／14	○	
35	5／19	○	
36	日付ナシ	○	
37	5／23	○	
38 39	5／27	○	
40	日付ナシ	○	
41	6／7	○	
42	6／8	○	
43 〜 46	6／15	○	
47	6／18	○	
56 57上	2／7	×	＊

表4−2　三府口書（第二冊）

A	B	C	D
59	2／17	○	
60	3／7	○	
61	4／13	○	
62	4／15	×	
63	4／19	○	
64	4／27	○	
65 66	5／19	○	
67	5／27	○	
68	5／29	○	
69	5／30	○	
70	6／15	○	
71	6／18	○	
73	1／22	×	*
75	6／28	×	
76	2／24	○	
77	判読不明	○	
78	3／7	○	
79	2／28	○	
80	4／19	○	
81	4／27	○	
82	4／28	○	
83	5／9	○	
84	5／13	○	
85	5／19	○	
86〜88	5／23	○	
89	6／12	○	

表5−1　府県伺留（4）

A	B	C	D
99	日付ナシ	×	
100	11／28	×	
101〜126	日付ナシ	×	
127	10／13	×	
128〜134	日付ナシ	×	
135	1／24	×	*
136〜140	日付ナシ	×	
142	11／28	×	
143〜145	日付ナシ	×	
146	11／27	×	
147	11／28	×	
148〜157	日付ナシ	×	
158	11／22	×	
160	日付ナシ	×	
162	日付ナシ	×	
163	11／28	×	
165	1／12	×	*
169	11／28	×	
170	1／12	×	*
172	1／12	×	*
179	判読不明	×	
183	11／23	×	
184	11／22	×	
185	日付ナシ	×	
186 187	11／22	×	
188	日付ナシ	×	
190	日付ナシ	×	

表5−2　府県伺留（5）

A	B	C	D
4	1／14	×	*
7	判読不明	×	
12	3／15	○	
15	判読不明	○	
18	2／24	○	
21	3／20	○	
22	判読不明	○	
32	判読不明	○	
34	日付ナシ	○	
36	3／17	○	
37	判読不明	×	
40	2／18	×	
44	判読不明	×	
45	判読不明	○	
46 47	判読不明	×	
48	判読不明	○	
49 50	判読不明	×	
51	判読不明	○	
52	判読不明	×	
53〜58	判読不明	○	
59	判読不明	×	
60	判読不明	○	
61	判読不明	×	
62〜64	判読不明	○	
65	3／25	○	
66	3／29	○	
67	判読不明	○	
68	判読不明	×	
69	3／4	○	
70	判読不明	○	
71	3／5	○	
72〜79	判読不明	○	
80	2／27	○	
81	判読不明	○	
82	2／28	○	
83	3／5	○	
84	判読不明	○	
85	3／3	○	
86 87	2／25	○	
88〜92	判読不明	○	
93	3／13	○	
94〜97	判読不明	○	

表6　各裁判所伺留（1）

A	B	C	D
6 7	1／12	×	*
8 9	日付ナシ	×	
12	日付ナシ	×	
33	判読不明	×	
34	2／12	×	*
35 36	2／13	×	*
37	2／19	×	
38	2／13	×	*
39 40	2／18	×	
41	2／20	×	
42〜44	2／23	×	
45	2／24	×	
46	日付ナシ	×	
47 48	2／25	×	
49	2／24	×	
50	3／3	○	
51	3／5	○	
52	3／15	○	
53	3／4	○	
54 55	3／2	○	
56	2／28	○	

第二章　司法省日誌記事をめぐる一試論

一、はしがき

筆者は、先に発表した「『司法省日誌』考——第一期刊行分を素材として——」[1]なる論考の冒頭で、これまで取り組んできた新律綱領や改定律例の「内容研究」を進める過程において、明治初期の刑事裁判制度としての「伺・指令裁判体制」[2]に興味をもち、同時にその実態を正確に把握することは、右にいう従来の研究をより発展させるためにも有用であろうとの考えをもつに至ったこと[3]、一方先学の考察や自己のこれまでの論考に依拠するとき、明治六年一月より、明治九年五月に至る約三年半にわたり（初期に二度の中断をはさむが）刊行された[4]「司法省日誌」（以下本稿では煩雑を避け、初出以外の司法省日誌各号は、「日誌第何号」なる表記に統一し、日誌自体は、原則的には単に「日誌」と呼称する）が、特にその期間内の伺・指令裁判体制と密接な関係をもち、従って同体制の実態を解明するためには、当該日誌の果たした「役割」を明確にすることが重要であると推考されることを述べた[5]。そして上掲拙稿では、如上の認識に立脚する研究の端緒として、「明治六年第一号」に始まり「明治六年第三九号」までの司法省日誌を取り上げ、その「史料解題」ともいうべき考察を試みたものである。[(6)]

さて「『司法省日誌』考――第一期刊行分を素材として――」の延長上に位置する本稿では、筆者が寓目する、「脱籍逃亡自首者」処断指令に係わる日誌記事訂正事件をとりあげ、その経緯や事件が惹き起こされた背景に対する考証をなすとともに、事件の性格ゆえにより顕著にうかがい得る、発刊当初の各府県・各府県裁判所の日誌記事への対応についても目を向けてみたいと思う。さらにその結果を参照しつつ、伺・指令裁判体制における司法省日誌の果たした「役割」[(7)]に関する考察を中心に若干の言及をなすものであり、もって伺・指令裁判体制の構造解明への、いささかの参考資料を累加することができれば、望外の幸せである。

（1）本書所収第一章「『司法省日誌』考――第一期刊行分を素材として――」・一頁以下を参照。

（2）「伺・指令裁判」なる語の使用の起源については、すでに前掲霞・「『司法省日誌』考――第一期刊行分を素材として――」・三頁第一節註（1）指摘のように、沼正也『財産法の原理と家族法の原理〔新版〕』（昭和五五年一〇月）所収「司法省指令の形成をめぐる明法寮の役割」・六八五頁以下を参照することより理解される。筆者はそのなかでも特に、明法寮を中心としておこなわれた刑事に係わる裁判体制を「伺・指令裁判体制」と呼称し、考察の対象としている。

（3）霞信彦『明治初期刑事法の基礎的研究』（平成二年一〇月）所収「はじめに」を参照。

（4）司法省日誌の刊行状況に関しては、前掲霞・「『司法省日誌』考――第一期刊行分を素材として――」・三頁第一節註（4）を参照。

（5）前掲霞・「『司法省日誌』考――第一期刊行分を素材として――」・二頁を参照。

（6）該拙稿は、その副題が示すように「第一期刊行分」のみを対象とした解題であり、今後司法省日誌に関する考察を進めるにあたって、さらに発刊された日誌全体にわたる同様の分析作業が不可欠であることはいうまでもない。

(7) 伺・指令裁判体制の実態解明に際し、司法省日誌の果たした「役割」に十分な考察を加えなければならないことは、すでに本節本文および註(5)に指摘した前掲霞・「『司法省日誌』考――第一期刊行分を素材として――」・二頁や、四頁註(7)、(8)を参照することにより十分に認識されよう。本稿における考察もその認識をふまえてのものである。

ちなみに、日誌の果たした「役割」を考える際には、司法省側が日誌に対しいかなる「役割」を求めていたかを考察するとともに、日誌受領者側の意識をも併せて検証してみなければならない。そうした意味では、前掲霞・「『司法省日誌』考――第一期刊行分を素材として――」・四頁註(7)、(8)に指摘する先学の論文は、前者の視点に立つ考察といえよう。

二、司法省日誌明治六年第三号、第五号および第三六号記事をめぐる考察

明治六年初頭に第一号の発刊をみた「司法省日誌」は、その第三号において、同年一月八日分の記事の一つとして次の「伺・指令」を登載した。

山梨裁判所伺
逃亡ノ者処刑ノ儀ニ付別紙ノ通甲府県ニ於テ伺済有之五十日以外ニ至リ候共自首致シ候者ハ其罪差免シ候由ノ処問刑条例ニ本籍ヲ脱シ逃亡シ五十日以内皈籍首出スル者ハ士族卒庶人ヲ問ハズ罪ヲ免ス若五十日以外ニ及ヒ投首スル者ハ一概ニ首

免ヲ聴サス華士族卒ハ庶人ニ下スニ止メ庶人ハ贖罪ニ処スト有之右ハ何レニ擬断致シ可然哉決シ兼候ニ付此段相伺候也
　　壬申十一月
　指令
　伺ノ通其罪ヲ免ス
　　明治六年一月八日(1)

上掲山梨裁判所伺は、従前に提起された甲府県伺に対する「司法省指令」と「問刑条例(2)」なるものを併記し、脱籍逃亡した者が、ふたたび「本籍」に帰還し自首した際、その逃亡期間が五〇日を超えている場合に、「首免」の恩典に浴し得るのか否かを問うたものである。そして、該伺に対する「指令」すなわち「伺ノ通其罪ヲ免ス」を、字義どおりに解釈すれば、その主意は、「脱籍逃亡後五〇日を超えて帰還し自首した者についても、罪を免除する」ということになる。ところが、一号おいた「司法省日誌　明治六年第五号」は、その「正誤欄」に、

　第三号山梨裁判所伺指令トモ錯乱アルニ付取消シ後号ニ出ス(3)

なる文言を掲げ、先に示した「伺・指令」記事を全面的に取消すことを明らかにした。さらに、「司法省日誌　明治六年第三十六号」は、二月八日分の項に、何らの釈明や解説を付すことなく、あたかも新規の伺・指令を登載するかのように、あらためて左の記事を掲載したのである。

　山梨裁判所伺
逃亡ノ者処刑ノ儀ニ付別紙ノ通リ甲府県ニ於テ伺済有之五十日以外ニ至リ候共自首致候者ハ其罪差免シ候由ニ候所問刑条

例ニ本籍ヲ脱シ逃亡シ五十日以内帰籍首出スル者ハ華士族卒庶人ヲ問ハズ罪ヲ免ス若五十日以外ニ及ヒ投首スル者ハ一概首免ヲ聴サス華士族ハ庶人ニ下スニ止メ庶人ハ贖罪ニ処スト有之右ハ何レニ擬断致シ可然哉決兼候ニ付此段奉伺早々御差図有之度候也

壬申十一月　　　　　　　　　　　　　　司法権少判事　北畠　治房

別紙

新律ニ凡本籍ヲ脱シテ逃亡スル者ハ杖八十ト有之候ニ付逃亡シテ他ニ移住致シ不立帰類ハ本刑ニ処シ可申其他少年之子弟等其尊長ヘ子細不申聞私ニ他出致シ居所不知趣親族ヨリ県庁ヘ申出其後悔悟自ラ立帰リ親属隣保里長等ヘ復籍ノ儀願出候者モ同様可申付哉且自首律ニ依リ擬断其罪ヲ免シ可申哉

〔朱書〕伺之通其罪ヲ免ス

指令

別紙朱書ハ脱籍逃亡ヲ以テ論セス故ニ免罪ス真ノ脱籍逃亡ハ五十日内外及ヒ自首ト否ルヲ分チ伺書ノ通区処ス可シ(4)

同じ山梨裁判所伺に対し新たに示された指令の主意を解釈すれば、「脱籍逃亡五〇日を超えて帰還した者については、自首した場合にも罪を免除しない」となり、その採る姿勢は、日誌第三号登載の指令のいうところとはまったく相反するものであった。

これまでに述べた経緯に従い、特に日誌第三号、同第三六号に提示されたそれぞれの「指令」内容の「ちがい」に注目して、一連の記事が登載されるに至った事情を推測するとき、日誌第三号に掲げられた山梨裁判所伺に対する司法省指令が、何らかの理由で同省側にとって満足すべき内容でなかったために、日誌第五号をもってそれが取消され、あらためて日誌第三六号により新指令が報じられたと考えることが、本件のもっとも適当な捉え方といえよう。なお付言すれば、日誌第三号当該記事に関する取消しの意思が、次々号の第五号をもって表明されたことは、可能な限りの「迅速な訂正措置」であったと推察され留意すべき点である。

さて右の一件をめぐり、最初に、司法省側が、なぜ日誌第三号に登載された指令を「是」とせず、取消さねばならなかったのか、その根本の理由について考えてみたい。(5)

ところで、新律綱領施行後におこなわれた各条文の複雑な改正・追加の中で、(6)本稿伺・指令が取り交わされた明治五年末より翌六年にかけてのこの時期（本稿では以後当該時期を示すべく「当時」という表現に固有の意味を付与する）、司法省側は、「脱籍逃亡自首者」の処分について、いかなる法条を「よりどころ」としていたのであろうか。それを知ることこそ、右に掲げた疑問に応えるための最も直接的な手がかりを得ることとなろう。しかしこれまでの検索によれば、本来新律綱領中には、「脱籍逃亡自首者」に関する規定は設けられておらず、さらに綱領を改正しあるいは追加するために発せられる、太政官布告・同指令・司法省布達のいずれにも該規定を見出すことはできない。(7)このことから、当時、脱籍逃亡してしかるのち本貫に復帰「自首」する者（華士族卒庶人を問わず）の刑事処分を示す、いわゆる明文規定は存在しなかったものと推断される。(8)従って、先にいう当時の司法省側の「よりどころ」を推知し、それを詳らかにするためには、敢て間接的な方法を採らざるを得ない。如上の前提にたつとき、藤田弘道氏の労作「足柄裁判所旧蔵『新律条例』考――改定律例の草案と覚しき文書について――」(9)が、きわめて示唆に富む。そこで以下右論文に依拠し述べてみたい。本論文で藤田氏は、詳細かつ精緻な考証にもとづき、「改定律例」の「第一次草案の転写本が足柄裁判所旧蔵の「新律条例」であったこと」、また同第一次草案たる「新律条例」が、「明治五年八月十八日以降、二十五日以前」の間に「太政官」に「奏進」されたものであるとの結論を開陳する。(10)さらに、同氏は、叙上の考証の過程において、論文の素材となした「新律条例」の条文に記入の「朱の丸印」に言及し、これについて「なお、「新律条例」には、その条文が現在有効であることを示していると思考せられる朱の丸印が、三百二十二条あるうち二百二十条に付されている」、あるいは「本書「新律条例」に、先述したごとく、条文の頭に現行法であることを示す朱の丸印が付され」なる見解を呈する。[11] 一方、該藤田論文に付し提示された足柄裁判所旧蔵の「新律条例」には、「脱籍逃亡自首者」に関する、左の規定が設けられている。すなわち、

第百二十条　凡逃亡シテ五十日以内復帰シ及ヒ自首スル者ハ華士族平民ヲ分タス並ニ罪ヲ免ス其復帰シ及ヒ自首スル者五十日以外ニ在レハ一体ニ首免ヲ聴サス贖罪ニ処ス[12]

である。そして、該条には、「現在有効であることを示す朱の丸印」が付されている。叙上の事実にもとづき、併せて足柄裁判所旧蔵の「新律条例」が転写された経緯や同裁判所での使用時期に関する藤田氏の考証を参酌するとき、[13] 本第一二〇条こそ、「脱籍逃亡自首者」の処断について「当時」司法省側が、「現行法」と認識し「よりどころ」とする法条であったと推断することが可能である。[14] 第一二〇条に拠れば、逃亡五〇日を超えて「復帰」した者は、たとえ自首した場合にも首免の対象とならないことは言を俟たない。このことより、日誌第三号にいう指令記事が、結果として、本来の司法省側の意向とは全く相反する結論を生ぜしめるものであったことは明白である。もって同省側が、何としても該記事を取消さねばならなかった根本の理由が、理解されよう。

次に、それではなぜ日誌第三号にこうした「指令」が登載されてしまったのであろうか。そのような事態が惹き起こされてしまった背景には、いかなる事情があったのであろうか。続いて考察を加えたいと考える。

而して、日誌第三号に「伺ノ通其罪ヲ免ス」とする指令の登載をみた原因としては、以下に示す二つの場合が考えられないだろうか。その一は、先に考証したように「脱籍逃亡自首者」処分に関し当時司法省側が現行法と認識し、

「よりどころ」としたであろう法条の存在にもかかわらず、指令発令部署においては、文字通り日誌第三号に示された文面の「指令」が、起案下付され、それがそのまま日誌に登載されてしまった場合であり、その二は、指令発令部署の意思とは別に日誌に当該指令が登載されてしまった場合である。すなわち前者では、根本的に当初の指令に誤謬があり、ゆえに第三六号において、新たに指令発令部署の責任により前指令の訂正がなされたことになろうし、一方後者の場合は、指令が起案され日誌への登載が決定された後の日誌編纂の過程において、何らかの「手ちがい」[15]があり、本来登載されるべき指令とは非なる指令が登載されてしまった場合を想定することが適当であろう。如上二つの可能性を検討し、ここに呈する疑問を解明するためにもっとも確実な方法は、もしそれが現存するものであれば、日誌登載の原史料となった山梨裁判所伺および指令そのものを参照することであろう。そして検索の結果、「各裁判所伺留[16]　二」の第二八号に収められている以下の「伺・指令」が発見された。その文面は次の通りである。

（伺）

逃亡之者処刑之儀ニ付別紙之通リ甲府県於而テ伺済有之五十日以外ニ至リ候共自首致共自首致候者ハ其罪差免シ候由ニ候所問刑条例ニ本籍ヲ脱シ逃亡シ五十日以内復帰籍首出スル者ハ華士族卒庶人ヲ問ハス罪ヲ免ス若シ五十日以外ニ及ヒ投首スル者ハ一概ニ首免ヲ聴サス華士族卒ハ庶人ニ下スニ止メ庶人ハ贖罪ニ処スト有之右ハ何レニ擬断致シ可然哉決兼候ニ付此段奉伺早々御差図有之度候也

壬申十一月　　山梨裁判所　　司法権少判事　北畠　治房

本省御中

（別紙）

逃亡之者処刑之儀ニ付伺

新律ニ凡本籍ヲ脱シテ逃亡スル者ハ杖八十ト有之候ニ付逃亡シテ他ニ移住致シ不立帰類ハ本刑ニ処シ可申其他少年之子弟等其尊長ヘ子細不申聞私ニ他出致シ居所不知趣親族ヨリ県庁ヘ申出其後悔悟自ラ立帰リ親属隣保里長等ヘ復籍ノ儀願出候者モ同様可申付哉且自首律ニ依リ擬断其罪ヲ免シ可申哉

伺之通其罪ヲ免ス

（指令）

別紙朱書ハ脱籍逃亡ヲ以テ論セス故ニ免罪ス真ノ脱籍逃亡ハ五十日内外及ヒ自首ト否ルヲ分チ伺書ノ通区処ス可シ[17]

右に依拠するとき、「伺」そのものは、文面的には日誌第三号および同第三六号にほぼ共通し、また「別紙」・「指令」部分は、日誌第三六号のそれに一致する。しかも管見の及ぶ限りにおいて、他に当該裁判所伺に係わる史料を徴し得ないことから、上掲史料こそ本件についての唯一のものと判断される。これによれば、指令起案者たる水本成美・小原重哉が、山梨裁判所伺に対し、日誌第三号にいう「伺ノ通其罪ヲ免ス」なる指令を発した事実は一度としてなく、司法省指令は、後にも先にも「別紙朱書ハ脱籍……」ではじまる先の原史料に示された「指令」を措いて他に存在しないこととなる。以上の検証より、筆者は、先に掲げた二つの可能性について、その後者、すなわち日誌第三号登載の「指令」は、指令発令部署が本来起案した指令ではなく、日誌編纂過程における何らかの手ちがいに起因して組まれた「誤謬記事」であったとの推定を採る。[18]そして、日誌第三号に示された「指令」の出自を一体奈辺に求めるものであるかに関しては、「別紙」として山梨裁判所伺に付して提出された、「甲府県伺」[19]の末尾に書かれた同県伺への指令「伺之通其罪ヲ免ス」が、該指令とまったく同文であることに注目するとき容易に推知できよう。実に両指令の「とりちがい」[20]こそ誤謬記事掲載の直接的原因であったと考えられる。

（1）「司法省日誌　明治六年第三号」。山梨裁判所は、明治五年九月一九日に設置されている（司法省編纂『司法沿革誌』（昭和一四年一〇月）・一九頁）。山梨裁判所に先立ち裁判事務に従事した、本伺に登場する甲府県における新律綱領の施行については、手塚豊『明治刑法史の研究（中）』（昭和六〇年一〇月）所収「明治初年の甲斐における刑事法と行刑」・九四頁を参照。

（2）本来の「問刑条例」が、いかなるものであるかについてたとえば、徂徠物茂卿著、内田智雄、日原利國校訂『律例對照定本明律國字解』（昭和四一年三月）・五五五頁には、

問刑とは、刑を問ずるとよむ、罪人を刑罰に申付ることなり。条例は、先例なり。されば刑罰の上ばかりに限らず、朝廷の作法、政務の次第は、何々にも皆先例を以て執行ふことなり。故に大明律会典にかきのせたるは、二百二十八巻皆条例なり。これは其内にて刑罰の上の例なるゆへ、問刑条例と云なり。刑罰は律にてさばくことなれども、これを執行て見れば、律ばかりにて事足らぬことあり。代々の帝へ時々に伺ひて、勅定を以て細なることをば代々の仰付あるを書集て、この問刑条例とし、律にそへて執行たるなり。

と述べられている。また、瀧川政次郎博士は、『非理法権天』（昭和五五年六月再刻）・二八四頁で、中国法における「問刑条例」について言及し、

中国法においては、先例が絶対的な権威をもった。一旦できた先例にはどこまでも随ってゆかねばならず、先例のないことは行うことを得ないというのが、この法諺（筆者註―瀧川博士が先に掲げた「有例不可滅。無例不可興」を指す）の意味である。大明律は、明の太祖が定めた刑法であって、この刑法を施行する制勅には、汝等子孫永世これを変すべからずとあった。しかしこの大明律も時勢の変遷に応じて、時勢に適する解釈が施され、その解釈に従って行われた裁判の例によって、徐々に変貌せしめられた。その刑事判例を集めたものが問刑条例であって、問刑条例は大明律に優先して刑事裁判に適用せられた。

なる論述をなす。

さて現在、法務省法務図書館には、「問刑条例」と名付けられた厚薄二冊の和綴本が所蔵されている（本稿では便宜上「厚」を「問刑(1)」、「薄」を「問刑(2)」と呼称する）。そして「問刑(1)」中「犯罪自首条附」部分には、「逃亡条附」

（後に消去した痕跡がある）と題し左の法条が紙片に記され貼付されている。

凡本籍ヲ脱シ逃亡シ五十日以内帰籍首出スル者ハ華士族卒庶人ヲ問ハス罪ヲ免ス
原禄有ル者ハ並ニ原禄ヲ給ス
若シ五十日以外ニ及ヒ投首スル者ハ一概ニ首免ヲ聴サス華士族卒ハ庶人ニ下スニ止メ庶人ハ贖罪ニ処ス其逃亡□別
ニ捕獲ニ就ク者ハ獲ラサルコト五十日以内ニ在ト雖仍ホ逃亡本科ヲ以テ論ス

右条文中縦線の引かれた削除部分を視野にいれることなく該条をみるとき、それが山梨裁判所伺に引用された「問刑条例ニ本籍ヲ脱シ……」に一致することは明白である。従って同裁判所伺中にみられる「脱籍逃亡自首者」の処分指針を示す問刑条例については、今日法務図書館が所蔵する「問刑条例」と命名された文書に登載された該条文に典拠を求めることが可能であり、それがいずれかの方法により山梨裁判所に伝播されたと推測し得る。しかし現時点においては、上掲二書がそれぞれいつごろまとめられ、そこに収められた綱領の改正・追加条項と覚しき問刑条例諸条の形成経緯がいかなるものであったのか、問刑条例なる存在自体に、具体的にどのような法的効力が付与されていたのか、その効力は一体いつごろまで有効であったのか等、同条例に係わる基本的な問題に関し何ら解明がなされていないと認識される。そして如上の疑問点を明らかにするために、今後該二書の精査・分析が不可欠であることは言を俟たない。筆者は、こうした状況をふまえ、法務省所蔵の二冊の「問刑条例」の解題をなすことを端緒として、問刑条例全般にわたる総括的な研究を、早急に進めるつもりである。右の解明を通じ、併せて新律綱領の適用の実際を知るための重要な手がかりを供し得るとも考えるからである。問刑条例については、さらに後掲本節註（12）を参照。なお問刑条例の所在をめぐり藤田氏の御教示をいただいた。記して謝するものである。

ちなみに付言すれば、先に述べたようにわが国明治初期の問刑条例諸条の形成経緯は未だ明確にし得ないが、問刑条例本来の語義に言及する本註前段に列挙した二書の内容は、もってわが国問刑条例の出自を類推するために有効であるように思われる。すなわち明律と問刑条例との関係を、そのまま同じ律系刑法典たる新律綱領と本註に掲げる問刑条例との関係に充当し、わが国該条例条文もまた、刑事裁判における先例を基礎として形成されたために、それに因みそうした名称が付与されたもの、と考えるのである。しかしこれもまた中心史料の十分な検討・解明がなされていない現段階においては、推測の域を一歩としてでるものではない。

（3）「司法省日誌　明治六年第五号」。該記事は、第一期刊行分の全日誌における「取消し」や「正誤」記事の例と同じく当号最終頁に掲載されている。

（4）「司法省日誌　明治六年第三六号」。該記事は、本文に言及したように、何ら訂正記事たるを示す外形をも備えていない。

（5）日誌第三六号掲載の当該指令に示された「脱籍逃亡自首者」の処分に関する内容に依拠し、同処分に対する司法省側の意向そのものを知ることは難くない。そしてそれを援用することにより、ここに掲げる疑問への一応の解答を呈すことも可能であろう。しかし以下の本文では、さらにその根拠を採り、取消しの理由をより明らかにしようとするものである。

（6）新律綱領の改正・追加の様式に関しては、手塚豊『明治刑法史の研究（上）』（昭和五九年三月）所収「明治六年太政官布告の効力――最高裁判所判決に対する一異見――」・一一二頁以下、藤田弘道「足柄裁判所旧蔵『新律条例』考（一）――改定律例の草案と覚しき文書について――」（『法学研究』第四六巻第二号・七三頁以下　昭和四八年二月）にそれぞれ言及されている。

（7）本稿の素材となした山梨裁判所伺・司法省指令が往来した時点における現行刑法典が、「新律綱領」であったことは言を俟たない。綱領は、「職制律」逃亡条に、「脱籍逃亡」に係わる左の条項を有する。

凡本籍ヲ脱シテ。逃亡スル者ハ。杖八十。士族卒ハ。一等ヲ加フ。

そして、明治四年五月二八日の太政官布告は、この逃亡条につき、脱籍逃亡した華士族のうち再び「本貫」に復帰した者をいかに処分するかという点を部分的に追加修正したものである（内閣記録局編『法規分類大全　刑法門二　刑律二』・一二三頁以下）。

是迄華士族卒等脱籍逃亡シ本貫ニ復帰候者歳月ノ多少ヲ不問律ノ閏刑ニ処シ原禄ヲ給シ候処自今逃亡後収禄ノ日限被定候条各所管ニ於テ左ノ例ヲ照準シテ所置可致候事逃亡五十日以内ニ及ンテ帰ラサルハ禄ヲ収メ家属ヲ民籍ニ編入シ置キ本犯復帰スレハ庶人ニ下スニ止ム

しかし、すでに本文に述べたように、「脱籍逃亡自首者」に関する条項は、綱領をはじめ太政官布告等には発見するに至らない。なお、前掲・『法規分類大全　刑法門二　刑律二』・二二三頁以下には、逃亡条をめぐる若干の伺・指令が示されている。その中で明治四年五月二二日付の京都府伺は、「脱籍逃亡自首者」の処分について尋ねた伺として注目されるが、対する指令は「自首ストイヘトモ減等セス」とし、その内容は自首による恩典を勘案したものではなく、該伺・指令が、本文にいう「現行法」を考えるに際し何らかの示唆を与えるとは思われない（本伺・指令の原史料は、「諸府伺（一）」中に綴じ込まれた第五二号「京都府伺本籍ヲ逃亡スル者自首セス帰リタル時処分方ノ件」である）。

（8）手塚博士は、前掲・「明治六年太政官布告の効力——最高裁判所判決に対する一異見——」・一二六頁において、「新律綱領に対する改正、追加は、太政官布告、太政官指令、司法省布達の三形式で行われた」と明言する。一方、綱領・律例の逃亡条について小早川欣吾博士は、その著『続明治法制叢考』（昭和一九年三月）所収「新律綱領及び改定律例の編纂過程と其の判決に就いて」・三九頁に、

逃亡に関する条文は「新律綱領」では「逃亡」「奴婢逃亡」の二箇条しか規定されず極めて適用上から見ても不備の点が多かったが「改定律例」は「逃亡条例」に於いて其の約二倍半なる五箇条（自第百十七条至第百二十一条）に分かちてこれを規定する所があったのである。

なる見解を示している。

（9）前掲藤田・「足柄裁判所旧蔵『新律条例』考（一）——改定律例の草案と覚しき文書について——」・七一頁以下および藤田・「足柄裁判所旧蔵『新律条例』考（二・完）——改定律例の草案と覚しき文書について——」（『法学研究』第四六巻第三号・六四頁以下　昭和四八年三月）。

（10）順に、前掲藤田・「足柄裁判所旧蔵『新律条例』考（二・完）——改定律例の草案と覚しき文書について——」・七三頁、および同「足柄裁判所旧蔵『新律条例』考（一）——改定律例の草案と覚しき文書について——」・八三頁。

（11）順に、前掲藤田・「足柄裁判所旧蔵『新律条例』考（一）——改定律例の草案と覚しき文書について——」・八〇頁、および同「足柄裁判所旧蔵『新律条例』考（二・完）——改定律例の草案と覚しき文書について——」・六七頁。

（12）前掲藤田・「足柄裁判所旧蔵「新律条例」考（二・完）——改定律例の草案と覚しき文書について——」・八六頁。

足柄裁判所旧蔵『新律条例』第一二〇条と山梨裁判所伺中に引用された問刑条例の典拠となった「問刑(1)」に貼付された法条（本節註（2）を参照）とを比較するとき、若干の差異はあるものの本質的には両者は、ほぼ同一内容であることが確認される。司法省は新たに立法する刑法草案中「脱籍逃亡自首」条については、法務図書館所蔵の「問刑条例」に、制定の基礎を求めたのであろうか（本節註（2）に掲げた諸々の疑問点が解明されない限り直接的には証明できない）。ちなみに、前掲小早川・「新律綱領及び改定律例の編纂過程と其の判決に就いて」・一四四頁には、「綱領と律例とが例えば明律と問刑条例の如き関係にある事を説述したのである」とする論述があり、筆者上述の推測に照らして興味深い。

(13)　本文に言及したように、藤田氏の考証に拠れば、改定律例の第一草案たる該「新律条例」が、太政官に奏進されたのは、「明治五年八月十八日以降、二十五日以前」であり、従って右条例を転写した足柄裁判所旧蔵「新律条例」各条文に記された「朱の丸印」の意味する「現在有効」も上掲の時期における「現行法」たることを示すものと解せられる。従って本稿伺・指令に係わる明治五年末より翌六年にかけて第一二〇条が本当に「当時司法省側が現行法と認識していた」法案であったのか否かについては、再度検証してみる必要がある。ところでこの点に関しても該藤田論文は、有効な示唆を与えてくれる。すなわち前掲・「足柄裁判所旧蔵『新律条例』考（二・完）――改定律例の草案と覚しき文書について――」・六四頁以下は、新律条例が足柄裁判所によって転写された時期や目的にふれ、「これ（筆者註―新律条例をいう）を有することが裁判の執務上極めて便利である、という一言に尽きると思う」（六七頁）と述べるとともに、それが必要に応じ加筆修正がなされつつ、同裁判所において「恐らくは改定律例が頒布されるまで、この「新律条例」は実際に使用せられていたものであろう」（六七頁）との見解を提示している。叙上の考証をふまえ、さらに供された該第一二〇条を検するとき、そこには何ら修正痕を見出すものではない。もって同条を、「当時司法省側が現行法として認識していた」法条と考えることの妥当性を再確認するものである。

(14)　あくまでも「司法省側が」現行法として認識していたものである。本節註（8）に引用する手塚博士の指摘には留意しておかなければならない。

(15)　筆者は、刑事に係わる伺・指令の日誌への登載について、前掲沼・「司法省指令の形成をめぐる明法寮の役割」・六八

二、六八八頁を参照しつつ、前掲霞・「『司法省日誌』考——第一期刊行分を素材として——」・一一頁以下に言及した。その中で筆者は日誌への伺・指令の登載が選択的であることに関連して、日誌への登載の可否を決定するのは本来指令を発令した部署であり、それを受けて実際的な日誌の編纂に携わる事務的編纂部署が存在することを指摘した。本文にいう「日誌への登載が決定された後の日誌編纂の過程」とは、右論考にいう編纂の仕組みをふまえてのものである。具体的な各部署名に関しては、同霞・一三頁および二〇頁註（25）を参照。

（16）前掲沼・『財産法の原理と家族法の原理〔新版〕』所収「家族関係法における近代思惟の確立過程（その一）」・三四一頁以下、同沼書所収「明法寮についての再論」・七三〇、七三五頁に依拠するとき、本稿山梨裁判所伺および対する指令を綴じ込む「各裁判所伺留」は、「明法寮申律課記録」と位置づけられる。

（17）伺・指令紙面には、伺の明法寮（この点については前掲霞・「『司法省日誌』考——第一期刊行分を素材として——」・一八頁註（16）を参照）への送達や明法寮の手になる「指令（案）」下付の各日付を表す書き込みはなされていない。なお指令紙面には、発令事務処理係と覚しき「横山（尚）」（明治五年八月一二日任権少法官）、指令起案者と覚しき「水本（成美）」（明治五年九月四日任権大法官）および「小原（重哉）」（明治五年九月二日任中法官）なる印がそれぞれ押捺されている。上掲人物中、横山については前掲霞・『明治初期刑事法の基礎的研究』所収「明治七年司法省第一〇号布達の成立をめぐる若干の考察」・一七七頁註（16）に、水本については、前掲沼・「家族関係法における近代思惟の確立過程（その一）」三四二頁以下をはじめとする先学の労作に依拠し、前掲拙著所収「児島惟謙『賭博罪廃止意見』に関する若干の考察」・一三五頁註（4）に、さらに小原についても、前掲霞・「児島惟謙『賭博罪廃止意見』に関する若干の考察」・一三五頁註（4）に言及した。

なお本稿では、後節に掲げる「府県伺留」・「各裁判所伺留」所収の伺・指令をふくめ、送達・下付の期日の特定方法、いわゆる「司法省指令」の意味・送付先に関する考証、また「指令起案者」・「発令事務処理係」の類別等に関し、すべて前掲霞・「明治七年司法省第一〇号布達施行直後の伺・指令」・一八六頁註（3）に述べる立場を踏襲する。

（18）これまでの考証により、前掲霞・「『司法省日誌』考——第一期刊行分を素材として——」・一三頁に言及する、日誌編纂における「事務的編纂部署」の存在がより明確に認識されることとなる（本節註（15）を参照）。

(19) 山梨裁判所伺に添付された「甲府県伺」の原史料は、「諸県伺（一）」に綴じ込まれた第一二号「甲府県伺尊重ノ許可ヲ得ス他出シ居所不分明ナル時等処分方其他二ケ条伺ノ件」より抜粋されたものと考えられる。伺は、「辛未正月」甲府県より弁官宛提起され、対する指令は、「辛未二月」刑部省より下付されている。全三条中第一条が、山梨裁判所伺に添付された「甲府県伺」である。

(20) 本文にいう「とりちがい」が、起こり得るものであるか否かを原史料により検証してみよう。原史料では、本来の指令は別紙に単独で記され、一方山梨裁判所伺および添付の甲府県伺・甲府県伺に対する指令は、二葉にわたる連続する書類として一体にまとめられている。従ってこうした形態の文書が、指令発令部署より事務的編纂部署にそのまま提示されたものと推定すれば、本来の指令が見落とされ、本稿日誌第三号にみる誤謬記事が編纂される可能性は十分にあると判断される。

三、司法省日誌明治六年第三号をめぐる伺・指令

日誌第三号に登載された山梨裁判所伺に対する指令は、「編纂過程における手ちがい」による誤謬記事であったと結論づけられた。ところで、今日法務省法務図書館に所蔵されている、主として口書系もしくは伺留系と位置づけられる文書に綴じ込まれた膨大な数の伺・指令は、当時のいわゆる伺・指令裁判の実態を明らかにし得る有力な直接史料の一つである。そして検索により、それらの文書のなかに、該日誌第三号記事をめぐり各府県・各府県裁判所と司法省との「やりとり」が在在したことを示唆する伺・指令が包含されていることが判明した。すなわちその事実は、

第二節に述べた経緯からも明らかなように、本稿日誌第三号記事の訂正処理が、かなり迅速になされたと思われるにもかかわらず、結果的には当該記事に関連し、各府県や各府県裁判所において裁判実務に携わる担当者の間に、いささかの混乱が生じたことをうかがわせるに他ならない。従って本節では、それらの伺・指令を順に挙げ、該記事の惹き起した混乱やそれに対する司法省側の対応に言及し、本件の顚末についてしめくくりをしておきたいと思う。

最初にとりあげるのは、明治六年二月（日不詳）に権少判事武久昌孚名により提起された埼玉裁判所伺[1]である。同伺はいう。

一　日誌第三号山梨県伺逃亡シテ五十日以外ニ至リ自首スル者伺ノ通其罪ヲ免スト有之候ニ付已ニ右ニ基キ放免セシ者有之候処其後婦女脱籍ノ儀ニ付当裁判所伺御附紙ニ婦女脱籍逃亡スル者五十日以外ニ及ヒ投首スルモ別ニ減等ノ法ナシト有之就テハ前山梨県伺御附紙ト相違ニ付何レニ比較致シ可然哉若シ免罪ニ至ラサルトキハ前放免セシ者更ニ呼出シ贖罪申付候義ニ候哉

指令は、

第二条　放免セシ者アラハ更ニ呼出シ収贖セシム可シ

であるが、加えて左の付箋が貼付されている。

但当省第三号日誌伺附箋ハ間違ニ付取消候事[2]

一方同年二月九日には、司法省裁判所[3]より、明法寮宛次に掲げる伺が提起されている。

当省日誌第三号山梨裁判所伺ニ逃亡処刑ノ儀ニ付甲府県ニ於テ伺済有之五十日以外ニ至リ候□自首致シ候者ハ其罪差免シ云々ノ御指令ニ伺ノ通其罪ヲ免ストアリ（中略）右改正之儀未タ当裁判所ニハ御達無之ニ付総テ承知不致甚不都合ニ候因テ当今御寮ニ於テ御改定ノケ条至急御報知被下度此段及御乞合候也

指令は、日誌第三号に誤った記事が登載された状況説明を含むもので、

一　逃亡ノ者五十日以外ニ復帰シ自首スル者ハ首免ヲ聴サス華士族ハ除族ニ止メ庶人ハ贖罪ニ処ス
　本省日誌第三号山梨裁判所別紙伺ノ附紙指令ニ脱簡アリ如左
別紙朱書ハ脱籍逃亡ヲ以テ論セス故ニ免罪ス真ノ脱籍逃亡ハ五十日内外及ヒ自首ト否トヲ分チ伺ノ通区処ス可シ(4)

と述べる。続く翌二月一〇日、司法権少判事南部甕男名による宇都宮裁判所伺(5)は、

問刑条例ニ云庶人逃亡五十日以内ニ復帰スル者ハ贖罪ヲ聴ルス又云本籍ヲ脱シ逃亡シ五十日以内帰籍首出スル者ハ華士族卒庶人ヲ問ハス罪ヲ免ス若シ五十日以外ニ及ヒ投首スル者ハ一概ニ首免ヲ聴サス華士族卒ハ庶人ニ下スニ止メ庶人贖罪ニ処ストアルハ右両条ニ拠リ逃亡ノ者是迄処断致シ参リ候処今般御本省日誌第三号ヲ閲スルニ山梨裁判所ノ伺ニ付五十日以外ニ至リ候共自首ノ者ハ其罪ヲ免スト御指令相成候趣然レハ逃亡ノ者ハ華士族卒民ヲ問ハス五十日内外ヲ論セズ自首スルモノハ其罪ヲ免シ可然候歟尤復帰シテ自首セザル者ハ贖罪ニ処シ可然候哉此段相伺候間至急御差図有之度候也
右之通相伺候也

なる疑義を呈する。指令は、

日誌五号ニ於テ取消候得ハ是迄ノ通処断ス可シ(6)

である。また同年二月一九日には、群馬裁判所長司法権少判事石井忠恭が、(7)次の伺を提起している。

本省日誌第三号別紙写ノ通リ山梨裁判所エ御指令有之右ハ逃亡五十日内外不問出首スレハ其罪ヲ免シ候儀ニ御改正相成候哉又ハ問刑条例逃亡条附ニ依リ五十日内外ヲ以テ其罪ヲ免スト免サヾルノ区別有之ヘキ歟了解致シ兼差向処刑差支候間至急御指揮有之度此段相伺候也

対する指令は、左の通りである。

一 今般第五号日誌ノ通心得可シ(8)

日誌第三号記事に関する第五の伺は、明治六年三月五日付の、浜田県権参事渡辺積・同県権令佐藤信寛両者連名で呈された刑律伺である。

御省第三号日誌山梨裁判所伺ニ御指令之趣ニテハ逃亡之者復帰出首スル者ハ五十日以外ニ及ヒ候共其罪ヲ被免候義ニ相見候処右ハ逃亡セシ事□々発覚スル未発覚セサルヲ論セス一般ニ首免ト相心得可然義当県右之類数多有之候ニ付至急指揮有之度此段相伺申候也

下付された指令は、群馬裁判所に対すると同様である。すなわち、

当省今般日誌第五号之通心得可シ[9]

さて、右に掲げた五件中、冒頭の埼玉裁判所伺は、日誌第三号指令に依拠して、脱籍逃亡後五〇日をすぎて帰還し自首する者を「放免」したことに関し、もしその処断を訂正し再処分をなすとき、それをいかにおこなうかを尋ねたものである。また司法省裁判所以下三件の伺は、「脱籍逃亡自首者」の刑事処分について、従来の理解に立つ各府県裁判所が、日誌第三号を通じ山梨裁判所伺に対する指令を知り、該処分方針に変更が加えられたか否かを確認するために提起したと考えられる。併せて浜田県伺は、日誌第三号指令に示された内容の当否をあらためて質したものであろう。なお、叙上五件の伺および指令は、いずれの時期の司法省日誌にも登載されることとならず、誤謬記事に起因する疑義については、各指令の下付により個別的に解決され、もって本節に挙げる諸伺に係わる一切の処理は終了したといえよう。[11]ちなみに日誌不登載の事情は、本書所収第一章「『司法省日誌』考——第一期刊行分を素材として——」に言及のように、五件の指令中少くとも三件の指令の下付された日付が、第一期刊行分の司法省日誌が対象とする指令下付期日の範囲から明らかにはずれており、[12]一方改定律例頒布前の伺・指令であるために第二期の日誌に載録されることもなかったためと推測される。

（1）埼玉裁判所は、明治五年八月五日に設置されている（前掲・『司法沿革誌』・一八頁）。

（2）「各裁判所伺留　二」所収第四六号。本文に示す伺は、全三条中の第二条である。伺文末には、「二月」とあるだけで

伺提起の日付を特定することはできない。ただ伺第一面には、「二月二十日伺出」なる文字が記入されており、本稿第二節註（17）に依拠すれば、伺が同日をもって明法寮に送達されたものと考えられる。なお他の四伺は、伺が提起された日付に従って順に掲げることとしたが、埼玉裁判所伺はその日付が不明であり、該四伺のいずれの間にも挿入することができないために、冒頭に示した。

指令紙面には、発令事務処理係と覚しき「丹羽（賢）」（明治五年八月二八日任司法少丞）、「横山（尚）」（権少法官）、「大園（孝賛）」（当該指令時権少法官か）の各印および判読不明の一印が、また指令起案者と覚しき「水本（成美）」（権大法官）および「小原（重哉）」（中法官）の二印がそれぞれ押捺されている。上掲人物中、横山、水本、小原については、本稿第二節註（17）を参照。また大園に関しては、前掲沼・「家族関係法における近代思惟の確立過程（その一）」・三四二頁以下をはじめとする先学の労作に依拠し、前掲霞・『明治初期刑事法の基礎的研究』所収「児島惟謙『賭博罪廃止意見』に関する若干の考察」・一三五頁註（4）に言及した。さらに丹羽の略歴は、原禎嗣「司法本省判事に対する出入罪条適用に関する若干の考察」（『法学政治学論究』第一号　平成元年六月）・一四九頁註（12）を参照。また丹羽の印の特定に際しては、原氏の御教示を受けた。記して謝するものである。

（3）司法省裁判所は、明治五年八月三日の「司法職務定制」第一二章「司法省裁判所章程」にもとづいて設けられたものであり、「各裁判所ノ上ニ位スルヲ司法省裁判所トス其章程左ノ如シ」と規定される（前掲・『法規分類大全　官職門　官制　司法省二』・一一九頁以下）。

（4）「各裁判所伺留　二」所収第八一号。伺第一面には、「二月九日伺出」なる文字が記入されている（「二」の部分が半分断裁されているが伺文末より推定される）。該日付については、本稿第二節註（17）を参照。また伺は二個の疑問を挙げ、その第一が本文に掲げたものである。指令紙面には、発令事務処理係と覚しき「大園（孝賛）」（当該指令時権少法官か）の印および、指令起案者と覚しき「水本（成美）」（権大法官）および「小原（重哉）」（中法官）の二印が押捺されている。これら三者については、本節註（2）、本稿第二節註（17）を参照。

伺中の「承知不致甚不都合ニ候」とする文言には、司法卿直属の上級裁判所としての権威を示す姿勢がうかがわれ、また対する指令も後掲三裁判所への内容に比較していささかの配慮が感じられる。この時期の役所の力関係をみる上で興味深い。

（5）宇都宮裁判所は、明治五年八月一二日に設置されている（前掲・『司法沿革誌』・一八頁）。

（6）「各裁判所伺留　二」所収第五三号。伺第一面には、「二月廿三日伺出」、「三月四日仕拂」なる文字が記入されている。該日付については、本稿第二節註（17）を参照。指令紙面には、発令事務処理係と覚しき「村岡（良弼）」（明治五年八月一二日任権少法官）の印および、指令起案者と覚しき「水本（成美）」（権大法官）および「小原（重哉）」（中法官）の二印が押捺されている。村岡については、藤田弘道「改定律例編纂者考」（『法学研究』第四八巻第二号　昭和五〇年二月）・五七頁以下に詳細にとりあげられており、権少法官任官の期日も同論文・五六頁註（9）に依拠した。水本、小原については、本稿第二節註（17）を参照。

なお指令文面からは、指令の原案が「日誌ノ指令ハ誤写ト相心得是迄ノ通処断ス可シ」であったことが判明する。その後、原案中「ノ指令ハ誤写ト相心得」部分が削除され新たに文言を入れ換えて、本文に掲げる指令が下付されたものであろう。「誤写」という文言より、第二節註（20）に述べた「とりちがい」の具体的状況を推測せしむる手がかりを見出し得ないだろうか。

（7）群馬裁判所は、明治五年八月一二日に設置されている（前掲・『司法沿革誌』・一八頁）。

（8）「各裁判所伺留　二」所収第四九号。伺第一面には、「二月廿二日伺出」、「同廿四日下付ス」なる文字が記入されている。該日付については、本稿第二節註（17）を参照。指令紙面には指令起案者と覚しき「水本（成美）」（権大法官）および「小原（重哉）」（中法官）の二印が押捺されるにとどまる。水本、小原についても、併せて本稿第二節註（17）を参照。

（9）「府県伺留　六」所収第一四九号。伺第一面には、「（「三」か）月廿三日伺出」、「三月三十日仕拂」なる文字が記入されている。該日付については、本稿第二節註（17）を参照。指令紙面には、発令事務処理係と覚しき「谷（新介）」（当該指令時明法権少属か）、「大園（孝賛）」（当該指令時権少法官か）の印および指令起案者と覚しき「水本（成美）」（権大法官）および「小原（重哉）」（中法官）の二印が押捺されている。谷については、前掲霞・「明治七年司法省第一〇号布達の成立をめぐる若干の考察」・一七二頁註（6）、同「明治七年司法省第一〇号布達施行直後の伺・指令」・一九二頁註（8）を参照。一方後三者については、本節註（2）、本稿第二節註（17）を参照。

（10）本稿第二節註（2）を参照。宇都宮、群馬の各裁判所伺中には、「問刑条例」なる文言が明示されている。

（11）日誌第三号誤謬記事訂正に関する公的処理は、第二節に掲げた日誌第三六号への山梨裁判所伺・指令の登載をもって完了したものと考えられる。しかし現実には、伺提起者が、本件をめぐる各々の伺に対する指令を受領し当該内容を了解した時点で、その実質的処理が終了したこととなろう。

（12）前掲霞・「『司法省日誌』考――第一期刊行分を素材として――」・一〇頁によれば、範囲は、明治六年一月八日より二月一三日までである。埼玉裁判所については、本節註（2）に挙げた明法寮への送達期日より、指令下付の時日が、右の範囲からはずれることは推測に難くない。また、本節註（4）に挙げた送達期日より判断して、司法省裁判所への指令が右にいう範囲内の時日に下付されたか否かは微妙なところである。しかし、それが第一期もしくはそれ以後の日誌に登載されることのなかったことは事実である。

四、結びにかえて

前二節にわたり、司法省日誌第三号登載の誤謬記事をめぐる処理経過やそれに対する各府県・各府県裁判所の対応について考証した。すでに言及したように、事件それ自体は、「編纂過程における手ちがい」によって惹き起こされたものと推定されるが、一連の事件経緯からは、いわゆる刑事に係わる伺・指令裁判体制のなかで、司法省日誌の果たした「役割」を明らかにするための、あるいは発刊まもない時期の司法省日誌の送達の実状に係わるいささかの「示唆」を得ることが可能である。そこで本節では、問題提起の意味もふくめ、これらの「示唆」について若干の言及をなすこととする。

まずはじめに、司法省日誌に登載の、各府県もしくは各府県裁判所から提起された、ある「伺」に対する「指令」（以後これを「登載指令」と呼称する）が、当事者を除く他の伺出機関の裁判実務担当者にとって、日誌発刊当初のこの時期いかに位置づけられ受容せられたのであろうか、という疑問について考えてみたい[(1)]。

ところで、司法省日誌発刊以前において、上掲の伺・指令裁判は、原則的に各個の「伺」に個別的に「指令」が下付されるという形式でおこなわれており、従って伺・指令の内容は、それに関係する各府県・各府県裁判所と司法省側の両当事者が了解するにとどまるものであったと考えられる。すなわち、如上の「やりとり」を発端として、たとえば「鶏姦条例[(2)]」のような立法がなされることとなれば、間接的にであれ質疑の内容が周知されたといえようが、それ以外に、個々の伺・指令に関する情報が公にかつ定期的に伝達される機会は、ほぼあり得なかったと推定される[(3)]。しかし、日誌の発刊を契機とし、裁判実務担当者は、登載指令を通じて、新律綱領・改定律例の解釈、擬律や処断に関する司法省見解等を明確に知ることとなった。こうした経緯をふまえ、彼らが、該登載指令を、刑事裁判の遂行に際しいかに認識し取り扱ったのであろうか、という冒頭に掲げる疑問が提起される。そして、これまで必ずしも実証的に明らかにされているとはいい難いこの点に関し、本稿第三節に掲げた埼玉裁判所以下五件の伺は、いささかの示唆を与えてくれるように思われる。さて上掲伺中、埼玉裁判所伺は、究極的には、日誌第三号に示された「脱籍逃亡自首者」の扱いに対する「誤った記事」を、そのまま具体的事案に適用したために生じた「誤った処断」をいかに訂正するかを尋ねたものといえよう。如上内容からは、登載指令が、当事者以外の伺出機関の担当者によって、新たな「先例」として理解され当然に同種の事件に適用された事実が明白にうかがい得る。一方、すでに前節に明らかなように、司法省裁判所以下四件の伺は、先の埼玉裁判所伺とは若干主旨を異にする[(4)]。しかし、文面の分析に拠れば、右四伺は、該登載指令を今後同種の事件に適用することを希求しつつその内容確認のために提起されたと推察され、すなわちそこにも登載指令を、単に各原発の「伺」に個別的に有効な「指令」の紹介記事と位置づけることなく、少なくとも爾後の事案の処理に「参照」し得る「先例」と考える共通の認識が存在しているように思料される。さて以上わずかな例をもって全体を語り得ないことはもとよりであるが、該五伺に垣間見られる伺出側の意向が、今後、先に述べた「登載指令への認識」を考証するうえで、有効な手がかりとなろうことは疑いを容れない。なお、本来叙上の考証と「対」に論じられなければならない、司法省日誌発刊に際し司法省側が、登載指令にいかなる効力を与付する意図を有していたかに関しては、本稿考察を通じても有力な「示唆」[5]を得るに至らない。ゆえに遺憾ながら現状では、明確な言及をなすことを留保するものである。いずれにしても、日誌の発刊が継続しておこなわれるなかで、司法省側が登載指令をいかに位置づけ、またそれを注視する各伺出機関が実際の裁判においてどの様にその活用をはかったかについて、より正確な把握をなすことが、日誌導入以後の同裁判体制の構造や変遷を明らかにするためにすぐれて重要であることを、あらためて認識しておかなければならない。

続いて、各府県・各府県裁判所に対する司法省日誌送達時期の実態に関する考察である。さて、日誌第三号に対応して提起された埼玉裁判所以下五件の伺は、すでに第三節に示したように、明治六年二月より三月にかけて提起されたものである。この伺提起の時期から類推して、明治六年一月初頭をもって第一号の発刊をみたとする司法省日誌中、第三号の諸機関への送達は、もっとも東京に近接する地域であっても、一月もむしろ末に近い時期以降ではなかったかと考えざるを得ない。併せて、五件の伺の提出期日は、訂正記事を掲載する日誌第五号が、その後さらに時間を経て送達されたことをもうかがわせる[6]。原史料に拠れば、前掲宇都宮裁判所・群馬裁判所・浜田県各伺に対し司法省指令(実質的には明法寮の手になる)が下付された日付は、順に三月四日・二月二四日・三月三〇日であり、この間に

「ゆきちがう」かたちで、日誌第五号は送達されたものであろうか。以上述べた事実をふまえ、第一期刊行分の司法省日誌各号に記された、日誌各号の発刊時期を知るための指標ともいうべき「伺・指令がいかなる期日分の記事として日誌に登載されたかを示す日付」[7]を見るとき、地域的な差を勘案しても、日誌の各方面への送達は、実際にはそれよりかなり遅れたものであったと考えることができる。[8]

本節では、前二節にわたる考証に依拠しつつ、司法省日誌について推考し得る若干の点を挙げ論じた。筆者は、こうした考察を資料の一つとして、伺・指令裁判体制における日誌の果たした「役割」を、総括的に解明したいと希むものである。それがためには、今後さらに可能な限りの史料を検索し、分析・検討を重ねることが必要であると思料する。

（1）本稿第一節註（7）を参照。そして本節では、日誌受領者側の意識の検討を進めることとなる。

（2）明治五年一一月一三日太政官の布告するところとなった「鶏姦条例」については、前掲霞・『明治初期刑事法の基礎的研究』所収「『鶏姦規定』考」・九一頁以下を参照。

（3）すでに指摘の通り、本稿第二節註（2）にとりあげた「問刑条例」は法条の態をなすものであり、その伝播は、具体的な内容をもつ伺・指令の場合とは別に考えなければならない。

（4）本稿第三節五六頁を参照。

（5）本稿に依拠し、敢て司法省側の、登載指令に対する意向の一端をうかがうとすれば、本稿第二節四一頁に言及した、司法省側が日誌第三号記事の取消しを、早速第五号をもって表明した点が注目される。如上の迅速な処理は、司法省側もまた、ひとたび活字となった指令が、各伺出機関において、単に個別的な伺・指令往復の記録として看過されることはあり得ないであろうとの「認識」を有していたことを推測させるものといえないだろうか。ちなみに、第一期刊行分の司法省日誌における記事「取消し」もしくは「訂正」措置は、次に示す対応でなされている（号数はすべて明治六年第一期刊行分の司法省日誌のものである)。

①第二号長野県伺に対する指令 →第三号で部分取消し
②第三号山梨裁判所伺・指令 →第五号で全面取消し(本稿)
③第一四号新治裁判所伺に対する指令 →第一七号で字句訂正
④第一五号山口県伺に対する指令 →第三一号で全面取消し新たな指令登載
⑤第三一号司法省伺に対する太政官指令 →第三三号で字句訂正

右一覧に拠れば、概括的には、日誌記事の「取消し」、「訂正」広告の処理は、ほぼ円滑になされていたということが可能である(但し、本稿との関連においては、①~⑤中には、民事に係わるもの(③)や太政官指令に関するもの(⑤)が含まれており刑事の指令に限定するものでないこと、また後に本文に言及する実際の各機関への日誌配付時期の問題は視野にいれられていないこと等留意すべき点がある。なお④は、最初に登載された指令が全面的に取消されるという点で本稿にとりあげた②に類似する事案である。その処理は、他に比して長きにわたるが、同一誌面に、取消しの陳告とともに新指令も登載されており、本稿②の経緯と対照し必ずしも迅速でないとは思われない)。如上の「取消し」もしくは「訂正」措置の状況は、あらためて、司法省側が、一度示された登載指令の誤りを看過することなく、可及的すみやかに正す意思を抱いていたことを推測させ、もって、さきにいう「認識」の存在を裏付ける資料の一つとなし得ないだろうか。

(6) たとえば理論的には、当然のことながら日誌第五号は、浜田県伺が提起された明治六年三月五日の時点においても、未だ同県に送達されていないことになる。

(7) 前掲霞・「『司法省日誌』考――第一期刊行分を素材として――」・六頁、一四頁以下註(2)を参照。

(8) 第一期刊行分の日誌の最終号第三九号が、実際にはいつ送達されたのかは不明である。初期に見られる送達状況が最後まで続いたのであろうか、それは単に地域的な郵便事情によるものであろうか、伺・指令裁判体制における司法省日誌の位置づけを考えるとき、こうした日誌送達の実状についてもやはり看過することはできない。

第三章　問刑条例をめぐる若干の考察

——法務図書館所蔵「問刑条例」および「各裁判所伺留」を素材として——

一、はじめに

現在法務省法務図書館には、「問刑条例」と題する厚簿二冊の和綴本が収められている。[1]しかし遺憾ながら管見の及ぶ限りにおいて、筆者は該文書についての「解題」をなす先学の業績にふれる機会を得ていない。一方同図書館は、「各裁判所伺留」と命名された全八冊の文書をも所蔵する。そして沼正也博士は、詳細な考証にもとづき、これを「明法寮申律課記録」と位置づける。[2]すなわち本文書には、いわゆる「伺・指令裁判体制」[3]と称される刑事裁判体制のなかで、各府県裁判所と司法省明法寮（多くの場合は司法本省を経由してであるが）との間に往来した、法条の解釈や擬律に係わる「伺」およびそれに対する「指令」が綴じ込まれている。

ところで、上掲「各裁判所伺留」第一冊より第三冊に綴じ込まれた諸伺に注目するとき、決して顕著ではないものの、「問刑条例」なる文言を掲げて疑義を呈し、もって処断の「よりどころ」とすることの可否を問う伺が散見される。[4] 而して、該伺留第一冊以降第三冊に所収の伺の大部分は、いずれも明治三年一二月二七日「新律綱領」（本稿では「綱領」とも略称）「頒布」以後、明治六年七月一〇日「改定律例」[5] の「一般施行」をみるまでの間に提起されたものであり（ちなみに第三冊には改定律例一般施行後に提起された伺も混在するが）、伺・指令裁判の性格上それらの多くが、綱領の解釈・適用や法の欠缺における処断如何を問い、あるいは綱領施行以後その欠を補い内容に変更を加えんがために下達された太政官布告・太政官指令・司法省布達の趣旨を質し、[6] さらに明治六年一月に刊行が開始された「司法省日誌」の記事への疑義を尋ねる等[7] の伺であることは、言を俟たない。そうした中に、問刑条例を掲げての上述の態様の伺を見出し得ることは、現時点において、本条例がいかなる範囲のいかなる人々に了知されていたかの特定はなし得ないものの、それが、新律綱領のもとでおこなわれた刑事事案の実決に際し、依拠すべき法的素材の一つとして認識されていたとの可能性を推測させる。そしてもし、ここにいう問刑条例が、改正・追加が目まぐるしくなされた新律綱領の施行下において、何らかの法源的効力を有するものであったとすれば、当時の法適用の実際を知るうえで誠に興味深い存在である。そこですでに拙稿・「司法省日誌記事をめぐる一試論」に言及の「問刑条例研究」[8] の第一段階として、本稿では、「各裁判所伺留」三冊に綴じ込まれた「問刑条例を掲げて提起された伺」を検索・網羅し、それと先に挙げた法務図書館所蔵「問刑条例」二冊に示された諸条とを比照、その結果をふまえ今後の研究の進路を視野に入れつつ、該条例に関する若干の問題提起をしてみたいと考える。

（1） 筆者は、本書所収第二章「司法省日誌記事をめぐる一試論」・四六頁以下第二節註（2）で、該論考の主史料たる山梨裁判所伺文中に引用された問刑条例なる存在に言及するとともに、併せて法務図書館所蔵の二冊の「問刑条例」を取り上げ、それらをめぐり今後検討すべき諸点について指摘した。該所蔵文書に関する考証が未成である状況は、遺憾ながら継続している。しかし考察を進める必要より、将来の考証の結果を留保しつつ、本稿では、上掲二文書をそれぞれ独立のまとまった一史料と認識し、前掲霞・註（2）の例に倣い、「厚」き一冊を「問刑(1)」と、また「薄」き一冊を「問刑(2)」と表記しておきたいと思う。なお上掲霞・註（2）に述べたように、「問刑条例」の所在に関し藤田弘道氏の御教示をいただいた。記して謝意を表するものである。

（2）沼正也『財産法の原理と家族法の原理〔新版〕』（昭和五五年一〇月）所収「家族関係法における近代的思惟の成立過程（その一）」・三四一頁以下、同「明法寮についての再論」・七三〇、七三五頁を参照。

（3）筆者は、明治初期のほんのわずかな期間ではあるが、司法省に直属する明法寮（明治四年九月二七日設置、同八年五月四日廃寮）を中心として採られた刑事に係わる裁判体制を、「伺・指令裁判」と捉える。明法寮は、明治五年八月三日に「仮定」をみた「司法職務定制」第八三条に定める「各裁判所疑讞本省ニ伺ヒ出テ律文ノ疑条ヲ質シ及律ニ正条ナクシテ更ニ定例ヲ要スル者ハ本寮論定シテ卿ノ印ヲ受ケ之ヲ断刑課ニ付ス」に則り、各府県・各府県裁判所から提起された膨大な数の擬律・処断に関する伺への対応に、挙げてその力を尽くした（内閣記録局編『法規分類大全　官職門官制　司法省一』・七六、八七、一三〇頁）。そして前掲沼・『財産法の原理と家族法の原理〔新版〕』所収「司法省指令の形成をめぐる明法寮の役割」・六六二頁以下をはじめ同書所収の一連の論文は、該体制の構造に言及する今日までの代表的な研究である。

（4）筆者検索の限りにおいては、第四冊以降の「各裁判所伺留」中には、問刑条例条文を掲げての伺を見出すことはできない。

（5）それぞれ前掲・『法規分類大全　刑法門一　刑律二』・一二九頁、同『刑律三』・二五六頁を参照。

（6）新律綱領施行後の「部分的改正や追加」の「形式、性格、作用等」については、手塚豊『明治刑法史の研究（上）』（昭和五九年三月）所収「明治六年太政官布告第六十五号の効力——最高裁判所判決に対する一異見——」・一二二頁以下を参照。上掲論文・一二六頁で手塚博士は、「新律綱領に対する改正、追加は、太政官布告、太政官指令、司法省布達の三形式で行われた」と指摘する。

（7）前掲霞・「司法省日誌記事をめぐる一試論」は、そうした事例を素材とする論考である。
（8）本節註（1）を参照。

二、本　論

本節では、まず「各裁判所伺留」第一冊より第三冊に綴じ込まれた「伺」中「問刑条例」の名を掲げそれに係わる疑義を呈するものを指摘し、併せて今日法務図書館所蔵の二冊の「問刑条例」との関係を明らかにしたいと思う。よって左にいう内容に該当する伺を、該伺留に綴じ込まれた順に従って列挙し、そこに取り上げられた問刑条例条文を呈することとする。以下に示す「表1」がそれである。

表1

伺No.[1]	伺出年月日[2]	伺出機関[3]	各裁判所伺留冊数[4]	伺中に引用の問刑条例条文[5]
①	明治五年一〇月二七日	印旛（ママ）（大久保〔筆者註―親正〕権少判事）	（一）第九号	問刑条例ニ云フ 凡強窃盗ヲ私和スル者ハ各不応為軽ヲ以テ論ス如シ財ヲ受ル者ハ贓ニ計ヘ枉法ニ準シ重キニ従テ論ス凡姦事ヲ私和スル者ハ不応軽（ママ）ヲ以テ論ス若シ別ニ金ヲ受ル者ハ贓ニ計ヘ枉法ニ準シ重キニ従テ論ス

②	明治五年一一月（日不詳）	山梨（司法権少判事北畠治房）	（一）第二八号	問刑条例ニ本籍ヲ脱シ逃亡シ五十日以内帰籍首出スル者ハ華士族卒庶人ヲ問ハス罪ヲ免ス若シ五十日以外ニ及ヒ投首スル者ハ一概ニ首免ヲ聴サス華士族卒ハ庶人ニ下スニ止メ庶人ハ贖罪ニ処スト有之
③	明治六年二月一九日	群馬（司法権少判事石井忠恭）	（一）第四九号	問刑条例逃亡条附ニ依リ五十日内外ヲ以テ其罪ヲ免スト免サヽルノ有之
④	明治六年二月一〇日	宇都宮（司法権少判事南部甕男）	（一）第五三号	問刑条例ニ云庶人逃亡五十日以内ニ復帰スル者ハ贖罪ヲ聴ルス又云本籍ヲ脱シ逃亡シ五十日以内帰籍首出スル者ハ華士族卒庶人ヲ問ハス罪ヲ免ス若シ五十日以外ニ及ヒ投首スル者ハ一概ニ首免ヲ聴サス華士族卒ハ庶人ニ下スニ止メ庶人贖罪ニ処ス(6)
⑤	明治六年二月一八日	神奈川（司法権中判事西成度）	（一）第五四号	本籍ヲ逃亡シ五十日以外ニ投首スル者庶人ハ贖罪ニ処スト問刑条例ニ掲ケ有之
⑥	明治六年二月一九日	神奈川（司法権中判事西成度）	（一）第五六号	一凡河海湖中沈没ノ物ハ埋蔵物ヲ以テ論ス若シ水中ニ得テ官ニ送ラス擅ニ費用シ貧難ニシテ追賠ノ力ナキ者ハ追セス 右之通問刑条例ニ有之
⑦	明治六年二月二五日	群馬（司法権少判事石井忠恭）	（二）第六四号	問刑条例私娼衒賣縦容妻妾通姦両条従前之通相心得可然歟
⑧	明治六年三月九日	群馬（司法権少判事石井忠恭）	（二）第七三号	凡癈疾盗罪賭博加等ス可キ再犯ニ係ル者ハ問刑条例老小癈疾収贖条附第四条ニ依リ但加等ノ罪ヲ有メ本罪ヲ的決シ再ヒ収贖ヲ聴サス
⑨	明治六年三月二一日	神奈川（司法権中判事西成度）	（二）第八八号	一凡貨幣ヲ取領スルノ後始テ偽造ニ係ルヲ知リ其損失ヲ厭ヒ仍ホ行使スル者ハ不応為重ニ依ル 右問刑条例ニ的当ノ者有之

⑩	明治六年三月一三日	神奈川（司法権中判事西成度）	（二）第九〇号	一凡徒限内老疾収贖スルニ孤独貧難ニシテ追徴スルコト能ハサル者ハ本徒限ヲ以テ五等ヲ減シ老疾役限ニ折シ其已ニ役過スルノ日数ヲ扣除シテ余剰ノ日数ヲ計ヘ仍ホ軽役ニ服ス若シ衰体役使ニ堪ヘサル者ハ直ニ放免シテ原籍ニ還ス准流中老疾ニ係ル者亦此例ニ依ル
⑪	明治六年三月一八日	神奈川（司法権中判事西成度）	（二）第九一号	一凡群党共闘シテ人ヲ乱殴傷殺スルニ傷殺セラル、者下手人名ヲ知ラス又先後軽重ヲ知ラサルハ同謀シテ殴ツ者ハ原謀者ヲ重罪ニ坐ス同謀セスシテ乱殴スル者ハ初闘者ヲ重罪ニ坐ス余ノ原謀ニアラス初闘ニ非ラサル者ハ各二等ヲ減シテ科ス若シ同謀スト雖トモ原謀者殴サレハ初闘重罪者ニ一等ヲ減ス 一凡鎌刀菜刀ノ類ヲ用ヒ傷軽キ者ハ杖七十如シ猶微傷ヲ成ニ係ル者ハ酌減シテ笞四十一凡闘殴成傷ト称スルハ殴ツ所ノ皮膚青赤腫ヲ成ス以上是ナリ其刀ヲ持シ人ヲ傷スルモ刃ヲ用ヒサレハ仍ホ槌棒等ニ依テ論ス 右問刑条例ニ的当イタシ候犯罪者有之
⑫	明治六年四月一一日	神奈川（司法権中判事西成度）	（二）第一一七号	一初犯再犯窃盗ニシテ三犯強盗ナル者若クハ初犯強盗ニシテ再犯三犯窃盗ナル者ハ並ニ絞若シ三犯ノ罪重キモノハ重キニ従テ論スト問刑条例ニ掲ケ有之
⑬	明治六年四月二〇日	木更津（司法権少判事安藤博高）	（二）第一二七号	一問刑条例納贖延期例中凡贖金ハ云々其追価還官還主ノ贓亦同ト之レアル
⑭	明治六年五月（日不詳）	（司法権中判事西成度）	（三）第一七六号	問刑条例中凡官庁ニ告ゲズ檀ニ他ノ管地ニ出ル者ハ違令ノ軽重ヲ以テ区処ス云々ト有之

さて、前掲「表1」に指摘する一四の伺に挙げられた問刑条例について、条文それ自体やその断片あるいは条文名

が、法務図書館所蔵の「問刑条例」と命名された二冊の文書中に見出し得るのであろうか。そうした視点に立ち両者を比較対照して、結果をまとめたものが以下の「表2」である。

表2

前表伺No.	法務図書館所蔵「問刑(1)」における該当条の有無	法務図書館所蔵「問刑(2)」における該当条の有無
①	伺にいう前段強窃盗私和は、「盗賊窩主条附」中に（但し「財ヲ受ル者」は「賍ヲ受ル者」である）、同じく後段姦事私和は、「犯姦条附」中に（但し「準シ」は「准シ」である）、それぞれ同一の条文がある	同上（但し強窃盗私和については、「問刑(1)」と異なり、伺内の引用条文と同様の「財ヲ受ル者ハ」なる表現が用いられている[7]）
②③④⑤	②伺及び④伺「又云」以下は、「犯罪自首条附」部分に添付された「逃亡条附」（一条より成る）と同一である（但し同条附における修正後の条文を比照の対象とした[8]） ③及び⑤各伺に示された条文断片は、ともに上掲「逃亡条附」の趣旨と合致する ④伺冒頭部分は、「戸婚律例」中の「逃亡条附」に同一の条文がある	「問刑(1)」に見出される、「犯罪自首条附」部分に添付の「逃亡条附」もしくは類似の趣旨を有する条文は存在しない ④伺冒頭部分については同上
⑥	該当する条文は存在しない	同上
⑦	条文内容による断定はできないが、伺にいう私娼衒賣については、「犯姦条附」中に「私娼衒賣」で始まる法条が、同じく縦容妻妾通姦については、「縦容妻妾犯姦本条」（一条より成る）が、それぞれ存在する	同上（但し本文書における「犯姦条附」中の私娼衒賣条は、量刑等の点で「問刑(1)」と若干内容が異なる[9]）

⑧	「老小癈疾収贖条附」に第四条は存在しないが、その部分には老小癈疾再犯加等に関する一条が、別紙に記され添付されている	該当する条文は存在しない
⑨	「偽造宝貨条附」中に同一条文がある（但し「依ル」は「問ス」である）	同上
⑩	「犯罪時未老疾条附」中に、「凡徒限内老疾収贖スヘキニ孤独貧難ニシテ納贖スル能ハサル者ハ贖ヲ免シテ原籍ニ還ス」を見出すにとどまる	「犯罪時未老疾条附」中に、「凡徒限内老疾収贖スヘキ者孤独貧難ニシテ納贖スル能ハサル者ハ其罪ヲ免ス」を見出すにとどまる
⑪	伺にいう問刑条例中第一条は、「闘殴条附」中に同一条文がある（但し加筆修正後の条文を比照の対象とする） 第二条は、上掲「闘殴条附」に添付された別紙紙片に、「凡闘殴傷人案」で始まる同一条文がある 第三条は、上掲「闘殴条附」中に同一条文がある	伺にいう問刑条例中第二条に該当する条文は存在しない 他二条については同上（本文書における第一条該当の条文は、上にいう加筆修正痕をとどめず、清書されたものである）
⑫	「窃盗条附」中に同一条文がある	「窃盗条附」中に同一条文がある
⑬	伺にいう問刑条例に省略があるため条文内容による確定はできないが、「納贖延期例」中には「凡贖金ハ発落ノ日ヨリ五日内ニ完償ス若シ無力ニシテ限内徴シ難キ者ハ此例ニ照シテ延期ヲ聴ルス其追価還官還主ノ贓亦同」なる条文がある	「納贖延期例」は、上の条文中「限内」を「登時」に換え、「其追価」以下を削除したものである
⑭	伺にいう問刑条例に省略があるため条文内容による確定はできないが、「逃亡条附」別紙には、同一と推定される条文がある	伺にいう問刑条例に省略があるため、条文内容による確定はできないが、「逃亡条附」に添付された紙片には、同一と推定される条文の記載がある

続いて、「各裁判所伺留」に綴じ込まれた「問刑条例を掲げて提起された伺」や現在法務省の所蔵する二冊の「問刑条例」、さらに先に提示した二つの「表」を併せ検討・分析し、その結果に依拠して、問刑条例研究の今後の指針

を探るべく若干の点に言及してみたい。

初めに、「各裁判所伺留」に綴じ込まれた伺中に取り上げられた問刑条例諸条と二冊の「問刑条例」との関係についてである。ところで「表1」が示すように、該伺留第一冊から第三冊中には、問刑条例なる名称を掲げて提起された伺一四件が確認された。それは、明治五年一〇月二七日に提起の印旛(ママ)裁判所伺を嚆矢とし、明治六年五月（日不詳）の司法権中判事西成度伺に至るもので、叙上伺において指摘をみた該条例文は、実数一六条を数える。[10] さらに「表1」にもとづいて作成された「表2」によれば、「問刑(1)」においては、少なくとも⑥・⑩各伺が掲げる問刑条例条文の存在を推知することができず、一方「問刑(2)」においても、②・③・④（二条中一条について）・⑤・⑥・⑧・⑩・⑪（三条中一条について）各伺に関し同様の状況の存することが明らかとなった。[11] すなわち「表2」をめぐる検討を通じ、上掲伺を呈した各府県裁判所の判事が引用する問刑条例の典拠は、必ずしも今日法務図書館の所蔵する該二文書にのみ求められるものではなく、そこには、さらに別個の問刑条例を称する条文の存在の可能性がうかがわれることとなる。しかし、当該「問刑条例」二冊の内容を概観して、紙面における数々の加筆修正痕や別異に起案されたと思われる条文を記す多くの紙片の添付を見出し、かつまた該二冊の文書間においてさえ登載条文や条文内容に異動があることを確認するとき、[12] 問刑条例そのもののもつ流動性を、強く認識せざるを得ない。よって「問刑(1)」・「問刑(2)」もまた、ある時点における問刑条例と目される諸条を集積し、まとめられた文書であると仮定すれば、「表2」の検討の結果について一応の理解が可能である。根本的には、当時の法体制下における問刑条例を称する諸条の形成経緯が明らかにされ、また該条例が、実決の任にあたる判事にいかなる方式で伝播されていったのかが詳らかにされない限り、その間の事情を解明することは容易ではない。

次いで、問刑条例なる存在が、いわゆる伺・指令裁判体制の中で法的素材としていかに認識されていたかについてである。この点の考察を進めるためには、「表1」に掲げた伺およびそれに対する指令の内容を検討することが必要である。さて「表1」にいう伺中、たとえば⑨伺は、同表に示す当該問刑条例条文を前提として、

右問刑条例ニ的当ノ者有之就テハ右条例相用ヒ候テ不苦候哉処刑見合置候間至急御指揮有之度此段相伺申候以上

と尋ねる。指令は、以下の通りである。

伺之通相用ヒ候テ不苦候事[13]

同じく⑫伺もまた表中にいう条文につき、「問刑条例ニ掲ケ有之右ハ当今御施行相成候哉」なる疑義を呈したもので、指令は、「施行候事[14]」と応える。一方「表1」に提示した残り一二の伺に対する指令も、掲げられた問刑条例諸条適用の可否に係わる判断はなすものの、決して該条例自体の存在や伺への援引を否定する内容ではない[15]。従って一四件の伺における問刑条例の取り上げ方および指令の対応姿勢からは、問刑条例なるものが、擬律や処断に際し常に準拠することのできる確定的な「法源」的効力を有していたとの推定はなし得ないが、少なくとも、直接指令を担当する明法寮側や「表1」に挙げた府県裁判所判事の間には公知の存在であり、彼らにとって、法条の改正・追加が繰り返される新律綱領施行下、伺を経て裁可ののち擬律・処断に適用することのできる「よりどころ」として認識されていたとの推測は可能であろう。

しかしこの問題に関連して、藤田弘道氏による「足柄裁判所旧蔵『新律条例』考（一）、（二・完）――改定律例の草案と覚しき文書について――[16]」と題する論文に注目しておかなければならない。上掲論文で同氏は、現在法務図書館所蔵の「元来は足柄裁判所の所持にかかるものであったと思考せられる」「新律条例」なる文書を取り上げ、それ

が、編纂中であった改定律例第一次草案を転写したもので、「明治五年八月一八日以降、二五日以前」に「太政官奏進」されたものとの考証をなす。さらに新律綱領施行下の頻繁な法改正・法追加のなかで、該「新律条例」は、現行法を認識するために極めて有効であり、ために足柄裁判所により筆写され実用に供され、「『新律条例』が実際に使用せられた最も早い例は、明治五年一〇月二四日付の足柄裁判所『御仕置伺書』である」と指摘する。[17] 叙上の考証に依拠するとき、本稿にいう問刑条例を掲げる一四の伺が呈された当該時期に、一方足柄裁判所では、改定律例第一次草案条文中より現行の法条を選別し実務遂行の便に供していた事実が明らかとなる[18]（実際「表1」に足柄裁判所の名を見出すことがなく、藤田氏の考証を裏付けるものであろうか）。このことより、同時期に設立をみていた司法省の管轄する府県裁判所にあっても、[19] 問刑条例への「認識」は必ずしも一様でなかったこと、併せて各府県裁判所毎に、刑事裁判の擬律・処断に際し参照する法的素材に差異のあったことがうかがわれ、これは今後、新律綱領施行下の伺・指令裁判において、実決にあたる側の法適用の根拠が何であったかを考える上で重要であろう。

さらに伺・指令裁判における問刑条例なるものの位置づけを考えるとき、以下に述べる点に留意しておくことが必須であろう。それは、いまだ司法省管轄の府県裁判所の設置されていない地においては、当時の刑事裁判が、各府県の手に委ねられていたことに関係する。[20] ちなみに沼博士が、「各裁判所伺留」とともに「明法寮申律課記録」と位置づける[21]「府県伺留」に綴じ込まれた膨大な伺・指令こそ、その軌跡を示すものに他ならない。そしてここで呈すべきは、そうした各府県の主導する刑事裁判において、事案の処断にあたる者が、果たして問刑条例の存在を、法的素材の一つとして認識していたであろうか否かという疑問である。その判断をなすためには、今後「府県伺留」所収の各伺の内容についての検討を進めることが緊要である。

最後に、法務図書館所蔵の「問刑条例」と改定律例編纂についてである。改定律例編纂の経緯や編纂関係者、さらにその過程で呈された草案に関する研究としては、先に掲げた藤田氏の論文に加え、同氏による一連の論文がすぐれて有用である[22]。そして二冊の問刑条例に登載された、基本的には新律綱領の改正・追加に係わると推定される諸条が、改定律例編纂の各段階における法条の形成に何らかの影響を与えたものであるか否かを考察することは、これまでの先学の改定律例研究にいささかの資料を供するものと考える[23]。しかし叙上の目的を達成するためには、今後まず「問刑(1)」および「問刑(2)」二書の内容を精査対照して、その類似・相違の各点を明らかにし、併せて両者成立の先後関係を詳らかにしなければならない。そうした「解題」にもとづき、さらに藤田氏より提示された「改定律例第一次草案たる『新律条例』」や「改定律例再校草案たる『新律条例』」所収の諸条との比較検討を試みることが必要である[24]。いずれにしても、本問題を論じようとするとき、充分な時間的余裕のもとでの、綿密な準備と詳細な分析が不可欠であることは言うまでもない。

（1）本表に掲出する伺に付した番号は、以下本稿においては、各伺を指す固有のものとする。

（2）各伺末尾に記された伺提起の年月日である。

（3）地名は、伺末尾に記された名称あるいは伺用箋より推定される府県裁判所名を表す（⑭のみ原伺からは判断できない）。人名は、各伺末尾に記された伺提起者と覚しき判事の官姓名を史料に忠実に転載した。

（4）括弧内の数字は、「各裁判所伺留」の何冊目に綴じ込まれているかを示し、号数は、原史料に付された整理番号ともいえるものである。

（5）掲出する伺は、必ずしも問刑条例に係わる一条のみで構成されているものばかりではないが、本稿の目的を考え煩雑を避けるために「引用」は必要部分に限定した。

（6）②、③、④伺については、すでに前掲霞・「司法省日誌記事をめぐる一試論」の第二、三節で取り上げ言及した。

（7）霞信彦『明治初期刑事法の基礎的研究』（平成二年一〇月）所収「明治七年司法省第一〇号布達の成立をめぐる若干の考察」・一七三頁註（8）に掲げた大坂裁判所伺（「各裁判所伺留　三」第一八二号）中の、姦事私和に関する「辛未五月十二日大阪（ママ）府へ御指揮」の内容と、①伺およびここに掲げる法務図書館所蔵の二冊の「問刑条例」当該条とがほぼ一致することは、該「御指揮」がいかなる根拠にもとづくものであったかを推測させ、かつ姦事私和に対するある時期の司法省の姿勢を知る上で興味深い。また同大坂裁判所伺に付された、窃盗私和をめぐる「辛未正月旧菊問藩伺」に対する「御指揮」の内容と先の大坂府への「御指揮」にいう窃盗私和に係わる処断方針（すでに二つの「表」に明らかなように、①伺および「問刑(1)」・「問刑(2)」とほぼ一致する）との比較を通じ、問刑条例窃盗私和条の形成時期を考証することはできまいか。

（8）「問刑(1)」所収「犯罪自首条附」部分に添付の「逃亡条附」元来の条文と修正後の条文については、前掲霞・「司法省日誌記事をめぐる一試論」第二節註（2）を参照。

（9）「問刑(1)」は、「私娼ヲ衒賣スル窩主」を「違令重ニ依テ笞四十」また「婦女及ヒ媒合容止スル者」を「笞三十」とし、「問刑(2)」は、前者を「不応為軽ニ依テ笞三十実決」また後者を「笞二十各例ヲ照シテ贖ヲ聴ルス」と規定する。

（10）各伺の掲げる条文数を順に挙げれば以下の通りである。すなわち①―二、②・③・④・⑤（共通して）―一、④―一、⑥―一、⑦―二、⑧―一、⑨―一、⑩―一、⑪―三、⑫―一、⑬―一、⑭―一、以上合計一六条となる。

（11）「問刑(2)」において推知することのできない条文数は、本節註（10）からも明らかなように、実数としては五条である。従って二冊の「問刑条例」に共通して見出し得ない条文は、⑥・⑩伺に提示された二条である。そしてその二条ともに、神奈川裁判所司法権中判事西成度提起の伺に掲げられたものであることは偶然といえようか。

（12）「表2」より明白である。

（13）指令紙面には、明法寮における発令事務処理係と覚しき「浜口（惟長）」（当該指令時の官不詳）、指令起案者と覚しき「水本（成美）」（明治五年九月四日任権大法官）および「小原（重哉）」（明治五年九月二日任中法官）なる三印が押捺されている。

（14）指令紙面には、発令事務処理係と覚しき「大園（孝賛）」（当該指令時権少法官か）および「浜口（惟長）」（当該指令時の官不詳）の二印、指令起案者と覚しき「水本（成美）」（権大法官）および「小原（重哉）」（中法官）の二印がそれぞれ押捺されている。

(15)「表1」に掲げる一四の伺に対する「指令」内容を検討するとき、「問刑条例を伺に援引すること」を否定するものはない。

(16) 藤田弘道「足柄裁判所旧蔵『新律条例』考（一）、（二・完）——改定律例の草案と覚しき文書について——」（『法学研究』第四六巻第二、三号・七一、六四頁以下　昭和四八年二、三月）。

(17) 以上の藤田論文の引用については、前掲藤田・「足柄裁判所旧蔵『新律条例』考（一）——改定律例の草案と覚しき文書について——」・七一、八三頁および同「足柄裁判所旧蔵『新律条例』考（二・完）——改定律例の草案と覚しき文書について——」・六七頁以下を参照。

(18)「表1」参照の通り問刑条例を掲げる最初の府県裁判所伺（①）が提起された時期（明治五年一〇月二七日）と、藤田氏の考証にもとづく足柄裁判所における「新律条例実用」の時期（明治五年一〇月二四日）とは、ほぼ同じである。

(19) 明治五年八月五日に神奈川・埼玉・入間、同月一二日に足柄・木更津・新治・栃木・茨城・印旛（ママ）・群馬・宇都宮、九月一四日に山梨の各府県裁判所が設置されることとなった（司法省編纂『司法沿革史』（昭和一四年一〇月）・一八頁以下）。叙上府県裁判所設置の状況については、前掲藤田・「足柄裁判所旧蔵『新律条例』考（二・完）——改定律例の草案と覚しき文書について——」・六四、六九頁に言及されている。

(20) 明治五年以降各地に府県裁判所の設置が進められていった。しかしそれは、本節註（19）にも明らかなように、一斉に全国に及んだものではなかった。

(21) 第一節註（2）を参照。

(22) すでに本稿において参照する論文に加え、改定律例編纂に関する藤田氏の論文には、「改定律例編纂者考」（『法学研究』第四八巻第二号・五七頁以下　昭和五〇年二月）、「『公文録』所載「新律条例」考——改定律例の再校草案と覚しき文書について——」（手塚豊編著『近代日本史の新研究Ⅰ』・一二五頁以下　昭和五六年一〇月）がある。

(23) 前掲藤田・「足柄裁判所旧蔵『新律条例』考（一）——改定律例の草案と覚しき文書について——」・八〇頁上段の指

摘は、本問題提起との関連を考えるとき興味深い。

（24）　ちなみに、「問刑(1)」においては、条文を記す紙面欄外等にいくつかの印影をみることができる。その中では、「鶴田」なる印の数が際立つ。この鶴田が、前掲藤田・「改定律例編纂者考」・六一頁に指摘された「明法助鶴田皓」（明治四年一一月五日任）であることは、ほぼ疑いを容れない。印押捺の状況や鶴田の如上官職を勘考するとき、「問刑(2)」に収められた条文の形成に鶴田が決して無関係でなかったであろうことが推測される。さらに上述の推測と、鶴田が「明治五年九月一四日」、より「明治六年九月六日」までの期間欧州に発遣され日本を不在にしていた事実（鶴田の外遊の事情については、上掲藤田論文・六三頁に詳しい）との照合より、鶴田印の押捺された条文の形成時期や、敷衍して該文書成立時期を予測することも可能ではあるまいか。

三、結　語

今日法務図書館に所蔵されている明治初期の法典編纂や法執行に係わる史料は、その時期の法制史研究に携わる者にとって、いずれも誠に貴重で得難いものであることは言を俟たない。本稿ではその中のひとつである「各裁判所伺留」および「問刑条例」を取り上げ考察を加えたものである。特に問刑条例なる存在については、今後詳細な解題をなし、新律綱領施行下における法的素材としての位置づけを明らかにすることが、筆者が近年興味をもついわゆる伺・指令裁判の構造の解明にも重要な資料を供すると推測される。本論に掲げる問題提起をふまえさらに別稿を発表したいと考えている。最後になってしまったが、史料閲覧等についてご配慮とご協力をいただいた法務図書館に対し

三、結　語

心からなる感謝の意を表するものである。

第四章　脱籍逃亡自首者の処分をめぐって

一、はじめに

先に筆者は、「司法省日誌記事をめぐる一試論」と題し、明治六年一月初頭に刊行が開始された「司法省日誌」（以下本稿では「日誌」とも呼称する）に材を採り、同日誌第三号に登載の「山梨裁判所伺およびそれに対する指令」記事の訂正事件に関する論考を発表した。[1] 上掲論考では、まず当該誤謬記事が日誌第三号に登載されるに至った背景を詳らかにするとともに、当時刑事裁判実決の任にあたった各府県・各府県裁判所が、そうした日誌中に見出される誤謬記事に対しいかなる反応を示し、一方司法省側は事態にどのように対処したのかを明らかにした。[2] さらに如上の考証を参酌しつつ、明治初期刑事裁判制度としての「伺・指令裁判体制」が採られるなかで、司法省日誌が果たした「役割」等について若干の考察を試みたものである。[3]

さて右にいう記事訂正事件は、「脱籍逃亡して然る後本籍に帰還し自首した者」（以下本稿ではこれを「脱籍逃亡自首者」と呼称する）の刑事上の処分をめぐり惹起されたものであった。論考の主題について考察する過程で筆者は、手塚豊博士が、労作「明治六年太政官布告第六十五号の効力――最高裁判所判決に対する一異見――」に明言する「新律綱領に対する改正、追加は、太政官布告、太政官指令、司法省布達の三形式で行われた」なる指摘に依拠して検索を進め、少なくとも本書所収第二章における考察と密接に関連する「明治五年末より明治六年にかけて」の時期には、明治三年一二月二〇日をもって頒布された新律綱領（以下本稿では「綱領」とも呼称する）戸婚律「逃亡」条、[4]

凡本籍ヲ脱シテ。逃亡スル者ハ。杖八十。士族卒ハ。一等ヲ加フ。

に追加した形での、「脱籍逃亡自首者」に関するいわゆる明文規定は存在しなかったとの「推断」を下した[5]（今日叙上推断は、同様の検索の継続を通じ綱領施行の全期間に及ぶものと思料する）。その一方筆者は、二分冊をもって発表された藤田弘道氏の労作「足柄裁判所旧蔵『新律条例』考――改定律例の草案と覚しき文書について――」[6]において、同氏が付して提示する「改定律例の第一次草案の転写本たる『新律条例』」に包含の、

第百二十条　凡逃亡シテ五十日以内復帰シ及ヒ自首スル者ハ華士族平民ヲ分タス並ニ罪ヲ免ス其復帰シ及ヒ自首スル者五十日以外ニ在レハ一体ニ首免ヲ聴サス贖罪ニ処ス

に注目した。そして藤田氏の前掲論文より多くの示唆を受けつつ、本条の内容こそ先に示す時期において、司法省側が、「脱籍逃亡自首者」の刑事上の処分をなすにあたり「現行法」と認識し「よりどころ」とした法条であろうとの

「推断」を呈した。[7] 如上の考証からは、必ずしも期間の明確な特定をなし得ないものの、これら二つの「推断」より、司法省側はある時期、綱領逃亡条に直接の明文規定を欠く「脱籍逃亡自首者」の刑事上の処分について、該第一二〇条にみられる内容の処断をなすべく意思決定していたと考えることが可能である。[8] そしてたとえそれが臨時的な意思決定であったとしても、そこには、先の手塚博士の指摘にみられるような「形式」を踏むことなく、「事実上の鋼領戸婚律逃亡条の改正・追加」ともいうべき処理が存在したことを推知せざるを得ない。

ところで、以後の擬律科刑に重大な影響を与えずにはいられない叙上意思決定がなされるなかで、「脱籍逃亡自首者」の処断をめぐる疑義が生じたとき、それに対応すべく各府県および各府県裁判所から提起された伺は、一体いかなる態様のものであったのだろうか。またそうした状況下において、刑事裁判実決を任とする各府県および各府県裁判所の担当者の裁判の執行には、何らかの影響が見出されるのであろうか。これらの疑問を解明することは、単に一法条の運用の実態を詳らかにするにとどまらず、伺・指令裁判体制が目的としたものが何であったのか、その一端をうかがうという視点からも、決して無益であるとは思われない。そこで本稿では、「脱籍逃亡自首者」処分に係わるいくつかの史料を素材とし、その内容の検討・分析にもとづき、先に掲げる疑問についていささかの解明を試みてみたいと思う。[9]

(1) 本書所収第二章「司法省日誌記事をめぐる一試論」・三七頁以下。
(2) 前掲霞・「司法省日誌記事をめぐる一試論」・三九頁以下を参照。
(3) 前掲霞・「司法省日誌記事をめぐる一試論」・五九頁以下を参照。
(4) 手塚豊『明治刑法史の研究(上)』(昭和五九年三月)所収「明治六年太政官布告第六十五号の効力――最高裁判所判

決に対する一異見――」・一二六頁を参照。

（5） 前掲霞・「司法省日誌記事をめぐる一試論」・四二頁を参照。

（6） 藤田弘道「足柄裁判所旧蔵『新律条例』考（一）、（二・完）――改定律例の草案と覚しき文書について――」（順に『法学研究』第四六巻第二、三号・七一、六四頁以下　昭和四八年二、三月）。

（7） 前掲霞・「司法省日誌記事をめぐる一試論」・四三頁以下を参照。上掲霞論考では、「明治五年末より翌六年にかけて」の時期における「脱籍逃亡自首者」の刑事上の処分に対する司法省側の意向がいかなるものであったかを確認すべき資料として、藤田氏の提示する新律条例第一二〇条を挙げた。しかし現時点では、一体いつどのような経緯のもとで、司法省側のいかなる機関が、「脱籍逃亡自首者」の刑事上の処分について、該条に示された内容の処断をなすことを意思決定したのか、また第一二〇条そのものの形成に至る淵源を何処に見出し得るのかは未解明のままである。これらは、今後さらに史料を収集し、また前掲藤田・「足柄裁判所旧蔵『新律条例』考（一）――改定律例の草案と覚しき文書についてー――」・八三頁における新律条例の太政官奏進の期日に関する記述等先学の考証を参酌しつつ、あらためて明らかにしなければならない点である。

（8） 本稿後掲諸史料に示された司法省側の対応を注視するとき、同省側は、「脱籍逃亡自首者」の刑事上の処分に際し、改定律例第一一八条にみられる内容が効力を有するまで、新律条例第一二〇条に示された内容の適用を継続したものと推定される。

（9） 本稿において引用する史料中・一部史料には、筆者の責任において若干の省略を施した箇所がある。

二、本論

沼正也博士の詳細な考証により、ともに「明法寮申律課記録」と位置づけられる[1]「府県伺留」および「各裁判所伺留」には、伺・指令裁判体制下において、それぞれ各府県・各府県裁判所から提起された「伺」とそれに対し明法寮が下付した「指令」が綴じ込まれている。そして右にいう各伺留中には、必ずしも多数とはいえないものの何件かの「脱籍逃亡自首者」の刑事上の処分に係わる「伺・指令」を見出すことができる。それらのうちいくつかについては、すでに筆者が、本書所収第二章「司法省日誌記事をめぐる一試論[2]」ならびに同第三章「問刑条例をめぐる若干の考察――法務図書館所蔵『問刑条例』および『各裁判所伺留』を素材として――[3]」に摘示し検討を加えた。しかし一方、上掲二論考の主題との関係で、該論考の素材たり得ないと判断され提示されることのなかった伺・指令もまた存在する。そこで本節では、あらためてこれら「伺」の全体を俯瞰し、その内容の検討・分析をなし、各府県・各府県裁判所の刑事裁判担当者が、「脱籍逃亡自首者」の刑事上の処分をめぐりいかなる態様の伺を呈していたのかを検証してみたいと思う。

最初に各府県より提起された伺について検証を試みることとする。「府県伺留」に綴じ込まれた伺中、そのために供すべき伺は四件である。内一件は、すでに前掲「司法省日誌記事をめぐる一試論」第三節に挙げた明治六年三月五日付の浜田県伺[4]である。それに加えここでは以下三件の伺を摘示したい。第一は、明治六年二月一五日付で浜松県令林厚徳より提起された伺である。

刑律之儀ニ付伺
凡庶人本籍ヲ逃亡シテ自ラ還帰スルモノハ犯罪自首ヲ以論シ免罪イタシ候哉又ハ士族逃亡ノ如ク五十日内外ヲ以区別有之候哉
右御仕置ニ差臨ミ至急御指揮相成候様イタシ度此段相伺申候也(5)

そして第二は、明治六年三月（日不詳）長野県大属中江正直による左の伺である。

刑律伺
凡庶人本籍ヲ脱シ逃亡シ後チ首出スル者脱スルノ日ヨリ五十日内外ニヨリ其所置方差別御座候也差向候儀モ御座候□至急御指令御座候様□仰□候以上(6)

さらに第三は、明治六年三月（日不詳）大分県七等出仕黒水長慥・同県権令森下景端両者の連名による左の伺である。

擬律伺
戸婚律本籍ヲ脱シ逃亡スル者五十日以外ニ復帰投首スト雖モ首免ノ限リニアラサル儀ト相心得居候処旧二本松県ノ伺ニ右自首スル者ハ贖罪ヲ聴スト御指図相成候ヤニ伝承仕候然ラハ自今贖罪ヲ聴シ不苦候ヤ
　但士族卒ト雖モ贖ヲ聴シ原禄ニ復シ可然ヤ
右相伺候条至急御指揮可披成下候也(7)

内容的に各伺をみれば、まず浜田県伺は、爾後の同類事案への適用を前提としつつ日誌第三号に示された「脱籍逃亡自首者」に関する指令内容自体の当否を確認し[8]、ついで浜松県伺は、「庶人」の「脱籍逃亡自首者」について、綱領犯罪自首条を適用し「免罪」となすべきかあるいは「士族逃亡ノ如ク五十日内外ヲ以区別[9]」すべきかを問う。長野県伺は、「脱籍逃亡自首者」の「脱スルノ日ヨリ五十日内外ニヨリ其所置方」に「差別」が有るか否かを質し、最後の大分県伺は、「旧二本松県伺[10]」に対する指令からの伝聞に依拠し、「五十日以外ニ復帰投首」する者の「贖罪ヲ聴シ不苦候ヤ」との疑義を呈したものである。

続いて「各裁判所伺留」所収の府県裁判所伺について検証してみよう。「脱籍逃亡自首者」の刑事上の処分に係わる各府県裁判所伺としては、すでに前掲・霞「司法省日誌記事をめぐる一試論」に挙げる、同論考の主題となった明治五年一一月に提起の山梨裁判所伺をはじめ、該論考第三節に列挙する司法省日誌第三号登載の誤謬記事への疑義を呈した五伺中、明治六年二月九日に提起された司法省裁判所、明治六年二月一〇日付の宇都宮裁判所、明治六年二月一九日付の群馬裁判所の各伺[11]、前掲霞・「問刑条例をめぐる若干の考察——法務図書館所蔵『問刑条例』および『各裁判所伺留』を素材として——」に示す明治六年二月一八日付の神奈川裁判所伺[12]がある。また新たな例として本稿では、左に示す明治六年二月四日付の埼玉裁判所権少判事武久昌孚による伺を付加しておきたいと思う。伺はいう。

条例本籍ヲ逃亡シ云云五十日以外ニ及投首スル者ハ一概首免ヲ聴サス華士族卒ハ庶人ニ下スニ止メ庶人ハ贖罪ニ処ストアリ然ニ婦女本籍逃亡ハ素収贖罪ニシテ五十日以外ニ投首スル者亦収贖罪ニ処ス可ク哉ニ候得共減等明文無之ニ付一等ヲ減シ所断致シ可然哉至急御指揮被下度此段相伺候以上[13]

右に摘示する六伺は、内容的にいささかの差異は認められるものの、いずれも「脱籍逃亡自首者」の処断をいかになすかを問うものである。

さて、これまでに掲げる伺内容の検討・分析をふまえ、以下若干の点について考察を加えてみたい。まず最初に確認しておかなければならないことは、本稿第一節にいう「事実上の綱領戸婚律逃亡条の改正・追加」ともいうべき「脱籍逃亡自首者」の処断に関する司法省側の方針が、同省側より各府県・各府県裁判所に対し何らかの方法をもって、直接かつ明示的に伝達された可能性はあったのだろうかという疑問についてである。しかし本節にとりあげる伺の各内容を精査する限り、該処断方針を採ることが決定されて以来少なくとも明治六年三月までの間に[14]、個別の指令によるそれぞれの機関への伝達、あるいは司法省日誌登載の指令記事を通じての間接的伝達以外には[15]、各府県・各府県裁判所に向け、それが確定的に表明されたとする証憑を挙げることはできない[16]。

次に、提起された伺内容を注視するとき、各府県より呈された伺と各府県裁判所より呈されたそれとは、結果的にはともに「脱籍逃亡自首者」の刑事上の処分を尋ねる伺でありながら、両者の疑義提起の態様に明らかな「ちがい」のあることが認められる。ここではその「ちがい」をめぐり論じてみたいと思う。初めにその「ちがい」について整理すれば以下の通りとなろう。まず各府県からの伺は、かの大分県伺にみられる「御指図相成候ヤニ伝承仕候」なる文言に象徴されるように、疑義提起において何らかの共通な「判断上の資料」を前提とすることなく、「脱籍逃亡自首者」の刑事上の処分に関し各府県の担当者が個々に有する情報や法律知識にもとづいて提起をみたと推定され、必ずしも一定の内容・形式を有するものではない。一方これに対し、各府県裁判所より提起された伺中、先に掲げる伺文面より、司法省裁判所伺を除く、山梨・宇都宮・群馬・埼玉・神奈川の五裁判所の各伺には、ほぼ基本的に共通する形式が見出される。すなわちそれは、伺中に「問刑条例」[17]もしくは「条例」という名称を掲げそこに規定された「脱籍逃亡自首条」[18]（仮称）を提示し、該条を前提に処断の適否を尋ねるという形式である。このことは、これら各府県裁判所の伺提起者がともに、如上「問刑条例」なる、実決に際しての「判断上の資料」を何らかの方法で入手し所有していたことを推知させる。また司法省裁判所伺にいう「右改正之儀未タ当裁判所ニハ御達無之ニ付」とする表現は、該伺提起者がこれまで了知してきた「脱籍逃亡自首者」の刑事上の処分が、日誌第三号に登載の「誤った指令」の内容をもって、「改正」されたと理解したためのものとの推測をなさしめる。ここにもまた、同裁判所が従前より所持し「脱籍逃亡自首者」の処断に臨み参照したであろう、「判断上の資料」の存在がうかがわれ、よって該伺における疑義提起の態様も、前掲五裁判所のそれと同列に論じることが可能であろう。これまで述べたことより、先にいう疑義提起の態様の「ちがい」とは、伺提起者が、各時点での「現行法」を認識するために有効な「基礎資料」を掌中にしていたか否かという点に由来してあらわれたものと考えることができる。

それでは、ほぼ同時期の伺・指令裁判体制下、処断のための資料に関連し、各府県対各府県裁判所との間に、なぜこうした差異が生じたのであろうか。ところでその背景の一方を詳らかにするためには、藤田氏が、前掲・「足柄裁判所旧蔵『新律条例』考（二・完）――改定律例の草案と覚しき文書について――」[19]に論ずる「新律条例転写の目的」についての叙述がすぐれて示唆的である。すなわち藤田氏は、足柄裁判所開設に際し、「裁判の執務上極めて便利である」との理由から司法省より同裁判所に赴任する同省官人が、「新律条例」を転写し所有したとの指摘をなす[20]。ここに指摘された行動は、当時各府県に「裁判所」が逐次創設されていくなかで、本省より当該府県裁判所に直接赴任する司法省官人みなに共通のものであったと見做すことができる。なぜならたとえば、各府県裁判所の責任者たる「判事」は、複雑な改正・追加のもとで運用されている綱領諸条の適用をできる限り正確におこない、かつまた自身への誤判の責めを免れるために、赴任時における最新の情報を得ようと努めその結果として、それぞれの時点で、実務に供するにもっとも有効な資料を収集したであろうことは、想像に難くないからである。そうした経緯をふまえ彼らが入手持参した資料の一つが、藤田氏の挙げる「新律条例」であり、本節前掲の「問刑条例」であったと推測される。そして、未だ司法省側の意思決定の内容がいかなる方式によっても周知されない「脱籍逃亡自首者」の処断について、赴任後も彼等は、それまでの経験上、該処断方針の取り扱いが極めて流動的であり、その適用には特に留意すべきことを熟知していたはずである。それゆえに、自らが有する資料の存在を前提としつつ、なお必要に応じ、本節に挙げた態様の伺を提起したのであろう(21)。他方、特に司法省日誌の刊行・送達がなされるまでの期間は、前掲伺文中の「伝承仕候」なる文言にも一例をみるように、司法省が、布告・布達や個別の指令による以外、各府県に対し、錯綜する綱領の運用に関する情報を積極的に提供したものとは考えられず、各府県の裁判担当者が、誤判を避け司法省側の意を汲んでそれに合致する裁判をなそうとすれば、不審の事項については、悉く本省側の指令を仰ぐことを余儀なくされたであろう。それがために彼等は、明文規定を欠く「脱籍逃亡自首者」の処断に関しても、すでに掲げる態様の伺を提起しなければならない必然的状況に置かれたと思料される。

最後に、「脱籍逃亡自首者」の処断に関する方針が公知のものとされることなく、そうした状況下で提起された各府県・各府県裁判所の伺内容を通じて推測される叙上諸点を勘考するとき、筆者は、そこに、裁判実務部門の全面的な掌握を究極の目的とし、伺・指令裁判体制を採ることにより、刑事裁判をできる限りその主導のもとに進めようとした司法省側の「意図」の一端を垣間見る思いがすることを付言しておきたい。それでは、各裁判担当機関が、「司法省日誌」の送達を受け、ようやく中央の公的意向を知ることができるような状況が可能となっていく過程において、「情報」としての日誌記事の「援引」について、司法省側はいかなる姿勢を示したのであろうか。本節における考察

の延長上に位置すると考えられるこうした問題については、今後さらに稿をあらためて論じてみたいと思う。(22)

（1）沼正也『財産法の原理と家族法の原理〔新版〕』（昭和五五年一〇月）所収「家族関係法における近代的思惟の確立過程（その一）」・三四一頁以下、同「明法寮についての再論」・七三〇、七三五頁を参照。

（2）前掲霞・「司法省日誌記事をめぐる一試論」・四四頁以下を参照。

（3）本書所収第三章「問刑条例をめぐる若干の考察――法務図書館所蔵『問刑条例』および『各裁判所伺留』を素材として――」・六五頁以下。

（4）前掲霞・「司法省日誌記事をめぐる一試論」・五五頁以下を参照。

（5）「府県伺留　五」所収第七六号。伺第一面には、伺の明法寮への送達や同寮の手になる「指令（案）」下付の日付を表す、それぞれ「□月十九日伺出」（以下伺面に記入された月日についての「□」部分は、判読不明を意味する）、「□月廿八日□務へ付ス」なる文字が記入されている。また指令紙面には、「五十日内外ヲ区別シ処断スヘシ」とする指令文言とともに、指令起案者と覚しき「水本（成美）」（明治五年九月四日任権大法官）および「小原（重哉）」（明治五年九月二日任中法官）の各印が押捺されている（発令事務処理係と覚しき者の印はない）。水本に関しては、前掲沼・「家族関係法における近代的思惟の確立過程（その一）」・三四二頁以下をはじめとする先学の労作に依拠し、霞信彦『明治初期刑事法の基礎的研究』（平成二年一〇月）所収「児島惟謙『賭博罪廃止意見』に関する若干の考察」・一三五頁註（4）に、小原についても、叙上霞論考同註に言及した。

本稿では、以下に掲げる「府県伺留」・「各裁判所伺留」に所収の伺・指令を含め、送達・下付の期日の特定方法、いわゆる「司法省指令」の意味・送付先に関する考証、また「指令起案者」・「発令事務処理係」の類別等に関し、すべて前掲霞・『明治初期刑事法の基礎的研究』所収「明治七年司法省第一〇号布達施行直後の伺・指令」・一八六頁註（3）に述べる立場を踏襲する。併せて本書所収第一章「『司法省日誌』考――第一期刊行分を素材として――」・一八頁註（16）を参照。

（6）「府県伺留　七」所収第二四一号。伺第一面には、「□月廿七日伺出」、「□月□日仕払」なる文字が記入されている。

該日付については、本節註（5）を参照。また指令紙面には、「五十日以内ニ在テ首出スル者ハ其罪ヲ免ス以外ニ及ヘハ自首スト雖モ其罪ヲ免サス贖罪ニ処ス」とする指令とともに、発令事務処理係と覚しき「大園（孝賛）」（当該指令時権少法官か）および「浜口（惟長）」（当該指令時の官不詳）、指令起案者と覚しき「水本（成美）」（権大法官）および「小原（重哉）」（中法官）の各印が押捺されている。大園の履歴等は、前掲沼・「家族関係法における近代的思惟の確立過程（その一）」・三四二頁以下をはじめとする先学の労作に依拠し、前掲霞・「児島惟謙『賭博罪廃止意見』に関する若干の考察」・一三五頁註（4）に言及した。浜口に関しては、叙上霞論考・一三九頁註（11）、前掲霞・「明治七年司法省第一〇号布達施行直後の伺・指令」・一八六頁註（3）を参照。さらに大植四郎編『明治過去帳』（昭和四六年一一月新訂初版）・一〇二七頁に記事がある。水本、小原に関しては、本節註（5）を参照。

（7）「府県伺留　七」所収第二三四号。伺第一面には、「三月二一日伺出」、「四月三日仕払」なる文字が記入されている。該日付については、本節註（5）を参照。また指令紙面には、「凡本籍ヲ逃亡シテ後帰投首スル者五十日以外ニ到レハ首免ヲ聴サス本罪ヲ贖罪セシム　但シ華士族ハ首免ヲ与ヘス除族シテ其禄ヲ収ム」とする指令とともに、発令事務処理係と覚しき「松岡（守信）」（当該指令時明法中属か）、指令起案者と覚しき「水本（成美）」（権大法官）および「小原（重哉）」（中法官）の各印が押捺されている。松岡の履歴は、遺憾ながら詳らかにすることができない。大方のご教示を乞う次第である。水本、小原に関しては、本節註（5）を参照。

（8）前掲霞・「司法省日誌記事をめぐる一試論」・五六頁を参照。

（9）ここにいう「士族逃亡ノ如ク」の「問い」は、明治四年五月二八日の太政官第二六三号布告、

是迄華族士族卒等脱籍逃亡シ本貫ニ復帰候者歳月ノ多少ヲ不問律ノ閏刑ニ処シ原禄ヲ給シ候処自今逃亡後収禄ノ日限被定候条各所管ニ於テ左ノ例ヲ照準シテ所置可致候事逃亡五十日以内ニ帰ル者ハ律ノ如ク処シ五十日以外ニ及ンテ帰ラサルハ禄ヲ収メ家属ヲ民籍ニ編入シ置キ本犯復帰スレハ庶人ニ下スニ止ム

を根拠とするものであろうか（内閣記録局編『法規分類大全　刑法門二　刑律二』・二二三頁以下）。

（10）現時点においては、本伺に掲げられる「旧二本松県伺」を特定するには至らない。

（11）前掲霞・「司法省日誌記事をめぐる一試論」・順に四四頁以下、五三頁以下、五四頁以下を参照。なお上掲論考中に挙

げた埼玉裁判所伺は、内容より判断して、「脱籍逃亡自首者」処断後の訂正措置を尋ねることを主たる目的としたもので、従って本節における事例の一つとして摘示しない。

(12) 前掲霞・「問刑条例をめぐる若干の考察——法務図書館所蔵『問刑条例』および『各裁判所伺留』を素材として——」・六八頁以下に提示する「表1」の⑤には、「脱籍逃亡自首者」に係わる明治六年二月一八日付の神奈川裁判所伺が掲載されている。該伺は全二条よりなり、他の一条は本稿に関連する疑義ではなく表中省略したが、同表に掲げる伺部分もまた論考の趣旨より抜粋に止まり、さらにその後に「投首スル者責付中猶又逃亡シ五十日以内ニ投首スル者如何処断致シ可然哉」なる伺主文ともいうべき文言が続く。上掲文より明らかなように、本伺は必ずしも第一次的な「脱籍逃亡自首者」の処断如何を尋ねたものではない。しかし本節註(11)にいう埼玉裁判所伺と異なり、結果的には叙上処断に直接係わるものと判断し、事例として取り上げることとした。ちなみに伺第一面には、「二月十九日伺出」、「三月二日仕払」なる文字が記入されている。該日付については、本節註(5)を参照。また指令紙面には、「本罪に一等ヲ加エ実決ス」とする指令とともに、発令事務処理係と覚しき「横山(尚)」(明治五年八月一二日権少法官)、指令起案者と覚しき「水本(成美)」(権大法官)および「小原(重哉)」(中法官)の各印が押捺されている。横山の履歴をめぐっては、前掲霞・『明治初期刑事法の基礎的研究』所収「明治七年司法省第一〇号布達の成立をめぐる若干の考察」・一七七頁註(16)に言及した。さらに前掲大植・『明治過去帳』・五〇〇頁以下にも横山の記事を見出すことができる。水本、小原に関しては、本節註(5)を参照。

(13) 「各裁判所伺留　一」所収第三五号(明治六年)。伺第一面には、「二月七日伺出」、「同十三日下付」なる文字が記入されている。該日付については、本節註(5)を参照。指令紙面には、「婦女脱籍逃亡スル者五十日以外ニ及ヒ投首スルモ別ニ減等ノ法ナシ」とする指令とともに、発令事務処理係と覚しき「横山(尚)」(権少法官)および「草鹿(瑛)」(当該指令時明法権中属か)、指令起案者と覚しき「水本(成美)」(権大法官)および「小原(重哉)」(中法官)の各印が押捺されている。草鹿の履歴の判明状況は、前掲霞・『明治初期刑事法の基礎的研究』所収「自首条の適用をめぐる若干の考察」・八二頁註(13)に言及した。あらためて前掲大植・『明治過去帳』・一三六頁に草鹿の記事があることを付加したい。横山に関しては本節註(12)、水本、小原に関しては本節註(5)を参照。

本伺は、「脱籍逃亡自首者」の処断に関する「問刑条例」条文を前提とし、新律綱領名例律下婦女犯罪条、

凡婦女。死罪。不孝。姦。盗。人命。放火ノ徒罪以上ヲ犯ス者ハ。各律ニ依テ断決シ。笞杖ニ該ル者ハ。日数ニ折シ。笞杖一十毎トニ。十日ニ折シテ。禁獄ニ換フ。其余ノ罪ハ。并ニ法ニ依テ収贖スルコトヲ聴ス。

をふまえて提起されたと考えられる。本伺は、「脱籍逃亡自首者」自体の処断如何を尋ねた内容とはいえないが、結果としてその処断に係わるものであり、本節の趣旨を勘案し掲げた。

(14) 本節に事例としてとりあげた諸伺の提起の時期より類推した。

(15) 「脱籍逃亡自首者」の処断方針不伝達の状況のなかで、明治六年一月以来司法省日誌の刊行後は、確かに同日誌記事を通じ司法省側の意向を知ることが可能となった。しかし一方前掲霞・「司法省日誌記事をめぐる一試論」・六一頁以下に言及のように、日誌の実際の送達状況は、本来の発刊時期からはかなり遅れていることが推定される点にも留意すべきであろう。

(16) こうした「かたち」での法の運用は、綱領が施行された期間を通じ一般的に採られたものなのであろうか。結論を得るためには、今後さらに史料の蓄積をまたねばならないが、もし多くの法条に一般的であるとすれば、そこに存在する司法省側の意図を十分に考えてみる必要がある。

なお、司法省側処断方針がいつ確定されたかについては、本稿第一節註(7)にいうように現時点では、明らかにし得ない。また本節に掲げる伺のみによる即断にはいささか遅疑するところもあるが、こうした不伝達の状態は、その状態が確認される本文指摘の時期から勘考して、ほぼ三カ月後の改定律例の施行まで続いたと推測される。

(17) 筆者は、「問刑条例」をめぐり前掲霞・「司法省日誌記事をめぐる一試論」・四六頁以下註(2)に言及した。さらに、前掲霞・「問刑条例をめぐる若干の考察――法務図書館所蔵『問刑条例』および『各裁判所伺留』を素材として――」・六五頁以下は、「各裁判所伺留」に綴じ込まれた伺中に引用の「問刑条例」の内容分析を通じ、いささかの問題提起を試み私見を呈した論考である。問刑条例に関する研究は、緒についたばかりといわねばならず、両論考を通じて紹介する法務図書館所蔵の「厚・薄」二文書の精査・検討をなすことが急務であると考えている。

(18) 各府県裁判所担当者が参照したであろう「脱籍逃亡自首条」(仮称)は、本節註(17)に掲げる原史料より引用し、

前掲霞・「司法省日誌記事をめぐる一試論」・四七頁註（2）に提示の法条と思料される。該条については、併せて前掲霞・「問刑条例をめぐる若干の考察――法務図書館所蔵『問刑条例』および『各裁判所伺留』を素材として――」・七一頁ならびに七七頁註（8）を参照。

(19) 前掲藤田・「足柄裁判所旧蔵『新律条例』考（二・完）――改定律例の草案と覚しき文書について――」・六四頁以下。

(20) 前掲藤田・「足柄裁判所旧蔵『新律条例』考（二・完）――改定律例の草案と覚しき文書について――」・六六頁以下を参照。

(21) たとえば、前掲霞・「司法省日誌記事をめぐる一試論」に取り上げ併せ本節に示す各府県裁判所伺は、いずれも裁判担当者が、司法省日誌記事という新たな「司法省側の意向」にふれたために、しかもそれが、「脱籍逃亡自首者」の処断に関し、かれらの従来の理解とは異なるものであったゆえをもって現行法確認のために提起されたものと考えることができよう。

(22) 司法省日誌記事に示される「司法省側の意向」を、そのまま以後の同種の事件に対する擬律科刑に援引することができ得るとすれば、各府県・各府県裁判所の裁判担当者にとってどれほど効率的であったろうか。前掲霞・「司法省日誌記事をめぐる一試論」・五九頁以下に分析する日誌受領者側の日誌記事援引への「希求」は、これまでに本節に言及する現状からの脱却に由来するものではなかっただろうか。そして今後これに対する司法省側の姿勢を探るべく本文にいう問題提起をなした。

三、結　語

本稿では、「脱籍逃亡自首者」の刑事上の処分に視点を定め、考察を加えた。叙上処分に関する司法省側の処断方針は、ついに公に伝達されることはなかった。そのため、「新律条例」や「問刑条例」といった資料にもとづき現行法の何たるかの確認を怠ることのなかった各府県裁判所判事、また常に司法省側との連絡を密に保ち本件についても自らの情報に依拠して伺を呈して指令を受領し得た各府県においては、該方針に叶う擬律科刑を行うことが可能であった。つまり、「脱籍逃亡自首者」に対する処断は、司法省側が一方的に情報を掌握し、「伺・指令裁判体制」を通じてのみ実現され得たものであり、そこには同体制の図式の中で擬律実務を統御しようとした同省側の「意図」をあらためて見出さずにはいられない。なお本稿が、今日に至ってほとんど未解明といっても過言ではない、いわゆる「逃亡」に関する研究中、特に綱領逃亡条研究にわずかでも資するところあれば幸甚である。

〔付記〕

本稿は、本書冒頭「記」に掲げた各論考の初出一覧にも明らかなように、元来、霞信彦、原禎嗣「脱籍逃亡自首者の処分をめぐる若干の考察」（『法学研究』第六四巻第一号・二三三頁以下　平成三年一月）における霞執筆部分、すなわち「第二節　脱籍逃亡自首者の処分に関する伺・指令をめぐって」・二三六頁以下を独立させたものである。なお「第一節　はしがき」および「第四節　結語」については、本稿本論の内容をふまえ加筆修正した。共著論文の内容分割および必要箇所の改作について快諾をいただいた、共著者である原禎嗣氏に心から謝意を表したいと思う。

第五章　二つの埼玉裁判所伺をめぐって

一、はじめに

これまで筆者は、明治初期において採られた刑事に関する裁判制度、いわゆる「伺・指令裁判体制[1]」の構造解明を研究対象として取り上げ、それに関する若干の考察を呈してきた。[2] 本書所収第二章「司法省日誌記事をめぐる一試論[3]」および、本書所収第四章「脱籍逃亡自首者の処分をめぐって[4]」もまた、ともに新律綱領（以下本稿では「綱領」とも呼称する）施行下、同綱領戸婚律逃亡条に直接の明文規定を欠く「脱籍逃亡して然る後本籍に帰還し自首した者」（以下本稿ではこれを「脱籍逃亡自首者」と呼称する）の刑事上の処分に係わる問題を素材としつつ、先に述べた研究にいささかの寄与をなすことを目的として発表したものである。

まず上掲前者論考においては、発刊されたばかりの「司法省日誌」（以下本稿では司法省日誌を単に「日誌」とも呼称する）中「明治六年第三号」誌上に登載された脱籍逃亡自首者に関する「山梨県伺に対する指令」記事の誤謬をめぐり、当時刑事裁判実決の任にあった各府県・各府県裁判所の担当者が、いかなる反応を示したのかを明らかにした。さらにその考証結果をふまえ、明治六年一月をもって刊行された司法省日誌を受領することとなった各府県・各府県裁判所側が、刑事裁判実決の過程で、該日誌に収録の伺・指令記事の存在をどのように位置づけ活用したのか等について言及した。一方後者論考では、各府県および各府県裁判所が提起する、ともに「脱籍逃亡自首者」の刑事上の処分を尋ねる伺の態様に、明確な「ちがい」が存することに着目した。そして、少なくとも司法省日誌刊行にともない法運用に対する司法省の意向が了知され得るようになる以前には、複雑な改正・追加のもと、「現行法」の確認に細心の注意を要する新律綱領下の法条適用に際し[5]、各府県あるいは各府県裁判所という、いわば二つの異なった系統の裁判機関の間に、時々の現行法を認識するための「判断上の資料[6]」を、掌中にしていたか否かという差異が認められるとの指摘をなした。さらに如上の状況がもたらされた事情を考察し、それが、司法省側の「裁判実務部門の全面的な掌握を究極の目的とし、伺・指令裁判体制を採ることにより、刑事裁判をできる限りその主導のもとに進めよう[7]」とした「意図」の一端を具現したものとの推考を明らかにした。

ところで筆者は、論考を進めるための実証史料として、叙上二論考に、埼玉裁判所在勤権少判事武久昌孚名[8]によって提起された二つの「埼玉裁判所伺」を、それぞれ一つずつ取り上げ提示した[9]。これらはいずれも脱籍逃亡自首者をめぐる伺ではあったが、疑義の主旨が異なることもあり、該二論考各々の目的を勘案し別個に掲出する結果となった[10]。しかし今、あらためてこの「二つの埼玉裁判所伺」の内容を比較し検討するとき、両者が全く無関係の伺ではなく、むしろ極めて密接に関連する存在であることがうかがわれる。そこで本稿では、これら二つの伺が提起された一連の事情を解明することを通じて、まず、明治六年一月の司法省日誌刊行開始時期における、府県裁判所での伺・指令の具体的処理過程の一例を呈し、さらに先にいう伺・指令裁判体制下、刑事裁判に従事する司法省派遣の一裁判官[11]の、擬律や処断に対する「姿勢」がいかなるものであったかを考えてみたいと思う。併せて、綱領施行下随時おこなわれた法条の改正・追加をふまえ、刑事裁判実決において常に時々の現行法を把握しなければならない状況のなかで、司法省派遣の裁判官が、その赴任に際し所持したと推測される「判断上の資料」や発刊間もない司法省日誌記事を、どの様な認識のもとで参酌活用していたかにも言及するつもりである。[12] 右に掲げる諸点についての考察が、伺・指令裁判体制の実態を明らかにする上で、ささやかな資料を提供し得るものであれば、それは望外の倖せである。

（1） 筆者が本稿で対象とする「伺・指令裁判」がいかなるものであるかについては、本書所収第一章「『司法省日誌』考――第一期刊行分を素材として――」・三頁の第一節註（1）、本書所収第二章「司法省日誌記事をめぐる一試論」・三八頁の第一節註（2）をそれぞれ参照。該名称をめぐっては様々な捉え方があるかもしれない。しかし筆者はあくまでもそれを、明治初期に各府県・各府県裁判所と司法省の間で交わされた「伺・指令」を拠りどころとしておこなわれた刑事裁判体制と位置づけ、該体制の維持・進捗に主導的な役割を果たした明法寮との関連のなかで、その実態を明らかにしたいと考えている。

（2） 霞信彦『明治初期刑事法の基礎的研究』（平成二年一〇月）所収「明治七年司法省第一〇号布達施行直後の伺・指令」・一八三頁以下、本書所収第三章「問刑条例をめぐる若干の考察――法務図書館所蔵『問刑条例』および『各裁判所伺留』を素材として――」・六五頁以下、上掲いずれの論考もまた本文にいう視点に立脚するものである。

（3） 前掲霞・「司法省日誌記事をめぐる一試論」・三七頁以下。

（4） 本書所収第四章「脱籍逃亡自首者の処分をめぐって」・八五頁以下。

（5） 新律綱領の改正・追加の様式等に関しては、手塚豊『明治刑法史の研究（上）』（昭和五九年三月）所収「明治六年太政官布告第六十五号の効力――最高裁判所判決に対する一異見――」・一一二頁以下、藤田弘道「足柄裁判所旧蔵『新律条例』考（一）――改定律例の草案と覚しき文書について――」（『法学研究』第四六巻第二号・七三頁以下　昭和四八年二月）にそれぞれ詳述されている。

（6）この言葉の意味する内容については、前掲霞・「脱籍逃亡自首者の処分をめぐって」・八八頁以下を参照。

（7）前掲霞・「脱籍逃亡自首者の処分をめぐって」・九〇頁。

（8）武久昌孚の履歴については、必ずしも多くを示すことができない。先学の研究や断片的にその名前を登載する諸史料に依れば、おおむね以下のことが判明する。すなわち武久は、敦賀の出身、明治三年弾正台少巡察として出仕し（任官年月日不詳、但し上掲官職名を含む官制改革は明治二年七月八日であり一方弾正台は明治四年七月九日太政官布告により廃されている）、明治四年一〇月二八日任司法省大解部、翌五年八月九日権少判事に任ぜられる。さらに六等判事（任官年月日不詳、但し上掲官職名を含む官制改革は明治八年五月四日太政官第七三号布告による）として大阪上等裁判所在勤（発令年月日不詳）、判事（任官年月日不詳、但し上掲官職名を含む官制改革は明治一〇年六月二八日太政官第四六号布達による）として同じく大阪上等裁判所在勤（発令年月日不詳）、その後大審院判事（補職年月日不詳、前掲霞・『明治初期刑事法の基礎的研究』所収「旧刑法第三一一条に関する一考察」・四〇頁に引用の明治一九年四月八日付大審院判決中に、陪席裁判官としての武久の名前を見いだすことができる）や函館控訴院評定官（任官補職年月日不詳、同院は明治一九年五月四日の官制改革により命名設置）を歴任、明治二三年八月一一日より同二五年一一月二五日の間盛岡地方裁判所長の職にあった。明治三三年一〇月一七日死去（大植四郎編『明治過去帳』（昭和四六年一一月新訂初版）・六〇九頁、司法省編纂『司法沿革誌』（昭和一四年一〇月）・七九六頁、内閣記録局編『法規分類大全　官職門官制　刑部省　弾正台司法省一』・二二頁以下、八八頁以下、一九三頁以下、「任解日録（五）、（六）」、「司法省分課職員録　八年十月改」、「司法省職員録　十一年三月改」）。武久の消息については、さらに大方のご教示を乞う次第である。

（9）前掲霞・「司法省日誌記事をめぐる一試論」・五三頁および前掲霞・「脱籍逃亡自首者の処分をめぐって」・八七頁をそれぞれ参照。

（10）実際には、筆者による両埼玉裁判所伺発見の時期に先後がある。当該両伺に関する史料は、もともと別個に寓目発見したものであり、前掲霞・「脱籍逃亡自首者の処分をめぐって」・八七頁に「新たな例として」と述べたように、該論考登載の「埼玉裁判所伺」の発見が後である。そうした事情もあり、少なくとも当初は、それらの関連性に注意を払うこともなく、各論考の述べようとする主旨を実証すべき史料として、前掲霞・「司法省日誌記事をめぐる一試論」および上掲論考のそれぞれに個々に取り上げた。

(11) 本稿にいう「裁判官」とは、明治五年八月三日の「司法職務定制」第五章判事職制第二〇条に定められた大判事以下権少判事に至る各級「判事」を意味する。

(12) 藤田弘道氏は、「府県裁判所設置の一齣――足柄裁判所の場合――」(『法学研究』第四六巻第五号・四〇頁以下 昭和四八年五月)において、「発足当初足柄裁判所が裁判にあたつてその典拠とした法規」が何であったかを論じ、特に「改定律例の第一次草案を転写した「新律条例」」について「恐らく新律綱領と同程度の比重をもつて使用せられたと思われる」(上掲藤田論文・六二頁)との見解を示している。また近時発表された村上一博氏の「明治初期の裁判基準――二松学舎創立者・三島中洲の『手控』を手掛かりに――」(『日本文理大学商経学会誌』第一一巻第一号・九五頁以下 平成四年九月)は、明治初期の「民事事件における裁判基準の問題を中心に、その論点を整理し、若干の見通しを立て」(上掲村上論文・九五頁)ることを目的とした論文である。叙上いずれの労作も、筆者が注視する、明治初期の裁判において、その担当者がよりどころとした「法源」的素材が何であったのかを考察する上で多くの示唆を与えてくれる。

二、本　論

沼正也博士の考証により「明法寮申律課記録」と位置づけられる[1]「各裁判所伺留」の「二」には、「脱籍逃亡自首者」の処断に関し、埼玉裁判所在勤の権少判事武久昌孚名により提起された、二つの「伺」とそれに対する「指令」

が、それぞれ第三五号および第四六号（いずれも明治六年分）として全く別個に綴じ込まれている。この二つの伺・指令は、本稿第一節に言及のとおり、すでに筆者が発表する二つの論考中に提出したものであるが[2]、本稿の趣旨を勘考し、あらためてここに伺・指令原文を提示、その主意についても考察しておきたいと考える（なお以後の煩雑を避けるために、次に呈する伺・指令中、第三五号を〔史料Ⅰ〕とし包含する伺・指令をそれぞれ①伺・①指令、第四六号を〔史料Ⅱ〕とし同様に②伺・②指令と呼称する）。

〔史料Ⅰ〕

①伺

条例本籍ヲ逃亡シ云云五十日以外ニ及投首スル者ハ一概首免ヲ聴サス華士族卒ハ庶人ニ下スニ止メ庶人ハ贖罪ニ処ストアリ然ニ婦女本籍逃亡ハ素収贖罪ニシテ五十日以外ニ投首スル者亦収贖罪ニ処ス可ク哉ニ候得共減等明文無之ニ付一等ヲ減シ所断致シ可然哉至急御指揮被下度此段相伺候以上

二月四日（筆者註—明治六年）

①指令

婦女脱籍逃亡スル者五十日以外ニ及ヒ投首スル者別ニ減等ノ法ナシ[3]

右①伺は、これまで筆者が発表する諸論考において摘示した「問刑条例[4]」と覚しき史料に規定された「脱籍逃亡自首者」に関する条項（「脱籍逃亡自首条」（仮称））、すなわち、

凡本籍ヲ脱シ逃亡シ五十日以内帰籍首出スル者ハ華士族卒庶人ヲ問ハス罪ヲ免ス
若シ五十日以外ニ及ヒ投首スル者ハ一概ニ首免ヲ聴サス華士族卒ハ庶人ニ下スニ止メ庶人ハ贖罪ニ処ス

の一部を引用し、新律綱領名例律下婦女犯罪条、

凡婦女。死罪。不孝。姦。盗。人命。放火ノ徒罪以上ヲ犯ス者ハ。各律ニ依テ断決シ。笞杖ニ該ル者ハ。日数ニ折シ。笞杖一十毎トニ。十日ニ折シテ。禁獄ニ換フ。
某余ノ罪ハ并ニ法ニ依テ収贖スルコトヲ聴ス。

との関係から、該「脱籍逃亡自首条」（仮称）にも明文のない「脱籍逃亡して五〇日を経た後に帰還し自首した婦女」（筆者傍点）の「減等」の如何について尋ねたものである。

〔史料Ⅱ〕
②伺
一　日誌第三号山梨県伺逃亡シテ五十日以外ニ至リ自首スル者伺ノ通其罪ヲ免スト有之候ニ付已ニ右ニ基キ放免セシ者有之候処其後婦女脱籍ノ儀ニ付当裁判所伺御附紙ニ婦女脱籍逃亡スル者五十日以外ニ及ヒ投首スルモ別ニ減等ノ法ナシト有之就テハ前山梨県伺御附紙ト相違ニ付何レニ比較致シ可然哉若シ免罪ニ至ラサルトキハ前放免セシ者更ニ呼出シ贖罪申付候義ニ候哉

二月（筆者註―明治六年）
②指令
第二条　放免セシ者アラハ更ニ呼出シ収贖セシム可シ
（付箋）但当省第三号日誌山梨県伺附紙ハ間違ニ付取消候事(5)

続いて②伺は、「脱籍逃亡して五〇日を経た後に帰還し自首した者」（筆者傍点）を刑事上いかに処断するかを問う山梨県伺、それに対する「当該自首者の刑事処分は不問とする」旨の司法省指令、の両者を登載する「司法省日誌　明治六年第三号」記事(6)をとりあげ提起されたものである。すなわち上掲日誌記事にもとづき、すでに埼玉裁判所がなした同種事案の対象者への「免罪」処分について、その後同裁判所への「御附紙」に示された「脱籍逃亡して五〇日を経た後に帰還し自首した婦女については減等しない」とする指令との矛盾を指摘し、先の既免罪者をどのように取り扱うべきかを尋ねたものである。

さて、叙上の①および②各伺・指令に関する基礎的理解に立脚し、綱領本条に明文規定を欠く「脱籍逃亡自首者の処断」をめぐる一連の該伺・指令往来の経緯や事情について考証してみたいと思う。

右にいう「考証」を進める前提として、①伺および②伺の内容を分析し、両伺の関係について明らかにしておくことが必要であろう。すでに述べたように筆者は、前節に指摘する拙稿二論考においては、各々の考察の主旨から判断し、特に両伺の関連性には何ら言及することなくそれらを掲出した(7)。しかしここに再び両伺の内容を検討するとき、それぞれが呈する疑義の主題は明らかに異なるものの、これらの伺が極めて密接な連続性を有していることが判明する。そしてそれは、②伺文中にみられる「婦女脱籍ノ儀ニ付当裁判所伺御附紙ニ婦女脱籍逃亡スル者五十日以外ニ及ヒ投首スルモ別ニ減等ノ法ナシト有之」なる文言によって明らかにされる。すなわちここに示された「当裁判所伺御附紙」の内容と①指令文のそれとを対比するとき、両者が一致することは疑いなく、ゆえに②伺に引用された「当裁判所伺御附紙」が、該①指令を指すことは言を俟たない。従って少なくとも②伺は、埼玉裁判所に下付された①指令を了知した後、言い換えれば①指令の存在を前提としその内容をふまえて提起されたものと思料される。

さらに上述の指摘に依拠し、これまで必ずしも明らかにされることのなかった②伺提起の時期を、より狭い範囲のなかに絞り込むことが可能となる。(8) ところで、通常各裁判担当機関より伺が提起された日付は、伺文末に記された年月日により推測することができる。たとえば①伺については、その文末に記された「二月四日」なる日付から、伺が実際に同日書かれ、もしくは同日付けをもって司法省宛提起されたものであることが推知される。しかし、②伺文末をみるとき、そこには単に「二月」とのみ記され具体的な日付は記入されておらず、他に同伺の提起された時期を特定すべき手がかりを徴することができない。それがために②伺については、明治六年二月中に書かれたとの事実を知るにとどまる。(9) しかし、先に判明した①伺および②伺の関係にもとづき、①伺紙面に記載の、伺が明法寮に送達されたことを示す日付「二月七日」(10)、①伺に対して明法寮申律課の手になる指令（案）が下付されたことを示す日付「同（筆者註―二月）十三日」(11)、さらに、②伺紙面に書き入れられた、同伺が明法寮に送達されたことを示す日付「二月二十日」(12)を、それぞれ勘案するとき、②伺が提起された時期は、ほぼ「明治六年二月一四日より二月一九日」(13)の間ということが可能である。

以上るる述べた諸点をまとめ、先に掲出した、①伺・①指令および②伺・②指令の提起・下付の経緯や事情について、あらためて考証してみたい。それは、およそ以下のように推測することができよう。すなわち、一連の伺・指令往来の発端をなしたのが、明治六年二月四日付をもって提起された①伺であることは、叙上の考察によりすでに疑いを容れない。また①伺文末に記載されている「権少判事武久昌孚」の名前のとおり、武久自身こそ本伺に示された疑義提起の直接の当事者であったと推察される。[14] ところで、すでに前節にふれたように、当時の現行刑法、新律綱領は、律系刑法典に特有な複雑な改正・追加のもとで運用されており、ある時点で有効な条文が何であるかを正確に掌握することはなかなかむずかしいことであった。そこで司法省より新設の府県裁判所に赴任を命ぜられた「判事」は、前掲・「脱籍逃亡自首者の処分をめぐって」において筆者が示した、

各府県裁判所の責任者たる「判事」は、複雑な改正・追加のもとで運用されている綱領諸条の適用をできる限り正確におこない、かつまた自身への誤判の責めを免れるために、赴任時における最新の情報を得ようと努めその結果として、それぞれの時点で、実務に供するにもっとも有効な資料を収集したであろう[15]

とする立場を維持したとの推測が可能である。武久もまたその例にもれず、「判断上の資料」として「問刑条例」を持参したであろうことは、想像に難くない。[16] そして武久は、自らが手にする「問刑条例」中、脱籍逃亡自首者の処断について規定する「脱籍逃亡自首条」（仮称。綱領には明文を欠く）を拠りどころとし、さらに該「脱籍逃亡自首条」（仮称）にも明文のない「脱籍逃亡して五〇日を経た後に帰還し自首した婦女」（筆者傍点）に対する「減等」の可否について尋ねたものと考えられる。

しかし、二月四日付の①伺が提起されて旬日を経ずして、「司法省日誌　明治六年第三号」が武久のもとに送達された。[17] 該日誌に目を通し、日誌中に登載された山梨裁判所伺とそれに対する司法省指令の内容に触れた武久は、司法省より自らが持参した資料、「問刑条例」に記載されたとはまったく異なる脱籍逃亡自首者の処断方が示されている

ことを発見する。すなわち「脱籍逃亡して五〇日を経た後に帰還し自首した者」も、「罪ヲ免ス」との指令である。この時点で武久は、躊躇なく日誌記事中の司法省指令に従い、「脱籍逃亡して五〇日を経た後に帰還し自首した者」に該当する対象者を指令どおり免罪とし「放免」したと推定される。ところが、すでに二月一三日には明法寮申律課により起案下付されていた①伺に対する指令が、埼玉裁判所宛に送達されることとなった。それにより①伺に対する疑義は解消したものの、「脱籍逃亡して五〇日を経た後に帰還し自首した婦女」すら「減等」しないとする司法省側の姿勢と、日誌登載の先の山梨裁判所伺に対する「罪ヲ免ス」とする指令とは、いかにも整合せず、①指令を正とすれば日誌記事に依拠してなされた処断（放免）は、結果的には誤りと認識せざるを得ない。その対応に苦慮して提起されたものが、②伺と位置づけられよう。時期的にいえばすでに司法省は、日誌第三号の当該記事が誤っている事実を、「司法省日誌明治六年第五号」の「正誤欄」において明らかにしている。しかし同号は、先の考証により本②伺が提起されたと推定される二月中旬以前には、武久の手元に到達しておらず、それがための②伺提起ともいえよう。[18][19]なお②指令は、付箋に明らかなように、司法省としてはすでに処理したつもりの、日誌第三号記事の訂正を前提としての内容であったことはいうまでもない。[20]

さて①・②各伺・指令の往来に関する考証を通じて、本稿第一節に挙げた言及すべき点の内、武久権少判事が、司法省派遣の裁判官としていかなる姿勢をもって刑事裁判に臨んでいたのかについて述べてみたいと思う。その点についてわれわれは、①・②各伺が連続して提起されたその経緯を辿ることより、刑事裁判実決に際し、いささかの法解釈の矛盾をも見過ごすことなく、また法適用の誤りをないがしろにせず、疑義を質し誤謬をあらため、もって適正な法の執行に細心の意を尽くそうとする、武久の真摯な仕事ぶりの片鱗を垣間みることができる。ところで武久が勤務する埼玉裁判所は、江藤新平の司法制度改革の重要な施策の一つである地方裁判制度の整備計画のもと、その先陣をきって明治五年八月五日に神奈川・入間の両裁判所とともに創設が決定された。[21] 右にいう府県裁判所創設の背景については、これまでに数々の先学の研究が公にされている。[22] そのなかで藤田弘道氏は、「府県裁判所設置の一齣――足柄裁判所の場合――」において、埼玉裁判所を含む三裁判所に続き明治五年八月一二日に開設されることとなった関東地区八県の裁判所中、足柄裁判所設置の経緯をとりあげ、多くの史料を掲げ「従来足柄県聴訟課において取り扱われていた聴訟断獄事務がどのような過程を経て裁判所へ引き継がれていったか」、「足柄裁判所発足当初の実態がいかなるものであつたか」といった視点に立脚し、極めて具体的に創設当時の同裁判所の実情を詳にする。[23] また近時菊山正明氏により明治初年以降の司法制度改革に焦点を定めた著書『明治国家の形成と司法制度』が刊行され、特に同書第三章「江藤新平の司法改革」[24] において同氏は、叙上各府県裁判所設置の経緯を、「江藤新平の司法改革の最大の課題は、地方官が保持してきた司法権を接収し、司法省が全国の司法権を掌握することにあった。そのために、五種類の裁判所のうち府県裁判所を各府県に設置することが最も重視されたのである。[25]」と指摘する。一方「各裁判所伺留一」所収「壬申十月（筆者註―日未記入）」付埼玉裁判所伺文末に、初めて見いだすことのできる「武久権少判事」なる記名からは、武久昌孚が、司法省の命を受け創設間もない時期の埼玉裁判所に赴任した裁判官であったことがうかがわれる。[26] いずれにしても、叙上先学の論文中に示された考察や当該史料の示す事実からは、埼玉裁判所といい武久権少判事といいともに、江藤の主導によって進められた司法制度改革の一つである地方裁判制度を全国的に展開する礎たるべき、尖兵的存在であったことは否めない事実であろう。そうした背景を視野に入れつつ、先に指摘される武久の「姿勢」を勘考するとき、それは、わずか一例ではあるが、新設府県裁判所に派遣された裁判官達が、この過渡的な時期に、司法省側の期待を担い同省の意向を態し、いかに新制度の確立と新体制への信頼の向上に努力していたのかを推知させる具体的資料とも位置づけることができないだろうか。

さらに本稿第一節に掲げた、武久権少判事が、「判断上の資料」たる問刑条例と司法省日誌をめぐりいかなる取扱いをしたかについて考えてみたい。さて①伺と②伺の内容を対比するとき、問刑条例と司法省日誌の、参照資料としての扱いにいささかの差異のあることが認識される。①伺で武久は、問刑条例の条文を掲げ該条例の内容を拠りどころとしつつそれに関連する疑義を呈している。このことは、前掲霞・「問刑条例をめぐる若干の考察――法務図書館所蔵『問刑条例』および『各裁判所伺留』を素材として――」にいう、「判断上の資料」としての問刑条例の取扱いをめぐる、

問刑条例なるものが、擬律や処断に際し常に準拠することのできる確定的な「法源」的効力を有していたとの推定はなし得ないが、少なくとも、直接指令を担当する明法寮側や「表1」に挙げた府県裁判所判事の間には公知の存在であり、彼らにとって、法条の改正・追加が繰り返される新律綱領施行下、伺を経て裁可ののち擬律・処断に適用することのできる「よりどころ」として認識されていたとの推測は可能であろう。[27]

なる考察と軌を一にする。これに対し②伺は、武久が、他府県裁判所と司法省の間で交換された伺・指令に関する日誌記事を、自らが抱える同種の事案に、何ら遅疑することなく援引適用したことを原因として提起されたものである。そして本件での処理に限っていえば、それは、「たとえ埼玉裁判所に直接下された指令でなくても、司法省日誌記事として登載された刑事裁判をめぐる指令は、最も新しい同省の意向を示すものであり直ちに援用することができる」との「認識」のもとでなされたことが推測される。[28]①・②各伺・指令が往復する時期に、綱領そのものを含む確認可能な現行法や当該裁判所の伺に対し下付された直接の指令を除けば、武久の手元にもたらされた、刑事裁判実決のた

めにまず参照すべき素材が、問刑条例および司法省日誌であったことは想像に難くない[29]。そうした状況のなかで、武久にとって、日誌刊行以後の刑事裁判に際しては、日誌登載指令こそが、赴任時に持参し現行法を知悉するための資料として何かと有用であった問刑条例を補訂し、同条例条文に効力的に優越する存在であったのだろうか、本稿では敢て問題提起に止めておきたい[31]。

これまでに筆者は、連続性をもつ二つの伺を素材として、各地方に創設されつつあった「府県裁判所」の一つに赴任した裁判官の、刑事裁判に取り組む姿の一端を明らかにすることを試みた。そこでは、すでに先学が指摘するように何かと問題をはらんだ司法制度改革のなかで[32]、地方裁判制度確立の尖兵的な役割を果たさなければならなかった裁判官の横顔を、ほんのわずかながらうかがい知ることができる。そして筆者は、綱領施行の末期にあたる明治六年初頭に、「よりどころ」とすべき「法源」的規範をどう把握したらよいかの「はざま」で試行錯誤しつつも、懸命に刑事裁判の適正な執行に取り組む武久の姿に、その背後に控える同じ立場の各府県裁判所裁判官一人一人を重ねずにはいられない[33]。今日法務省法務図書館が所蔵し、本節に掲げる伺・指令をはじめ数多くの伺・指令を綴じ込む「各裁判所伺留」なる史料は、そうした裁判官達の声無き声を包含する集大成ともいえよう。本稿における先の問題提起も含め、明法寮を中心に採られた伺・指令裁判体制の構造上、特に府県裁判所側に存在する種々の疑問解明を進めるためには、今後さらに該史料の精査検討がなされなければならないことを再認識する必要があろう[34]。

（1）　沼博士による「各裁判所伺留」をめぐる考証は、その著『財産法の原理と家族法の原理〔新版〕』（昭和五五年一〇月）所収「家族関係法における近代的思惟の確立過程（その一）」・三四一頁以下、同書所収「明法寮についての再論」・七三〇、七三五頁に示されている。また「明法寮申律課」の何たるかについても、沼博士は、上掲前者論文・一八六、三〇二、三三七頁、前掲書所収「司法省指令の形成をめぐる明法寮の役割」・六八九、六九〇頁、上掲後者論文・七三四頁以下に、詳細かつぼう大な考察を展開している。筆者の一連の「伺・指令裁判体制」に係わる研究も、その業績に依拠するところ誠に大なるものである。

（2）本稿第一節註（9）を参照。

（3）①伺・①指令の史料的側面の詳細については、前掲霞・「脱籍逃亡自首者の処分をめぐって」・九三頁註（13）前段を参照。

（4）前掲霞・「司法省日誌記事をめぐる一試論」・四六頁以下の註（2）をはじめ、前掲霞・「問刑条例をめぐる若干の考察――法務図書館所蔵『問刑条例』および『各裁判所伺留』を素材として――」・六五頁以下の論考は、「問刑条例」をめぐる様々な視点からの問題提起をなしたものである。併せて前掲霞・「脱籍逃亡自首者の処分をめぐって」・九四頁註（17）中の指摘を参照。

（5）②伺・②指令の史料的側面の詳細については、前掲霞・「司法省日誌記事をめぐる一試論」・五六頁以下の註（2）を参照。

（6）「司法省日誌　明治六年第三号」登載の「山梨裁判所伺・指令」記事に係わる誤謬事件の顛末は、前掲霞・「司法省日誌記事をめぐる一試論」・三九頁以下の第二節を参照。

（7）その経緯に関しては、本稿第一節註（10）に述べた。

（8）なお本稿においても、「各裁判所伺留」に綴じ込む伺・指令の、伺提起・送達・指令下付等の各期日の特定方法、いわゆる「司法省指令」の意味や送付経路に関しては、これまでの筆者の理解を踏襲しておきたい。その具体的内容は、本節後掲註（10）、註（11）をそれぞれ参照。

（9）前掲霞・「司法省日誌記事をめぐる一試論」・五六頁以下の註（2）前段に述べたように、①伺未見の段階では〔史料Ⅰ〕および〔史料Ⅱ〕発見の先後関係については本稿第一節註（10）を参照）、②伺提起の時期を特定することは不可能であった。

（10）原伺第一面には、「二月七日伺出」と記入されている。該日付を「伺の明法寮への送達期日」と解する点をめぐっては、前掲霞・「『司法省日誌』考――第一期刊行分を素材として――」・一八頁註（16）に言及した。

(11) 原伺第一面には、「同十三日下付」と記入されている。該日付を「明法寮中律課による指令（案）の下付期日」とし、該指令（案）を「事実上の司法省指令」と解する点をめぐっては、前掲沼・「家族関係法における近代的思惟の確立過程（その二）」・二七八、三三八、三五六頁以下、前掲霞・『明治初期刑事法の基礎的研究』所収「児島惟謙の『賭博罪廃止意見』に関する若干の考察」・一三四頁註（2）を参照。

(12) 原伺第一面には、「二月二十日伺出」と記入されている。該日付については、本節註（10）を参照。

(13) 当時こうした伺・指令がどの様な手段で往復されたのかは、遺憾ながら必ずしも明確にし得ない。しかし①伺が提起（二月四日）され、司法省を経て明法寮へ送達（二月七日）までの時間的経過を参照するとき、そこに四日間の時日を要していることが判明する。もし①伺が、明法寮中律課より二月一三日に直接埼玉裁判所宛発信されたとし、それに依拠する②伺が現実に二月二〇日には再び明法寮に送達されていた事実からは、本文に示した期間の内、伺起案の可能な日々は、さらに最大限二月一五日、一六日、一七日のいずれかに限定されてしまうのではないだろうか。如上推測を容れるとすれば、一連の処理は、極めて迅速に進められたといえる。

(14) その根拠は、埼玉裁判所に在勤の裁判官が、当時武久一人であったとの推断が成り立ち得る点に由来する。確かに現時点では、明治六年初頭の埼玉裁判所の裁判官名を示す決定的な史料を徴するに至らない。しかし明治五年八月一二日、埼玉裁判所に一週間ほど遅れて設置されることとなった足柄裁判所を素材とし、設置当初の同裁判所の、人的側面にも詳細な考察を加えた前掲藤田・「府県裁判所設置の一齣――足柄裁判所の場合――」は、叙上の推断に対し有効な史料を提供してくれる。すなわち藤田氏は、発足当時の足柄裁判所が、「所長・司法権少判事佐久間長敬」を唯一の裁判官とし加えて解部以下九名の下僚を擁していたことを明らかにする（上掲藤田論文・五五頁以下）。また前掲村上・「明治初期の裁判基準――二松学舎創立者・三島中洲の『手控』を手掛りに――」・一〇〇頁および村上一博「府県裁判所草創期の聴訟・断獄手続――新治裁判所『四課略則』（二松学舎大学中洲文庫所蔵）」（『法律論叢』第六六巻第三号・一三七頁以下　平成五年一二月）には、司法権少判事三島毅（中洲）が、明治六年五月五日付で新治裁判所（足柄裁判所同様明治五年八月一二日設置決定）所長に就任したことが述べられている。また①・②各伺以外に「各裁判所伺留　一」に綴じ込まれた明治五年より明治六年にかけての埼玉裁判所伺、すなわち明治五年分第四号・同第一五号・同第二九号・明治六年分第六号・同第二六号の五件中、「埼玉裁判所」名で提起された第四号を除き、他はすべて武久名で呈されたものである。如上先学の指摘を埼玉裁判所について敷衍しさらに史料に現れた事実を勘案するとき、同時期に同じ官職であった武久が、埼玉裁判所唯一の、しかもおそらくは所長たる地位の裁判官であったとすることは、決して理由なき推断とはいえまい。そうしてそうであるとすれば、伺紙面に記された武久の名前は、彼以外の複数の裁判官の意見を代表しての記名ではなく、文字通り武久自身が①伺起案の本人であったことの証に他ならない、と考えることができよう。

ちなみに、①伺提起の直接の当事者が武久自身であるとする本文および叙上の理解にたつとき、二つの伺の連続性から、②伺についても当然に同様のことがいえよう。

(15) 前掲霞・「脱籍逃亡自首者の処分をめぐって」・八九頁以下。

(16) 藤田弘道氏は、「足柄裁判所旧蔵『新律条例』考(二・完)——改定律例の草案と覚しき文書について——」(『法学研究』第四六巻第三号・六六頁以下　昭和四八年三月)において、新律条例に材を採りつつ、府県裁判所へ赴任する司法省官人の資料入手に言及している。なお足柄裁判所と埼玉裁判所の用いる「判断上の資料」に差異のあることは、さらに留意しておかなければならない(前掲霞・「脱籍逃亡自首者の処分をめぐって」・八九頁以下を併せて参照)。

(17) 各府県・各府県裁判所に対する「司法省日誌　明治六年第三号」の送達時期については、前掲霞・「司法省日誌記事をめぐる一試論」・六一頁に言及した。筆者はそこで送達時期を「もっとも東京に近接する地域であっても、一月もむしろ末に近い時期以降ではなかったかと考えざるを得ない」と推測したが、本稿にみるように、埼玉裁判所へは、「二月四日」以降の送達と考えなければならない。

(18) 本節註(13)を参照。

(19) 「日誌第三号」に登載の「山梨裁判所伺・指令」記事の全面取消しを表明した「日誌第五号」が、一体いつ各府県・各府県裁判所に送達されたかについては、前掲霞・「司法省日誌記事をめぐる一試論」・六一頁および六三頁註(6)に言及した。本文の記述を前提とすれば埼玉裁判所に関しても、二月中旬の時期には未だ届けられていない事が判明する。

(20) 埼玉裁判所への②指令送達の時期は、〔史料Ⅱ〕中のいずれの紙面にもそれを推測し得る書き込みを見いだすことができず、依然不明である。

（21）前掲・『法規分類大全　官職門　官制　司法省二』・一八五頁には、

司法省へ達　五年八月五日

神奈川入間埼玉三県裁判所被置候条此段相達候事

神奈川入間埼玉三県へ達　五年八月五日

其県裁判所被置候事

但委細ノ儀ハ司法省へ可承合事

の記事がみられる。さらに上掲書・一九五頁には、埼玉県宛の右同文の達とともに、

司法沿革略誌抄録　五年八月十七日

埼玉裁判所管内ニ行田粕壁ノ二区裁判所ヲ置ク

との記載がある。

また公文書館所蔵「埼玉県史料　一　政治部　県治」によれば「裁判所」という項目のもと、「明治五年壬申年八月新タニ設ラレ埼玉裁判所ト称呼ス場ヲ開キシハ同月十七日ナリ訟庭ハ県庁ト連接ス（後略）」なる記述がみられる。同県史料「五　政治部　刑罰一　第一輯ノ一」や「二十六　制度部　刑法」を併せ参照するとき、埼玉裁判所の実際の開設は、明治五年八月一七日と考えることができる。一方、その人的構成を推測するに際しては、前掲藤田・「足柄裁判所旧蔵『新律条例』考（二・完）――改定律例の草案と覚しき文書――」・六四頁以下ならびに前掲藤田・「府県裁判所設置の一齣――足柄裁判所の場合――」・六〇頁、六九頁註（43）、および藤原明久「明治六年における京都府と京都裁判所との裁判権限争議（上）――裁判権独立過程の一断面――」（『神戸法学雑誌』第三四巻第三号・四八二頁以下　昭和五九年一二月）の各指摘が示唆に富む。たとえば、上掲藤田前者論文・六四頁以下の「司法省官員の派遣について注意さるべきは、本省からばかりでなく、当時足柄県の官員で司法省転属となってそのまま在勤したものもあったということである」に始まる考察に依拠して、「埼玉県史料　三十一　立庁明治四辛未年十一月十三日以来明治七申戌年十二月ニ至ル　令参事典事属　任解進退表」を繙くとき、先にいう「明治五年八月一七日」付をもって司法省に「転任」し

た八名の埼玉県官員を挙げることができる。埼玉県権典事桑原廉甫・同権大属斉藤正光・同少属大河平隆・同高津保基・同加治良一・同児玉親廣・同神原喜重・同村上良親である。任解進退表に記された転任日付から、彼らが、新設の埼玉裁判所に勤務すべき要員として予定され発令されたことは疑いない事実であろう。裁判官は別として（本節後掲註（26）を参照）、上掲八名の転籍官員こそが発足当初の埼玉裁判所の構成員であったのだろうか。該裁判所に、上掲藤田両論文がいう司法省派遣官員が配置されていたのか否かは、遺憾ながら現時点では明らかにし得ない。

（22）本文に掲げる藤田・菊山両氏の論文に加え近年の府県裁判所設置に係わる論文として、管見の及ぶ限りでは、福島正夫「司法職務定制の制定とその意義――江藤新平とブスケの功業――」（『法学新報』第八三号第七、八、九号・四一頁以下　昭和五二年五月）、前掲藤原・「明治六年における京都府と京都裁判所との裁判権限争議（上）、（下）――裁判権独立過程の一断面――」（順に、註（21）に掲げる『神戸法学雑誌』・四七五頁以下および『神戸法学雑誌』第三四巻第四号・九〇五頁以下　昭和六〇年三月）、前掲村上・「府県裁判所草創期の聴訟・断獄手続――新治裁判所『四課略則』（一松学舎大学中洲文庫所蔵）――」・一三八頁以下、浅古弘「司法省裁判所私考」（杉山晴康編『裁判と法の歴史的展開』・五〇頁以下　平成四年五月）を挙げることができる。前掲藤田・「府県裁判所設置の一齣――足柄裁判所の場合――」・四一頁には、府県裁判所をめぐる先行研究についての言及がなされている。

（23）前掲藤田・「府県裁判所設置の一齣――足柄裁判所の場合――」・四二頁。藤田氏の考察は、府県裁判所創設の経緯に始まり、すでに本節註（14）および註（21）にふれたように、足柄裁判所の人的構成および該構成員の履歴、同裁判所担当の裁判例を挙げての活動状態の解明に及ぶ。足柄裁判所という個別の府県裁判所を素材としたものではあるが、それを超えて、当時の府県裁判所の一般的な姿を知る手がかりとしても極めて有効である。

（24）菊山正明『明治国家の形成と司法制度』（平成五年二月）所収「第三章　江藤新平の司法改革」・一四三頁以下。

（25）前掲菊山・「第三章　江藤新平の司法改革」中「第三節　司法改革の実施と対立」・一六九頁。

（26）当該伺は、「各裁判所伺留　二」所収第一五号（明治五年）である。原伺第一面には、埼玉裁判所からの伺提起の期日を示す「壬申十月」なる記入と、伺の明法寮への送達期日を示す「壬申十月九日伺出」なる書き込みがみられる。これらの期日に拠れば、必ずしも分明ではない、武久の埼玉裁判所赴任の時期をやや限定することができる。ちなみに、該伺留が登載する最初の埼玉裁判所伺である明治五年分第四号の原伺第一面には、伺の明法寮への送達時期を示す「壬申九月十三日伺出」なる書き込みがある（伺提起の期日については「壬申九月」とのみ記入）。しかし伺の差出人としては、「埼玉裁判所」としか記されておらず、武久の赴任の有無を知る手がかりとしては、証明力に欠ける。ただ本伺の存在は、この時期すでに、責任者たる裁判官のもとで、「埼玉裁判所」としての活動が開始されていたことを示す間接的な史料としての意味をもつ。

なお本稿に関連する時期の埼玉裁判所伺や同裁判所における武久の立場については、本節註（14）を参照。

(27) 前掲霞・「問刑条例をめぐる若干の考察――法務図書館所蔵『問刑条例』および『各裁判所伺留』を素材として――」・七四頁。

(28) ②伺の提起から推測される該「認識」は、確かに日誌記事援引に関する武久の理解を知るうえで重要である。しかし武久が、「日誌第三号」に登載の「山梨裁判所伺・指令」記事を目にしその指令に拠り速かに対象者の放免にふみきった理由の一つとして、該伺自体が元来「問刑条例」を引用しての疑義提起であったという点に着目する必要があるかもしれない（前掲霞・「司法省日誌記事をめぐる一試論」・三九頁以下を参照）。そうした事情を勘案すれば、本文に示す「認識」を、武久の日誌記事援引に対する「一般的な」理解として直ちに敷衍させることには、若干の「躊躇」を感じざるを得ない。かつて筆者は、上掲拙稿・六〇頁に、武久の②伺をめぐる行動を評し「登載（筆者註―司法省日誌に）指令が、当事者以外の伺出機関の担当者によって、新たな「先例」として理解され当然に同種の事件に適用された事実が明白にうかがい得る。」との指摘をなした。この記述についても、叙上の疑問と併せあらためて考えてみる必要があろう。

(29) すでに本稿第一節註（12）においてもその一部を掲げたが、藤田氏は、「発足当初足柄裁判所が裁判にあたつてその典拠とした法規」として、「新律綱領」・「太政官布告、太政官指令、司法省布達、司法省指令等の単行法規の形で頻繁に頒布された綱領一部改正法」・「改定律例の第一次草案を転写した「新律條例」」・「司法省においてなされた「決議」ないし起案、および諸府県ないし東京裁判所からの伺とそれに対する指令を輯めたものを転写した「定安疑問条例輯録」」を挙げる（前掲・「府県裁判所の一齣――足柄裁判所の場合――」・六二頁）。現時点では武久が、赴任時に、総体としていかなる種類の「判断上の資料」を帯同していたかは明確にできない。

(30) 「効力的に優越する存在」とは、あくまでも伺を経て実効性を有する問刑条例条文に対し、刑事裁判の実決において、司法省日誌登載指令を現行法相当として時には問刑条例をも修正し、そのまま直接援引適用できるとした場合の比較表現である。

(31) 武久が、問刑条例と日誌登載指令それぞれの効力について、一般論としていかなる認識を有していたかを詳にすることは、伺・指令裁判体制の構造を知る上で重要である。しかし、本節註(28)にいう「躊躇」との関係からも、本稿に提示する史料の範囲内では、それを明確にすることは、必ずしも容易ではない。従ってここでは、右にいう重要性を了知しつつ、今後さらに注視すべき留意点として、敢て問題の所在についてのみ言及した。

なお本節註(14)に列挙する「各裁判所伺留　一」に綴じ込まれた、武久の手になる伺からは、他に司法省日誌に対する彼の意向を推測すべき内容を見いだすことはできない。

(32) 当該問題をめぐっては、前掲菊山・「第三章　江藤新平の司法改革」・一四五頁以下に詳細な考察がある。

(33) そうした視点からは、足柄裁判所長司法権少判事佐久間長敬をとりあげた藤田氏の前掲・「府県裁判所設置の一齣——足柄裁判所の場合——」、また「手控裁判仕方心得」(仮称)とともに新治裁判所長司法権少判事三島毅(中洲)に言及する村上氏の前掲・「明治初期の裁判基準——二松学舎創立者・三島中洲の『手控』を手掛りに——」の各論文は、すぐれて示唆に富む。

(34) 伺・指令裁判体制のもう一方の当事者である、各府県の刑事裁判担当者の動向についても、「府県伺留」を素材とする同様の視点に立つ研究が進められなければならないことは、いうまでもない。

三、結　語

全く別個に発見し、異なる論考の実証史料として掲げた二つの「埼玉裁判所伺」が、実は連続性を有するものであったと気がついたとき以来、その連続性ゆえになし得る、「伺・指令裁判体制」解明への考察の可能性を模索してきた。決して針小棒大な議論をするつもりはなく、次の考察へのステップとして、史料の語る無言の部分に耳を傾け、事実を明らかにする一助にと考えたからである。結果として、本論に述べるささやかな論考を呈するに至ったわけであるが、そこからは、すでに言及のように、新設された府県裁判所に赴任した裁判官達が、司法省の意を体し誠実に実務に従事するほど、「法源」的規範の模索をめぐって襖脳する姿を垣間みることとなった。律令系の刑法典に特有のこととはいえ、また司法省主導による法の運用が同省の基本方針であれ、現場にある実務担当者は、日々累積する事案の処理を抱え、適用すべき現行法を迅速に見定めそれにもとづいて処断をなすことが、まずもっての急務であったと思料される。本稿では、そうした裁判官にとって、司法省日誌記事がいかなる存在であったのか、寓目する一事例にもとづき問題提起を試みてみたが、それについて、いよいよ全国的に、伺・指令にみられる具体例を管見の及ぶ限り検索し、伺指令裁判体制を支えた各府県・各府県裁判所の実務担当者達の生の声、対する司法省の意向をそれぞれ分析・検討してみたいと思う[1]。

（1）問題の所在については、前掲霞・「司法省日誌記事をめぐる一試論」・六一頁「いずれにしても」以下、前掲霞・「脱籍逃亡自首者の処分をめぐって」・八九頁「それでは」以下および九五頁註（22）を参照。

第六章　「司法省日誌」登載指令の援引をめぐる一考察

一、はじめに

「司法省日誌」[1]（以下本稿では単に「日誌」とも呼称する）が刊行されたのは、明治六年一月のことである。日誌発刊の経緯や刊行状況については、沼正也博士の論文「家族関係法における近代的思惟の確立過程（その一）」および「司法省指令の形成をめぐる明法寮の役割」によりすでに明らかである。[2]同日誌は、「司法省日誌　明治六年第一号」を創刊号とし、初期における二度の中断を含むために、刊行時期は三期に区分され、最終号は、明治九年五月の「司法省日誌　明治九年第六十六号」であった。[3]日誌には、時の政府や司法本省によって発せられる太政官布告・司法省達および布達をはじめとし、司法省を中心とする人事に関する辞令、民事・刑事に係わる主要な伺ならびに指令、司法統計ともいうべき行刑表や聴訟表、さらには他の官衙との交換文書等が登載され、定期刊行物としての体裁を有することとも相俟って、明治初期のわが国「司法部」の生きた姿や活動を知る上で、きわめて有効かつ重要な基本史料である。[4]

さてわが国では、明治初期のわずかな期間ではあるが、司法省に直属する明法寮（明治四年九月二七日設置同八年五月五月四日廃止）を中心としておこなわれた刑事裁判制度、いわゆる「伺・指令裁判体制」が採られた。[5]同体制は、維新後廃藩置県を経るなかで刑事裁判実決の任を委ねられてきた各府県の裁判担当者や明治五年八月以降「司法職務定制」にもとづき司法省によって創設された府県裁判所（まず初めに明治五年八月五日神奈川・埼玉・入間の三府県裁判所の創設が決定された[6]）の裁判官により提起された法の解釈適用に係わる様々な疑問（「伺」と称する）に対し、司法省（実質的には明法寮）が回答（「指令」と称する）し、もって擬律科刑をなすことを基本構造としたもので、その実態の解明に興味をもつ筆者は、これまでにも若干の論考を発表してきた。[7]一方そうした考察の過程を通じ筆者は、明治六年に発刊をみた司法省日誌の在存が、それ以後の伺・指令裁判体制に少なからぬ変革をもたらすものであったとの認識を得るに至った。筆者は、その点をめぐり、「司法省日誌記事をめぐる一試論」中に、[8]

司法省日誌発刊以前において、上掲の伺・指令裁判は、原則的に各個の「伺」に個別的に「指令」が下付されるという形式でおこなわれており、従って伺・指令の内容は、それに関係する各府県・各府県裁判所と司法省側の両当事者が了解するにとどまるものであったと考えられる。（中略）しかし、日誌の発刊を契機とし、裁判実務担当者は、登載（筆者註―日誌に）指令を通じて、新律綱領・改定律例の解釈、擬律や処断に関する司法省見解等を明確に知ることとなった。[9]

と指摘するとともに、それをふまえ「脱籍逃亡自首者の処分をめぐって」では、各裁判担当機関が、「司法省日誌」の送達を受け、ようやく中央の公的意向を知ることができるような状況が可能となっていく過程において、「情報」としての日誌記事の「援引」について、司法省側はいかなる姿勢を示したのであろうか[10]との問題提起をなした[11]。以来、この問題提起に何らかの解答を示すことが、少なくとも日誌発刊以降の伺・指令裁判体制の実態解明のためには必須の要件であるとの理解を変えていない。

ところでこれまでにも、司法省日誌を素材とする以下の論文が存在する。その対象を「私法」に限定するものの、裁判実務における同日誌の果たした「役割」を指摘する小早川欣吾博士の論文「明治前期の担保法の基礎」、また先に掲げる沼博士の論文がそれである[12]。

そこで本稿では、こうした先学の考証や考察に依拠し、日誌に登載された刑事に係わる指令（以後本稿では、「日誌登載指令」とも称する）を、日誌を通じて了知した各府県・各府県裁判所の刑事裁判担当者が、自ら抱える同種の事件へ「援引」[13]することに対し、司法省がいかなる姿勢を示したのかを明らかにしてみたいと思う。すなわち、今日われわれに残された伺・指令裁判体制の足跡を辿る最も有効な史料の一つである、法務図書館所蔵の「府県伺留」・「各裁判所伺留」[14]中に筆者が寓目する、「援引」の可否を尋ねる若干の伺とそれに応えた指令を呈しつつ、先にいう司法省の姿勢の変遷について整理することとしたい。

（1）　今日「司法省日誌」は、昭和五八年九月に日本史籍協会編として東京大学出版会より覆刻されており、比較的容易に目にすることができる。該覆刻版は、法務図書館所蔵の同日誌を「資料」としたものであるという。

（2）　沼正也『財産法の原理と家族法の原理〔新版〕』（昭和五五年一〇月）所収の「家族関係法における近代的思惟の確立

過程（その一）」・二一〇頁註（1）および同書所収「司法省指令の形成をめぐる明法寮の役割」・六八二頁以下を参照。

（3）本稿論述の必要より、前掲註（2）に掲げる沼博士の二つの論文や諸史料に依拠して、日誌刊行の時期について略述しておきたい。すなわち第一期刊行分は、「明治六年第一号」（明治六年一月二日分記事より）に始まり「明治六年第三十九号」（明治六年二月一三日分記事まで）に至る、第二期刊行分は、「明治六年〔後〕第一号」（明治六年七月一〇日分記事より）に始まり「明治六年〔後〕第七十二号」（明治六年九月三〇日分記事まで）に至る、第三期刊行分は、「明治七年第一号」（明治七年一月一日分記事より）に始まり「明治九年六十六号」（明治九年五月三一日分記事まで）に至る、である。

（4）司法省日誌の史料評価については、本書所収第一章「『司法省日誌』考——第一期刊行分を素材として——」・二頁および四頁註（5）を参照。

（5）「伺・指令裁判」なるものをいかに位置づけるかをめぐり筆者は、前掲沼・「司法省指令の形成をめぐる明法寮の役割」・六五八頁以下を基礎として、本書所収第五章「二つの埼玉裁判所伺をめぐって」・九九頁註（1）等の拙稿中に言及してきた。

（6）菊山正明『明治国家の形成と司法制度』（平成五年二月）所収「第二章　江藤新平の司法改革構想と司法省の創設」・一三五頁以下には、明治四年七月一四日をもっておこなわれた廃藩置県後の、府県が有した司法権に関する考察が示されている。

（7）明治五年八月三日をもって司法省へ達せられた「司法職務定制」は、江藤新平のめざす司法制度改革を具現するためのものであった。府県裁判所に関しては、「第十五章　府県裁判所章程　府県ニ置ク所ノ裁判所ハ府名県名ヲ冒ラシメ某裁判所トス其章程左ノ如シ」として八条にわたり権限・職掌・人的構成等を規定する。なお、藤田弘道「府県裁判所設置の一齣——足柄裁判所の場合——」（『法学研究』第四六巻第五号・四〇頁以下　昭和四八年五月）、前掲菊山・「明治国家の形成と司法制度」所収「第三章　江藤新平の司法改革」・一六八頁以下をはじめとし、近年府県裁判所設置に係わる多くの業績が発表されている。その詳細については、前掲霞・「二つの埼玉裁判所伺をめぐって」・一一五頁註（22）を参照。

（8）霞信彦『明治初期刑事法の基礎的研究』（平成二年一〇月）所収「はじめに」において筆者は、伺・指令裁判体制に興味をもつに至った経緯を述べその結果としての初期の論考を掲げた。また本稿において遂次掲げる近時の筆者論考は、いずれも、多角的な視点から該裁判体制を考えていこうとするものである。

（9）本書所収第二章「司法省日誌記事をめぐる一試論」・六〇頁。

（10）本書所収第四章「脱籍逃亡自首者の処分をめぐって」・九〇頁。

（11）問題提起の詳細は、さらに前掲霞・「脱籍逃亡自首者の処分をめぐって」・九五頁註（22）を参照。

（12）小早川欽吾『続明治法制叢考』（昭和一九年三月）所収「明治前期の担保法の基礎」・四四一頁以下ならびに前掲沼・「司法省指令の形成をめぐる明法寮の役割」・六八二頁以下を参照。上掲先学の二論文については、すでに前掲霞・「『司法省日誌』考――第一期刊行分を素材として――」・二頁および四頁註（7）に紹介した。なお小早川論文にとりあげられた「酒田県伺」とは、日誌の「明治八年第八十六号」に登載されているが、「明治六年五月卅一日の指令」の具体的内容・出典は不明である。

（13）「援引」という語は、新律綱領名例律断罪無正条中に「他律ヲ援引比附シテ」として用いられ、そこでは「ヒキアハセ」なるルビがふられている。筆者は、本稿が対象とする伺・指令裁判体制における司法省日誌登載指令「援引」の意味について、上掲断罪無正条でのルビを意識しつつも、特に、「日誌記事として登載された刑事に係わる指令を、各府県・各府県裁判所の担当者が、最も新しい司法省の意向を示す有権的なものとして、自己の抱える事案の擬律科刑に際し参照し、直接充当すること」と理解している。

（14）前掲沼・「家族関係法における近代的思惟での確立過程（その一）」・三四一頁以下、同『財産法の原理と家族法の原理〔新版〕』所収「明法寮についての再論」・七三〇、七三五頁には、「府県伺留」・「各裁判所伺留」が、いかなる意味をもつ史料であるのか、史料の背景への考証等を併せ詳細な考察が示されている。そのなかで沼博士は、両伺留ともに「明法寮中律課記録」と位置づける。さらに前掲霞・「二つの埼玉裁判所伺めぐって」・一一〇頁以下の註（1）を参照。

二、本　論

(1) 明治六年司法省第一二四号をめぐって

明治初期の刑事裁判、すなわち伺・指令裁判体制で、各地方においてそれを担った裁判機関には、司法省によって創設された府県裁判所と、それ以前より裁判事務を担当してきた各府県とがあることは、前節にふれたとおりである。ところで、律系法典に特有の複雑な改正・追加がなされるなかで、[1] 新律綱領下あるいは後の改定律例施行後の両法典併行下の刑事裁判に係わる担当者が、常に「現行法」の確認や諸条の解釈適用に悩まされていた事実はほぼ推測に難くない。[2] それがために、司法省より府県裁判所に派遣された本省直属の裁判官が、少なくともその時点で最新の「現行法」に関する資料や擬律の用に供するための情報（筆者はこれまでそれを「判断上の資料」[3] と称する）を帯同して赴任したことは、これまでの研究によりすでに確認されるところである。[4] 一方同様な状況にありながら、各府県の刑事裁判担当者は、ときどきに頒布伝達される法典・達および布達以外司法省より積極的に付与される情報もなく、疑義が生じたときに伺を提起して指示を仰ぐ外は問題解決の有効な手段をもたないという、さらに厳しい現状に甘んじざるを得なかった。[5] しかしいずれにしても、両者にとって、明治六年初頭以後定期的に発刊されることとなった司法省日誌は、法運用に関する司法省の最新の意向を知るうえで、この上なく重要な素材として認識されたに違いない。さらに当時の通信事情等を勘案するとき、[6] 日誌登載の指令内容を、そのまま類似事件の処断や法解釈に充当することができるとすれば、裁判の迅速かつ適正な執行や誤判の回避とその責からの解放にいかに有用であるか、[7] 彼らの誰しもが覚知し希求していた点であろう。すなわち司法省日誌の刊行は、各地において刑事裁判を担当する者たちに、少なからぬ期待と安堵をもたらした事業であったと推定する。

そうしたなかで、各府県の刑事裁判担当者と司法省の間で交換された伺・指令を綴じ込む「府県伺留」には、日誌登載指令援引の「可否」に関する問題を直接指摘して問う若干の伺が散見される[8]。以下に紹介してみたいと思う。まず第一は、明治六年四月一五日をもって和歌山県令北島秀朝・同参事草野政信の連名で提起された伺である。

擬律心得方之儀ニ付御届
其御省日誌第二十二号中愛知県伺之御指令ニ華士族賭博犯罪破廉恥ヲ以テ論セス閏刑ニ処スト有之付向後右ニ照準決可仕且右之外都テ日誌中各所ヘノ御指令ヲ御布達同様ト心得夫々照準取計可仕ト存候間此段兼テ御届申上候也

対する指令は、

本省日誌ニ各所ヘノ指令ヲ掲載スト雖モ律無正条及ヒ疑獄等ハ輙ク之ニ照準スヘカラス一々伺ヲ経テ処断スヘシ[9]

と応える。また第二は、和歌山県伺とほぼ時を同じくする明治六年四月一九日、名東県権令林茂平・同参事久保断三・同権参事西野友保ら三名の名を連ね提起された伺である。

左ノ条々指掛リ相伺候間至急御指令被下度候也

今般御省日誌御発行諸県ヨリ伺出候諸件ニ付御指令中多分新律外之条目御座候処右ハ凡テ一部ノ律書ト見倣シ照準処断可然哉

対する指令は、

一部ノ律書ト見倣シ候儀ハ不相成事(10)

と応える。さらに第三は、明治六年七月二〇日山口県権典事進十六の名をもって提起された伺である。

第十条　司法省日誌中聴断ノ事務諸県伺書ニ御示令有之者多シ同体ノ事故ハ之ニ準倣シ或ハ比附引援シテ可ナリヤ

対する指令は、

当省日誌各所ヘノ指令ニ照準シ聴断ノ儀ハ不相成候事(11)

と応える。上掲各伺はいずれも、たとえば和歌山県伺中の「御布達同様」や名東県伺中の「一部ノ律書」という文言に象徴されるように、日誌登載指令を、司法省による「新たな法令に準じる存在」と位置づけ、他の事例への直接の「照準」もしくは「比附援引」を可能ならしめることを求めたものである。まさに府県における刑事裁判担当者の悲願を具現すべく提起された伺といえよう。しかしそれに応える指令は、共通してその要求を明快に拒否する。こうして、各府県から明示的に表明された刑事裁判への日誌登載指令「援引」の要請は、伺提起者に個別的に司法省の意向が伝えられたことをもって、一応の決着をみた。

一方上掲山口県伺およびそれに対する指令が交換されているさなかの明治六年八月三日、「府県」宛明治六年司法省第一二四号（以後本稿では「第一二四号」とも略称する）[12]が伝達された。[13]そこには、司法省日誌に登載された刑事に係わる「指令」の「援引」に係わる、同省最初の公式見解が示されている。

当省日誌ハ各府県伺ノ指令ヲ全載スルト雖モ其伺面ニ至テハ往々節録スルアレハ一概之ニ拠テ比擬難致候間律ニ正条無之者ハ假令日誌上的例有之候共伺ヲ経サレハ右ヲ援引致候儀不相成候条此旨相達候事[14]

布達の趣旨は、日誌登載の各府県伺および指令中、指令部分は「全載」するものの、伺はその文面全てを掲げることなく「節録」したものもあり、「律ニ正条無之」場合に関し、たとえ日誌を通じ具体的適用例を了知し得る場合にも、あらためて伺を提起しなければ、自己の事例へ「援引」することは許されない、と要約されよう。上掲第一二四号が、伺・指令裁判体制のなかで、日誌に登載された指令を、どのように位置づけるかという司法省側の姿勢を明らかにしたものであることは言を俟たない。しかし該内容を検討することにより指摘される次の点、すなわち、①第一二四号の伝達対象を「府県」に限定している点、[15]②「府県伺」に対する「指令」援引の可否のみに言及し、当然日誌に併載されている「裁判所伺」に対する「指令」のそれには言及していない点、③「律ニ正条無之」場合の日誌登載指令の「援引」は許さずとしつつも、法条の解釈適用に関する疑義を内容とする伺に応えた日誌登載指令をいかに取り扱うかにはふれていない点等を勘案するとき、第一二四号が必ずしも伺・指令裁判体制の全体を俯瞰して発令されたものではないとの感を抱かざるを得ない[16]。それにもかかわらず、本号が、各府県の刑事裁判担当者が有する、日誌記事として登載された刑事に係わる指令を司法省の意思として受容し、直接擬律における拠りどころとしたいとする指向に、明白な歯止めをかけたことはまぎれもない事実であったろう。いわば第一二四号の発令は、先に掲げる三県からの伺を奇貨とし、伺を呈した三県とは異なりすでに日誌登載指令を当然のごとく「援引」していたかもしれない多くの府県への対応を急務とした司法省側が、個別的指令を一般化し、刑事裁判を担当する全府県に向けて同省の意とするところを、公示徹底するための手段であったといえないだろうか。

(2)　明治七年司法省第一号達をめぐって

さて第一二四号の伝達後には、日誌登載指令の「援引」をめぐり府県より提起された伺を史料中に発見することはできない[17]。しかし一方で、府県裁判所の裁判官の呈する伺およびそれに応えた指令を綴じ込む「各裁判所伺留」には、以下に示す二件の日誌登載指令援引に関する伺が、寓目される。その一は、千葉裁判所司法権少判事川西徳化による、明治六年一〇月二二日付の伺、

司法省日誌律例伺等ノ分ハ援引シテ可然哉ノ伺
司法省日誌ハ各府県伺之指令ヲ全載スルト雖トモ其伺面ニ至テハ往々ニ節録スルアレハ一概之レニ拠テ難比擬云々御達有之候処右之内罪案ヲ以テ処刑相伺候分ハ其時之事情ヲ酌テ刑名定メラレ候儀ニ付其御指令文ノミヲ以テ容易ニ他ニ比擬シ難キハ勿論之事ニ候得共其他律文不審或ハ罪状書取ヲ以テ刑名相伺候分ハ（仮令ハ日誌第十二号京都裁判所伺賭博ノ申合

致シ云々ト其罪状書取ヲ相伺候類）援引致シ候テモ可然候哉此段相伺申候他

である。対する指令は、

伺之趣律文不審罪状書取ヲ以テ伺之分共節録スル者ニ非サレハ参考致シ候儀不苦候事[18]

と応える。その二は、新治裁判所司法権少判事三島毅による、明治六年一〇月二四日付の伺、

司法省日誌ハ各府県伺之指令ヲ全載シ之レアレ共其伺面ニ至テハ節録有之ニ付一概之ニ拠テ難比擬律ニ正条無之者ハ日誌上的例有之共伺ヲ経サレハ援引不相成旨本年八月四日御布達之通ニ候所日誌中各府県ヨリ条款ヲ立テ伺出テ候分ハ文面節録ニ無之ニ付右等御指令七月十日以後ニ係ルハ引用仕可然哉此段奉伺候也

である。対する指定は、

条款ヲ立テ伺候指令参考ニ供スルヲ得ルトイヘトモ輙ク援引擬定スルヲ許サス[19]

と応える。すなわち、府県宛に下付された第一二四号の存在をふまえつつも、なお「律文不審」・「罪状書取ヲ以テ刑名相伺」や「各府県ヨリ条款ヲ立テ伺出」に関する登載指令についての「援引」および「引用」を求めて提起された

両伺に対し、指令は、「参考致シ候儀不苦」および「参考ニ供スルヲ得ル」という文言よりうかがわれるように、それぞれ若干の条件付とはいえ、日誌登載指令を自ら抱える事案の解決に際し「参考」にして良いとの姿勢を明らかにしたのである。そしてこれは明らかに、第一二四号に示した司法省の立場を後退させたものということができよう。[20]

ところで司法省日誌の「明治七年第一号」には、「日誌課伺済」と題する記事が掲載され、以後の日誌記事取り扱いに関する方針が掲示されている。その一つに、

一　癸酉本省第百二十四号布達コレ有用ヲ無用トナスノ一ニシテ所謂節録トハ罪案ニ在テ伺面ニアルナシ且ツ処断伺ノ如キハ犯状万変一概難比擬モノ無シトセス其律文ノ伺ニ至テハ各所同条ヲ伺ヘハ指令モ亦同文然レハ則チ此裁判所ヘノ指令彼県ニテ比照セハ互ニ煩ヲ省キ日誌ノ用ヲ為サン是ノ如キハ流播或ハ広遠ナラン因テ別紙（略之）ノ意味ヲ以テ更ニ御布達有之度候[21]

とする条項がある。これは、すでに沼博士が紹介するように、[22]当時司法省内に存在した日誌課なる部署が、伺のかたちを採るとはいえ、第一二四号を正面より批判し、しかも同課の意向を日誌上に何らはばかることなく掲載した点で興味深い。該日誌発刊直後の明治七年一月二〇日、司法省は、「各裁判所」・「各県」宛明治七年司法省第一号達（以後本稿では「第一号達」とも略称する）を伝達した。

昨明治六年第百二十四号ヲ以テ当省日誌援引不相成旨布達致シ置候所右ハ罪案ヲ以テ伺出候分ノミノ儀ニテ律文ノ伺指令トモ全載スル者ニ限リ援引比擬不苦候条此旨更ニ相達候事[23]

本布達は、日誌記事として登載された刑事に係わる指令について、「律文ノ伺指令トモ全載スル者ニ限リ」該指令の「援引比擬」を許すという、事実上第一二四号の指示を改変する内容であった。[24]つまり第一号達により、各府県・各府県裁判所の刑事裁判担当者は、「罪案ヲ以テ伺出」以外で、日誌に全容を登載する伺・指令の指令部分を、あらためて伺を提起せずとも司法省側の示す最新の意思として、自ら抱える事案に直接充当することが可能になったといえよう。[25]すなわち、日誌発刊後一年の期間を経て、日誌登載指令が単なる「記事」に止まることなく、伺・指令裁判体制のなかで、いわば「法源的効力」[26]を持つに至ったとも思料される。

（1）明治初期に、はじめて全国的な規模でおこなわれた律系の刑法典「新律綱領」（明治三年一二月二七日頒布）、「改定律例」（明治六年七月一〇日施行）の、改正・追加の様式等に関しては、手塚豊『明治刑法史の研究（上）』（昭和五九年三月）所収「明治六年太政官布告第六十五号の効力――最高裁判所判決に対する一異見――」・一一七頁以下に詳細な考証がなされている。

（2）本稿第一節本文および註（14）に示した「府県伺留」や「各裁判所伺留」に綴じ込まれたぼう大な数の伺が、その事実を証明する。また小早川博士は、前掲・「明治前期の担保法の基礎」・四四一頁において明治初期の私法に係わる裁判事情として、「裁判官は裁判の執行に就き法を発見する事及び、粗雑単行法の疑義に就いての解決に多大な苦痛を経験したのである」と指摘する。

（3）この言葉の意味する内容については、前掲霞・「脱籍逃亡自首者の処分をめぐって」・八八頁以下を参照。創設なった府県裁判所に赴任する司法省派遣の裁判官が帯同したと考えられる「判断上の資料」として今日確認されるものは、藤田弘道氏が前掲・「府県裁判所設置の一齣――足柄裁判所の場合――」に挙げる「改定律例の第一次草案を転写した「新律条例」」、近時筆者がその内容に強い興味を持ち本書所収第三章「問刑条例をめぐる若干の考察――法務図書館所蔵

『問刑条例』および『各裁判所伺留』を素材として――」・六五頁以下をはじめとする諸論考にとりあげ考証を続けている「問刑条例」がある。

（4）赴任する裁判官の行動様式の詳細は、前掲霞・「脱籍逃亡自首者の処分をめぐって」・八九頁以下に考証した。

（5）擬律科刑の疑義解消をめぐり、刑事裁判実決の任にあたる各府県の担当者が、司法省日誌刊行前に置かれていたであろう状況を、かつて筆者は、「司法省が、布告・布達や個別の指令による以外、各府県に対し、錯綜する綱領の運用に関する情報を積極的に提供したものとは考えられず、各府県の裁判担当者が、誤判を避け司法省側の意を汲んでそれに合致する裁判をなそうとすれば、悉く本省側の指令を仰ぐことを余儀なくされたであろう。」と推測する（前掲霞・「脱籍逃亡自首者の処分をめぐって」・九〇頁）。

（6）伺・指令往復の時間に関する具体例として、筆者は、前掲・「二つの埼玉裁判所伺をめぐって」・一一二頁註（13）に埼玉裁判所の場合をとりあげ考証した。ここでは、伺が提起されそれに対する指令が手元に届くまでに、最低限一〇日余りの時日が必要であることが推測された。たった一例だけをもって何らかの指摘をなすことは実証性の見地から躊躇を感じるが、敢えていえば、最も近隣地域でもこうした状況であり、多くの事案を抱える遠隔地の裁判担当者にとっての伺提起が、かなりの負担であったことは想像に難くない。

（7）霞信彦、原禎嗣「脱籍逃亡自首者の処分をめぐる若干の考察」（『法学研究』第六四巻第一号・二三三頁以下　平成三年一月）・二四五頁以下の第三節は、原氏の執筆部分であるが、そこでは「脱籍逃亡自首者」の刑事処分に際し、裁判担当者によってなされた誤判に係わる進退伺が掲げられ、それに対する司法省の対応が示されている。こうした事例にも明らかなように、裁判担当者の誤判は、本来あってはならないことであるとともに、新律綱領断獄律出入人罪条に定められた刑事罰の対象であり（明治九年第四八号布告により廃止）、彼らにとって実質的にも避けなければならないことであったろう。

（8）司法省日誌の第一期刊行時期である明治六年初頭以来、後に本文に掲げる明治六年司法省第一二四号が伝達される同年八月までの間の「各裁判所伺留」中には、府県裁判所裁判官より提起された日誌登載指令援引の可否を内容とする伺を、見出すことはできない。ところでそうした裁判官達が、司法省日誌に登載された刑事に係わる伺・指令に常に強い関心を抱き自己の担当する刑事事案との関連に注意をはらい、彼らなりの方法で登載指令を活用していたであろうことは、前掲霞・「司法省日誌記事をめぐる一試論」・三九頁以下に掲げた、府県裁判所裁判官によって提起の各伺の存在を通じても推測される。これまで筆者は、裁判官達が、具体的にいかなる「認識」のもとで日誌登載指令を取り扱っていたのかについて、上掲拙稿・六一頁に若干の考察を示し、また前掲霞・「二つの埼玉裁判所伺をめぐって」・一〇九、一一〇頁および一一六、一一七頁註(28)、(31)においても、埼玉裁判所権少判事武久昌孚による伺を題材とし、いささかの問題提起をなした。しかし遺憾ながら今日まで、そうした「認識」をめぐり、実証的な見地からの明確な知見を得るには至っていない。本註冒頭に示した期間の彼らの「沈黙」が何を意味するかに関しても、今後さらに考察してみなければならない。

(9)　「府県伺留　八」所収第二七九号。伺第一面には、明法寮による指令（案）下付の期日およびその相手方を示す書き込み、「四月廿二日仕拂　樺山大丞殿ニ直ニ付ス」がみられる。また指令紙面には、指令起案者と覚しき、当時明法寮に在った「水本（成美）」（明治五年九月四日任権大法官）、「小原（重哉）」（明治五年九月二日任中法官）、「長野（文炳）」（当該指令時権中法官か）の各印が押捺されている。

　ちなみに和歌山県は、本文にかかげる指令を受領後さらに、明治六年五月二八日付をもって同県令北島秀朝他二名による「擬律伺」と題する下記の伺を提起している。

　御省日誌中各所ヘノ御指令ヲ御布達同様ト相心得照準処刑ノ儀先頃御届申上候処律無正条及ヒ疑獄等ハ輙ク之ニ照準スヘカラス旨御指令ノ趣敬承仕候依テ日誌中掲載有之候別冊書抜箇条伺面御指令ノ趣其犯状適当ノ分ハ夫々照準処刑致シ不苦候哉此段更ニ相伺候也

伺には、日誌各号から抜粋された一四の日誌登載指令が掲げられている。伺・指令は、「府県伺留　十四」第四〇号所収。また伺第一面には、提起された伺の明法寮への回付送達期日を示す「六月九日伺出」、明法寮による指令（案）下付の期日を示す「七年一月廿七日付ス」なる書き込みがみられ、それによれば指令に半年以上の時日を要したことが確認できる。指令紙面には、発令事務処理係と覚しき「横山（尚）」（明治五年八月一二日任権小法官）、「郡司（名不詳）」（当該指令時の官不詳）、指令起案者と覚しき「水本（成美）」・（権大法官）の各印がある。指令が大幅に遅れたことをめぐり、指令中に該伺提起よりほぼ一カ月半後に施行予定の改定律例を引用した内容が含まれることから、当初はそれを待っていたのではないかとも推測されるが、その後の長期にわたる遷延について明確な理由はわからない。

なお、「府県伺留」および「各裁判所伺留」に綴じ込む伺・指令の、伺提起・司法本省より明法寮への伺の回付・明法寮よりの指令（案）下付等各期日の認識方法、いわゆる「司法省指令」の意味、伺・指令の送達経路、明法寮での指令発令における役割分担としての「指令起案者」・「発令事務処理係」の類別に関しては、前掲沼・「財産法の原理と家族法の原理〔新版〕」所収の諸論文に依拠しつつ前掲霞・『明治初期刑事法の基礎的研究』所収「児島惟謙の『賭博罪廃止意見』に関する若干の考察」・一三四頁註（2）等にこれまで筆者が示してきた理解を踏襲しておきたい。

（10）「府県伺留　八」所収第二九一号。伺第一面には、提起された伺の明法寮への回付送達期日を示す「四月廿八日伺出」、明法寮による指令（案）下付の期日およびその相手方を示す「五月三日本省へ付ス」なる書き込みがみられる。また指令紙面には、発令事務処理係と覚しき「大園（孝賛）」（当該指令時権少法官か、明治七年五月一八日任小法官）、「松岡（守信）」（当該指令時明法中属か）、指令起案者と覚しき「水本（成美）」（権大法官）、「小原（重哉）」（中法官）の各印が押捺されている。伺は三条からなり、本文に掲げたものはその冒頭に挙げられている。

（11）「府県伺留　十二」所収第五一九号。伺第一面には、提起された伺の明法寮への回付送達期日を示す「七月卅日伺出」、明法寮による指令（案）下付の期日を示す「八月九日付ス」なる書き込みがみられる。また指令紙面には、発令事務処理係と覚しき「大園（孝賛）」（当該指令時権少法官か）、「谷（新助）」（当該指令時明法権少属か、明治七年五月一八日任明法少属）、指令起案者と覚しき「水本（成美）」（明治六年八月八日任大法官）、「小原（重哉）」（中法官）の各印が押捺されている。伺は一〇条からなる。伺中にみられる「聴断」なる文言からは、伺提起者が、「聴訟」・「断獄」いずれの伺に対する指令についても、「比附引援」の可否を尋ねていたことが推測される。

（12）内閣官報局編『法令全書　自慶應三年十月至明治元年十二月』・一頁以下を参照。

（13）司法省日誌には、「明治六年〔後〕第二十二号」の「八月三日分」記事の一つとして掲載されている。その記事の限りではいずれの機関に宛てたものかは示されておらず、日誌記事を目にする者全てが第一二四号の趣旨を了知したと思われる。

（14）前掲・『法令全書　明治六年』・司法省一七三五頁。

(15) 前掲註(13)に言及の第一二四号を掲げる司法省日誌の記事に対し、法令全書では、布達がいかなる機関に向けて発せられたのか、たとえば「省使府県」あるいは「各裁判所・各県」というように明示されている。それによれば、第一二四号は確かに「府県」に発令されたものである。

(16) 本文に掲げる①・②・③にいう諸点のいずれをとりあげてみても、第一二四号は、日誌登載指令の取り扱いに関する司法省側の意思表示として、包括的なものとはいい難い。

(17) 管見の及ぶ限り「府県伺留」には、明治六年司法省第一二四号以後明治七年司法省第一号達までの間に、各府県より提起された日誌登載指令援引に係わる伺を見出すことはできない。

(18) 「各裁判所伺留 四」所収第二七三号。伺第一面には、明法寮による指令(案)下付の期日を示す「十一月四日付ス」なる書き込みがみられる。また指令紙面には、指令起案者と覚しき「鶴田(皓)」(明治四年一一月五日任明法助)、「小原(重哉)」(中法官)の各印が押捺されている(発令事務処理係の位置に押された「丹羽」・「勇」印について、かつて筆者は、前者を「丹羽賢」後者を「早川勇」と想定したが、より精密な考証の結果を得るまで現時点では保留する)。伺中に掲げられている「日誌第十二号京都裁判所伺」とは、「司法省日誌　明治六年〔後〕第十二号」中明治六年七月二三日分記事として登載の同年七月八日提起の伺である。

(19) 「各裁判所伺留　五」所収第三〇八号。伺第一面には、提起された伺の明法寮への回付送達期日を示す「十月廿七日伺出」、明法寮による指令(案)下付の期日を示す「十一月廿九日付ス」なる書き込みがみられる。また指令紙面には、発令事務処理係と覚しき「大園(孝賛)」(当該指令時権少法官か)、「谷(新助)」(当該指令時明法権少属か)、指令起案者と覚しき「小原(重哉)」(中法官)の各印が押捺されている。

(20) 確かに、本稿第一節註(13)に示した筆者の理解する「援引」の定義をふまえても、「援引」と「参考」との間に意味上隔たりのあることは事実であろう。しかし、本節冒頭に言及のような状況に置かれていた裁判担当者にとって、実質的な意味で「援引」と「参考」の間にいかなるちがいがあっただろうか。日誌登載指令の援引をめぐる両府県裁判所伺に対する指令には、本来第一二四号が援引禁止の対象としている「律ニ正条無之者」に関する直接的な指示を見ることはできないが(故意か偶然かはもちろん判断できないが、伺側もその点について言及していない)、伺の示す「律文不審」等いくつかの場合に登載指令を「参考」となすことを許した点で、後退の姿勢が採られたものであり妥協的であるといわざるを得ない。

(21)「司法省日誌　明治七年第一号」。

(22)同条項と第一二四号との関係については、すでに沼博士により、前掲・「司法省指令の形成をめぐる明法寮の役割」・六八三頁に紹介されている。「日誌課」の何たるかについては、前掲霞・「『司法省日誌』考――第一期刊行分を素材として――」・一三頁及び二〇頁註（25）を参照。

(23)前掲・『法令全書　明治七年』・司法省一三四三頁。

(24)但し、第一号達前半部分は、必ずしも第一二四号の趣旨をふまえその内容を改めたものとは言い難い。

(25)第一二四号にいう「律ニ正条無之者」も一般論として疑義が提起されれば「律文ノ伺」であり、そうした意味で第一号達は、本来各府県・各府県裁判所の刑事裁判担当者が希求してきた日誌登載指令援引のほとんどの部分を解禁したものといえよう。

(26)前掲小早川・「明治前期の担保法の基礎」・四四一頁以下は、司法省日誌を「法源」として認識し言及した点でさらに注目すべきである。そうした考察からの示唆、前掲註（25）における指摘を併せ考えるとき、「刑事に係わる登載指令」が、第一号達により伺・指令裁判体制における「法源」の一つとして認知されたと位置づけることも可能ではないだろうか。

なおその後の第一号達の効力をめぐっては、「裁判事務心得」を定める明治八年第一〇三号布告（前掲・『法令全書　明治八年』・太政官一二七頁以下）、「日誌印刷頒布」の廃止を伝える「大審院・上等裁判所・地方裁判所」宛明治九年司法省達第七二号達（前掲・『法令全書　明治九年』・司法省一四〇五頁）のそれぞれにもとづきあらためて考察してみたいと思う。

三、結　語

本稿では、明治六年に発刊された司法省日誌に着目し、伺・指令裁判体制において、司法省側が同日誌の役割をどのように位置づけていったのか、これまでほとんどかえりみられることのなかったその過程を中心に整理した。そこで本節では本稿のまとめの意味をふくめ、前節の内容を敷衍し筆者の若干の考察を述べ、また問題提起をしておきたいと思う。

第一は、第一二四号に関する考察である。筆者は、各伺内容と同号の内容、各指令内容と同号の内容、各伺の提起時期と同号伝達時期のいずれを比照しても、第一二四号と前節に掲げた三つの府県伺との間には、決して無関係とはいい難い「つながり」のあることが推測され、前節(1)末尾に述べる結論を呈するに至った。さらに筆者は、第一二四号発令の要因として、たとえば菊山正明氏が、「江藤新平の司法改革の最大の課題は、地方官が保持してきた司法権を接収し、司法省が全国の司法権を掌握することにあった。そのために、五種類の裁判所のうち府県裁判所を各府県に設置することが最も重視されたのである。[1]」と指摘する、明治五年以来の江藤司法卿による司法制度改革中の最重要項目の一つであった、地方裁判制度確立の問題との関連を考えておく必要があると思う。すなわち、わざわざ「府県」宛の第一二四号を発し、日誌登載指令援引禁止の姿勢を示した背景には、上記制度の確立を既定の方針とする流れのなかで、目的達成を勘案し、菊山氏のいう「地方官が保持してきた司法権」の行使に「枷」をはめ、いずれ府県裁判所に置換されるであろう各府県の刑事裁判をでき得る限り自らの掌中に把握しておこうとする、司法省側、特に伺・指令裁判体制の実質的な主導機関である明法寮の強い意向が存することを推測して止まない。

第二は、第一号達についてである。現時点で筆者は、いささかの条件付ではあれ、日誌登載指令の援引を大幅に許容する内容をもち全国に示された第一号達について、それが発令されることとなった経緯を、逡巡することなく説明する術をもたない。そして叙上にいう経緯説明のためには、第一二四号を了知しつつなお日誌登載指令の援引の可能性を探るべく呈された二つの府県裁判所伺とそれに対する指令、日誌第三期刊行分の冒頭号に掲載された「日誌課伺済」なる記事中に掲げられた「条項」等前節(2)に列挙した史料が、第一号達の形成とどの様に関連するのかを明確にすること、また第一号達発令が司法省のいかなる人物・部署・機関の主導のもとで進められたのかを考証すること、が必須であると思料する。なお、本問題については、今後稿をあらためて考察を試みたいと考えている。(2)

さて、これまでの論述を通じわれわれは、伺・指令裁判体制のなかで司法省日誌の果たした役割が、決して軽いものでなかったことをあらためて知り得た。そして今日、該体制の全容解明のためには、叙上の問題提起への解答の模索をふくめ、さらに日誌についての多角的な視点からの考察を続けていかなければならないとの認識をもつ。最後に、拙稿により、わが国明治初期の司法史の一郭を形成する伺・指令裁判体制の実態解明が、ほんのわずかながらも進捗するとすれば、望外の倖せである。

(1)　前掲菊山・「第三章　江藤新平の司法改革」・一六九頁。

(2)　将来の「考察」への「心覚え」として以下二点につき若干の私見を呈しておきたい。まず初めに、二つの府県裁判所伺に対し、なぜ、第一二四号の趣旨を後退させる内容の指令が下付されたのかについて考えてみなければならない。明治五年以来司法省によって創設された府県裁判所に赴任の同省直属の裁判官達が、自らの赴任時に擬律科刑の参考に供するための最新の「判断上の資料」を帯同していたであろうことは、本稿第二節(1)や同註（4）に言及のとおりである。そして彼らによる擬律科刑は、改定律例施行以前の、日誌未刊行の時期は自らが有する資料を、また日誌刊行後は登載指令とそれを併せ相互に参照することを通じてなされた。しかし、明治六年七月一〇日の改定律例施行により、施行前の「単行頒布ノ律例立案指令等」の効力が失われ、結果として如上のシステムが実際上機能しなくなったと推測される（その間の事情については、前掲手塚・「明治六年太政官布告第六十五号の効力——最高裁判所判決に対する一異見——」・一三八頁以下を参照）。それを象徴するのが二つの伺の提起であり、さらにたとえば新治裁判所伺に見られる「七月十日以後ニ係ルハ引用仕可然哉」なる文言には、改定律例施行を契機として再刊された第二期の日誌を援引することで資料の欠缺を正面から補おうとする裁判官の生の声が反映しているように思われる。叙上の前提にたつとき、日誌登載指令を「参考」に供することを許した二つの指令は、司法制度改革の尖兵として善戦する司法省直属の裁判官に対し、同省側が示した配慮の結果であるとも位置づけられよう。そうであれば、当該指令内容は、第一二四号の対象とは対岸にある特定の相手方へのものにとどまり、少なくともその時点では司法省側に、第一号達にみられるような意向が普遍的に存在したとは考え難い。

一方、すでに第二節(2)に掲げる「癸酉本省第百二十四号布達コレ有用ヲ無用トナスノ一ニシテ」で始まる「日誌課伺済」記事について、沼博士が、「これ、明法寮と司法本省とのまたは太政官と司法省との対立関係のいずれかを、こんにちに傳えているものといえよう」（前掲沼・「司法省指令の形成をめぐる明法寮の役割」・六八四頁）とする指摘は、第一号達発令の経緯を明らかにするうえで、極めて示唆に富むものであろう。そこからわれわれは、司法制度改革推進の原動力であった江藤新平の下野（明治六年一〇月二四日参議辞任の辞表提出）ならびに江藤のもとにあってそれを支えた福岡孝弟（明治六年一一月五日司法大輔辞任の辞表提出）等司法省幹部の辞任後の、同省内外関係諸機関間の力関係の急激な変化が、第一号達形成に与えた影響について思いを馳せてみる必要があろう。特に、たとえば沼博士が前掲・「明法寮についての再論」・七二八頁以下に述べるように、次々と強化されていく太政官や司法本省の明法寮への圧力に注目するとき、そこには、かつて第一二四号発令に際し顧慮されたであろう、各府県の有する刑事裁判権をでき得る限り司法省の掌中に収めておこうとする意向（明法寮を中心とした）はひとまず棚上げされ、日誌登載記事の有効活用を立前としつつも明法寮の権限削減の意図を優先した結果の産物としての第一号達の姿を見出さざろう得ない。

第七章　改定律例施行と新旧法の効力をめぐって

一、はじめに

「改定律例」（以下「律例」とも略称する）は、明治六年六月一三日太政官第二〇六号布告をもって公布の後、翌七月一〇日に施行された。布告前文（以下「布告前文」とは左記の一文を指す）は、

今般別冊改定律例ヲ頒布候条来ル七月十日ヨリ一般施行可致就テハ偽造宝貨ノ犯人即決所断地方官ニ御委任相成居候処自今被廃止従前単行頒布ノ律例及ヒ律案指令等モ一切同日ヨリ援引不相成綱領新例ニ正条無之者ハ更ニ可伺出且百日以下懲役犯人服役致シ難キ地方ハ笞杖実決不苦候条此旨相達候事(1)

と述べる。新政府は、すでに明治三年一二月、維新後最初の全国統一刑法典「新律綱領」（以下「綱領」とも略称する）

を頒布実施しており、それに次ぐものであった。「律系」の法典と位置づけられる両者は、以後明治一五年一月一日、西欧近代法を主たる母法として編纂された「旧刑法」が施行をみるまでの間、時の現行刑法として二法あい補いつつおこなわれることとなる。

ところで、改定律例施行後の、綱領・律例二法並立状態は、「新法」たる改定律例と「旧法」にあたる新律綱領との適用関係に、今日の現行法にみられる「新法は旧法を改廃する」という原則には拠らない、律系法典に特有の「方式」が採られたことに起因する。[2]そして、先に掲げた布告前文は、改定律例の公布を宣言し施行期日を提示するとともに、その中で、新旧法の効力関係をいかに取り扱うかの「指針」を明らかにしたものといえる。当該指針のもっとも根幹となる部分は、「従前単行頒布ノ律例及ヒ律案指令等モ一切同日ヨリ援引不相成」であろう。それでは、現実に各府県や各府県裁判所において刑事裁判を担当した人々は、新法施行に際し、叙上の方式に依拠する新旧法の適用関係を正確に把握していたのであろうか。筆者の寓目する一連の伺・指令は、そうした疑問に対するささやかな「答」を呈する。そこで本稿では、まず、上掲伺・指令の内容やその往来の経緯を詳にし、併せて、如上の考察・分析を通じ浮き彫りにされる、司法省明法寮（明治四年九月二七日設置同八年五月四日廃止）を中心におこなわれた明治初期の刑事裁判制度、いわゆる「伺・指令裁判体制」の実態の一端や、明治六年より同九年にわたり、中断をはさみつつ三期に分けて刊行された「司法省日誌」（以下「日誌」とも略称する）が、該裁判体制において果たした役割について、それぞれ一瞥してみたいと思う。[3][4]

（1）内閣記録局編『法規分類大全　刑法門一　刑律三』・一二五六頁。また本稿に掲げる法条は、すべて上掲の『法規分類大全　刑法門』より引用する。

（2） この点を解明する代表的な考察としては、本稿「二、本論」で詳しく紹介することとなる、手塚豊『明治刑法史の研究（上）』（昭和五九年三月）所収「明治六年太政官布告第六十五号の効力――最高裁判所判決に対する一異見――」がある。手塚博士は、同論文・一二七頁以下において、新律綱領の改正・追加をめぐる基本的な認識について、新律綱領は、わが中古の律、明・清律を典拠として編纂された純然たる「律」系統の刑法であり、したがってその改正、追加のために採られた措置は、「律」独特の様式であった。すなわち、わが中古の律とそれに対する格との関係がそこにうけつがれたのである。

と述べるとともに、綱領の一部改正法が出された際の綱領自体の効力を、

綱領の本文からその改正部分が削り去られ、改正の法文といれかわるわけではなく、改正の対象となった綱領の本文も原形のまま法典中に残存し、ただその部分の効力が改正法の存続中は、停止するのである。したがって、もしも改正法がなんらかの理由で取消か廃止になれば、綱領の原文がふたたび効力を復活し得たわけである。

と位置づける。さらに同論文・一四一頁では、改定律例をとりあげ綱領との関係を、「わが中古の律に対し、時に応じて編纂された格式、例えば弘仁格式、貞観格式の類に該当する」と捉える。叙上の指摘は、本稿との関連でもきわめて重要であり、記憶に留めておく必要がある。なお、上掲の問題については、石井紫郎、水林彪『日本近代思想体系7 法と秩序』（平成四年三月）所収「史料解説」中五五八頁以下に、水林氏による言及がある。

（3） 後藤武秀氏は、律例施行前後の法適用に注目し、「その運用実態から検討してみることが、わが国における罪刑法定主義確立過程を研究する上で不可欠の作業」であり、「運用実態の解明を通じて、新律綱領に代表される前近代刑法と旧刑法に代表される近代刑法との関係、就中、不連続性か連続性かという問題に取り組む糸口が得られる」との問題意識に立脚して、「改定律例実施後の適用法について――第二百六号布告と改定律例第百条の関係を中心として――」（手塚豊編著『近代日本史の新研究Ⅸ』・一五九頁以下 昭和六〇年一二月）と題する労作を発表した。上掲論文は、布告前文と後掲律例第一〇〇条との関係に言及するとともに、「司法省日誌」より抽出する伺・指令を掲げ律例施行前後の新旧法の「運用実態の解明」を試みたものである。そしてそこでは、筆者が本稿「二、本論」でとりあげることとなる「京都裁判所伺」および「明治六年一一月二四日付滋賀県伺」も検討の対象とされている。しかし、後藤氏の論文と本

拙稿は、考察の究極の目的を異にし、かつ本稿「二、本論」より明らかなように、史料解釈やその出典、あるいは問題点の理解等に関し、必ずしも意見を同じくしない箇所がある点を記しておきたい。

（4）「伺・指令裁判体制」や「司法省日誌」の何たるか、またそれらに関し筆者がこれまで発表する論考については、本書所収第六章「『司法省日誌』登載指令の援引をめぐる一考察」・一一九頁以下中「一、はじめに」本文および註（1）、（3）、（4）、（5）を参照。なお、本稿に参照する「司法省日誌」は、昭和五八年九月に日本史籍協会編として東京大学出版会より覆刻されたものである。

二、本　論

(1)　四つの滋賀県伺

明治七年二月二二日、大木喬任司法卿宛、滋賀県令松田道之の名をもって、「断罪依新頒律条例之儀ニ付伺」と題する伺（以下①伺と称する）が提起された。伺は、本文のみならず、過去に同県より発せられた三件の伺およびそれらに対する指令の写しをも添付するものであった。(1)①伺はいう。

太政官昨明治六年第二百六号御布告之義ニ付別紙写之通再応相伺御指令相成候処太政官御布告中ニ右御指令之御趣意明文無之ニ付当県是迄三流一減雇人盗家長財物等壬申十一月後ノ犯罪ト雖モ昨七月十日以後者単行御頒布ノ律例ニハ照準シ難キ儀与相心得総而綱領ニ依リ軽キニ従ヒ処断致シ来ル処右指令之通ニ候得者人罪ヲ失出スルニ相該リ候得共太政官御布告

中ニハ御省御指令之通明文無之因而相考フルニ右御指令之御趣意ハ太政官御布告後ニ更ニ御改定相成候義歟与存候若シ然ラハ当県前回之失出別段待罪書差出スニ及ハス候得共右御指令之御趣意太政官御布告文中ニ含蓄有之義一候得者当県誤解致候ニ相当リ失出之罪御処分ヲ受ケサルヲ得ス右者如何相心得可然哉至急御指令被下度此段再三奉伺候也(2)

①伺は、表面的には、刑事裁判担当者が、犯罪者への科刑に失錯を犯しより軽く処断した際その責任が問われるべきか否かを尋ねたものである。しかし、①伺の本来的な趣旨は、果たしてそれに止まるのであろうか。添付された三件の伺・指令が意味するところは、一体何なのであろうか。そうして観点に立ち、ここではまず、三つの伺・指令の内容を検討してみたい。

第一は、明治六年九月二三日付の福岡孝弟司法大輔宛「断罪依新頒律条例伺」（以下②伺と称する）である。

改定律例御頒降ニ付太政官本年第二百六号御布告中従前単行頒布之条例及ヒ律案指令等モ一切同日ヨリ援引不相成云々トアリ又断罪依新頒律条例中事犯頒例以前ニ在テ原律罪名軽キ者ハ仍ホ原律ニ仍テ定擬スト有之因テ頒例前ノ犯罪ハ原律軽ケレハ原律ニ仍リ処断シ縦令ハ雇人家長ノ財物ヲ盗ムノ如キ頒例前ノ所犯ニ係レハ原律軽キニ仍リ贓金二百円以上管守者ト雖モ罪懲役十年ニ止メ昨壬申十一月中御改正ノ律ハ相用ヒサル義ト相心得候得共念ノ為メ去ル七月十七日付ヲ以テ相伺今以御指令無之然ル処御省日誌後第六号京都裁判所伺御指令ニ雇人家長ノ財物ヲ盗ム者云々管守者ハ　等ヲ加ヘ罪流三等ニ止ル懲役十年贓金二百八十円余犯罪改定律前ニ在ルヲ以テ断罪依新頒律条例ニ依テ定擬スト果シテ当県所見ト異ナラサル義ト相心得居候処其後同第十四号ヲ見レハ兵庫裁判所ヨリ本年六月十八日付ノ伺御指令ニ改正雇人盗家長財物律雇人家長ノ寄託スル財物ヲ盗ム者監守盗ヲ以テ論シ絞罪贓金三百七十六円余ト有之彼是参考大ニ疑ヲ生ス即今犯者有之差掛リ候儀ニ付神速御指令被下度此段奉伺候以上(3)

②伺は、「司法省日誌」に登載する伺・指令を題材として提起されたものである。[4]ところで、律例施行前に発生した犯罪で、処断が律例施行後となった事案には、

律例第百条　凡例モ亦頒降ノ日ヨリ始ト為スト雖モ若シ事犯頒例以前ニ在テ原律罪名軽キ者ハ仍ホ原律ニ拠テ定擬ス

とする「断罪依新頒律条例」により、「原律」および律例二法を対比しいずれか軽き法条を適用する旨が定められていた。[5]そして該条文中の「原律」を、新律綱領そのものと理解する滋賀県は、律例施行以前に惹き起こされた「雇人が家長の財物を盗む」という犯罪で、ともに律例施行後の処断となるにもかかわらず、京都裁判所には、軽き綱領奴婢盗家長財物条の適用を指示し、一方兵庫裁判所には、綱領に比較して加重された律例改正雇人盗家長財物律（第一四三条）の適用を指示した、各日誌登載指令の差異に疑問を抱いたのである。[6]しかし本伺に対し司法省側は、明治六年一一月一三日、

京都裁判所伺之指令ハ昨壬申十一月雇人盗長（ママ）家財物改正律例頒降以前ノ犯罪ニ付原律ニ仍リ懲役十年兵庫裁判所伺ノ指令ハ同改正律例頒降以後ノ犯罪ニ付断罪依新頒律条例ニ依リ絞罪[7]

と応える（以下②指令と称する）。指令の趣旨を忖度すれば次のように考えざるを得ない。すなわち、京都裁判所の事案は、綱領奴婢盗家長財物条が改正される以前の犯罪であり、兵庫裁判所の事案は、綱領奴婢盗家長財物条の改正法、

改正雇人盗家長財物条が施行された明治五年一一月二七日以降の犯罪である。犯罪実行時期の「ちがい」にもとづき、京都については、律例第一〇〇条にいう「原律」、綱領奴婢盗家長財物条の軽き罰条を適用し「懲役十年」、しかし兵庫の場合は、明治五年一一月の改正雇人盗家長財物条の施行をもって律例第一〇〇条前段にいう「凡例モ亦頒降ノ日ヨリ始ト為ス」に該当すると理解しそのまま律例第一四三条を適用し「絞罪」である、と。

続いて第二は、「本年第二百六号御布告之儀ニ付伺」である(以下③伺と称する)。本伺は、明治六年一一月一九日、司法省ではなく、右大臣岩倉具視に宛提起されている。[8] 時間的にみて、②指令受領後ただちに書かれたものであろう。

本年第二百六号御布告中従前単行頒布之律例及ヒ律案指令等モ一切同日ヨリ援引不相成綱領新例ニ正条無之者ハ更ニ可伺出トアリ右単行御頒布ノ律例トハ新律綱領御頒布ノ後一箇条宛御改正及ヒ御創定相成候律例ヲ申ス義ニテ右単行御頒布ノ律例ハ総而七月十日以後ハ一切援引不相成綱領新例ノ二本ニ依リ擬定可致ト之御趣意ニ候哉今少シ解シ兼候廉モ有之ニ付奉伺候至急御指令被下度候以上[9]

ここで滋賀県は、布告前文中の「単行御頒布ノ律例」とは、「新律綱領御頒布ノ後一箇条宛御改正及ヒ御創定相成候律例」を指し、律例施行以後これらの効力は一切失なわれ、綱領・律例二法のみが現行法であったとする自分たちの理解に誤りはないのか、政府(正院)の見解を質す。正院は翌月三日付で、「伺之通」とし同県の理解が正しいことを認める(以下③指令と称する)。

第三は、明治六年一二月二四日付の大木司法卿宛「断罪依新頒律条例再伺」である(以下④伺と称する)。

改定律例御頒降ニ付太政官本年第二百六号御布告中従前単行頒布之律例及ヒ律案指令等モ一切同日ヨリ援引不相成云々トアリ又御省御刊行綱領新例合巻ノ律書ニモ従来ノ単行律ハ掲載セラレス仍テ綱領御頒降之後単行御頒布ノ律例ハ改定律御頒降ニ付御取消相成候義ニ而断罪依新頒律条例中事犯頒例以前ニ在テ原律罪名軽キ者ハ仍ホ原律ニ仍テ定擬スト有之原律トハ綱領ヲ指シ已ニ御取消相成候単行律例ハ其御改正後ノ犯罪ト雖モ七月十日後ハ一切援引不相成ト存シ当県ニ於テハ七月十日後ハ但タ綱領ト新例ノ二本ニ仍リ処断シ従前単行ノ律ハ一切同日ヨリハ廃物ト看做シ居候然ル処去ル七月中強姦未成ノ件権少属丹羽貫取調改定律ニ仍リ未タ成ラサル者一等ヲ減ストアルニ照シ懲役十年ヨリ一等ヲ減シ懲役七年ト擬律シ草案差出スニ付参事籠手田安定点検之上之ヲ裁決スルノ後右該犯ハ去ル四月ノ犯罪御頒例以前ニ在ルヲ以テ三流一減ノ旧法ニ仍リ減等シ懲役三年ニ処ス可キヲ誤テ七年ト見込候旨ニ而貫ヨリ待罪書差出候ニ付旧減法ニ仍リ更ニ貼断可致与存居候処ロ別紙写之通伺御指令到着致シ右御指令ニ仍レハ三流一減御改正ハ昨明治五年十一月ニ在リ右強姦未成ノ犯罪ハ去ル四月中之事ニシテ三流一減御改正ノ後ナルヲ以テ更ニ貼断スルニ及ハス候得共太政官御布告ニ依レハ貼断セサルヲ得サルニ似タリ仍テ猶又念ノ為メ正院へ別紙写之通相伺候処御指令相成御省御指令ト矛盾スルニ相似タリ御省御指令ニ従ヘハ当県是迄処断致シ候義失出ニモ相成候件可有之ト存シ右之辺如何相心得可然哉殆与疑惑仕候仍テ別紙伺書写二通相添再応奉伺候詳細今一応御指令被下度候以上[10][11]

伺は、律例施行以後の現行法を「七月十日後ハ但タ綱領ト新例ノ二本」、「従前単行ノ律ハ一切同日ヨリハ廃物」とする従来の滋賀県の理解を前提に、現実に生じた問題に言及する。すなわち、律例施行後の明治六年七月、同年四月中に起こった強姦未遂事件の処断がなされた際、担当者（権少属）は、律例第二六〇条中「強姦スル者ハ懲役十年未タ成ラサル者ハ一等ヲ減ス」および同第八三条中「凡三流同ク一減ト為ス律ヲ改メ懲役三年以下ト同ク分テ三等ト為シテ減ス」を適用し「懲役七年」と決した。これに対し、上司（参事）は、同第一〇〇条後段により、むしろ本件は、綱領加減罪例条の「惟二死三流ハ。各同ク一減ト為ス。假令ハ。死罪ヲ犯スニ。一等ヲ減スレハ。絞斬ヲ分タス。流三等ニ坐シ。流罪ヲ犯スニ。一等ヲ減スレハ。徒三年ニ坐スルノ類。」を適用し軽き「懲役三年」(「徒三年」の読替え)とすべきである、との指摘をなしたのである。[12] 一度はその指摘を是とした県であったが、②指令の受領により逡巡が生まれる。もし②指令の内容に従い、事件発生の時期(明治六年四月)と明治五年一一月二九日という綱領加減罪例中三流一減条の改正時期を勘案すれば、むしろ担当者(権少属)の示す処断が正しいことにもなるからである。そこでさらに確認のため、正院に③伺が提起され、③指令は、律例施行後の現行法をめぐる滋賀県の認識を可とする。それでは結局のところ、布告前文と律例第一〇〇条をいかに解釈し、関連する問題をどのように解決すればよいのであろうか。以上が、④伺提起の趣旨ならびに要約となろう。司法省の指令は、翌七年二月一二日に下付される(以下④指令と称する)。

正院御指令ノ通可相心得事
但三流三減雇人盗家長財物等ノ単行律ハ壬申十一月頒降ニ係ルト雖モ改定律例ト権衡相同シキヲ以テ其頒降ノ日ヨリ始ト為シ処断ス[13]

司法省指令は、ここに至り、「三流三減雇人盗家長財物等ノ単行律」で「改定律例ト権衡相同シキ」ものは、それが「頒降」された日より律例施行日を超えて継続的に現行法たり得ると明言した。つまりそうした法条では、律例第一〇〇条後段にみられる、「原律」を対比し軽きに従って処断するということはあり得ないというのである。

最後に、目をもう一度本節(1)冒頭に掲げた①伺に向けてみたい。これまで述べた内容からも明らかなように、①伺は、②伺・指令、③伺・指令、④伺・指令の存在を前提としてのものであった。[14] 同伺は、④指令にみる司法省側の意向が、すでに明治六年太政官第二〇六号布告前文に「含蓄」されていたものなのか、あるいは「太政官御布告後ニ更ニ御改定」されたのか、すなわち、もし前者であれば、県は、布告前文を「誤解」し科刑を誤ったこととなり「失出之罪御処分ヲ受ケサルヲ得ス」[15]となるが、後者であれば、県本来の解釈に誤りはなく、少なくとも現時点までの「誤解」に対する責は負わなくてよいこととなる、さて如何、と尋ねる。質問の視点をいささか転じはしたものの、①伺もこれまで同様、滋賀県が提示する布告前文と律例第一〇〇条をめぐる解釈が、正当であるか否かを問う。①伺への指令は、次の通りである（以下①指令と称する）。

昨年二月十二日指令ノ通心得可シ
但シ昨年七月十日以後ハ従前単行頒布ノ律例ハ一切援引不相成云々御布告之レ有リト雖モ三流三減雇人盗家長財物ニ律ノ如キ条例ト権衡相同キ者ハ其頒行ノ日ヨリ相用ヒ候様先般改定ニ相成ル故ニ其県ニ於テ従前失出ノ罪ハ待罪書指出スニ不及候事[16]

指令下付は、実に一年三カ月後、明治八年五月三〇日のことであり、内容は、④指令に述べる司法省側の意向をくり返すとともに、それが「先般改定ニ相成」ったものであるとし、滋賀県が①伺で問う、「従前の科刑の誤り」への責任追及はなされないと言明する。

(2) 分析

前(1)に紹介する一連の伺・指令は、明治六年太政官第二〇六号布告前文中「従前単行頒布ノ律例及ヒ律案指令等モ一切同日ヨリ援引不相成」なる部分をいかに解釈し、それにもとづき律例第一〇〇条をどのように運用するのか、改定律例施行を契機に新旧法の適用をめぐり、滋賀県と司法省側との間に繰り広げられた「論争」とも覚しき意見交換の記録といえよう。ここで今一度、県・省の言い分を整理し、両者の見解を明らかにしておきたいと思う。

滋賀県は、一貫して次の見解を採る。「従前単行頒布ノ……一切同日ヨリ援引不相成」により、新律綱領単独施行下に定められたすべての単行法令等は、律例施行を期に、いかなる例外もなくその効力を失ない、同施行直後の現行法は、「綱領新例ノ二本」に限定される。その結果、律例施行前に実行された犯罪で、その処断が律例施行後となった場合には、三流減等や雇人盗家長財物に係わる事案をも含め、すべて律例第一〇〇条後段により、「原律」たる綱領と律例を対比し、いずれか軽い法条が適用される。

一方、司法省側の見解は、次の通りである。「従前単行頒布ノ……一切同日ヨリ援引不相成」に対する滋賀県の解釈は原則的には認める。しかし、「三流三減雇人盗家長財物二律ノ如キ条例」は、「一切同日ヨリ援引不相成」とする範疇には入れない。それらの綱領改正法については、いわば律例施行前後を通じすでに現行法として継続的に効力を有し、最終的に律例該当法条に合一されたと解する。従って、三流減等や雇人盗家長財物に係る事案には、律例第一〇〇条前段「凡例モ亦頒降ノ日ヨリ始ト為ス」が適用され、同条後段の対象とはならない。

ところで、かつて手塚豊博士は、「明治六年太政官布告第六十五号の効力——最高裁判所判決に対する一異見——」(以下「手塚論文」とも略称する)と題する論文で、布告前文中「従前単行頒布ノ……一切同日ヨリ援引不相成」への解釈にもとづき、律例施行直後の現行刑法をどう捉えるかについて、詳細な分析を加えている。[17] 律例の編纂経緯や存在意義を考証しつつ展開される手塚論文は、先に掲げる県・省二者の主張を吟味する上でも有用な手がかりとなろう。以下に要点を紹介しておきたい。

手塚博士は、「従前単行頒布ノ……一切同日ヨリ援引不相成」なる部分について、「「援引不相成」というのは失効の意味である。廃止とみてもよい[18]」とし、「「従前単行頒布ノ律例」とあるのは、綱領に対する改正、追加のための太政官布告、司法省布達をさす」、「「律案指令」とあるのは、鶏姦条例（五年一一月一三日太政官指令）、等外吏私罪贖罪例図（六年三月二七日太政官指令）、閏刑条例（六年四月四日太政官指令）、犯罪自首条例（同前）、過失殺傷収贖例（六年五月一七日太政官指令）、改正雇人盗家長財物律（同前）等をさす。（中略）それらは改定律例施行以前においてすでに施行されていた法令ではなく、前もって認可された律例草案の一部にすぎない」、「「律案指令等」とある「等」の中に、当然入るべきものに、太政官指令をもってした新律綱領改正、追加法と、同じく太政官指令をもってした綱領の条項に対する一種の有権解釈がある」との解釈を示す[19]。そしてその結果、律例施行がもたらした新旧法の改廃は、次に示す認識のもとに置かれるとする。すなわち、

要するに、改定律例の施行によって、新律綱領の改正、追加法である太政官布告、太政官指令、司法省布達、そしてまた有権解釈を行った太政官指令等は、一切その効力が否定され、廃止されたのである[20]。

手塚博士は如上の考証を敷衍させ、さらに、律例施行直後の現行刑法は、「原文のままの新律綱領と、そして改定律例」、また二法の適用関係は、「両者（筆者註―綱領・律例を指す）重複する条項については、新律綱領の効力が停止せしめられたわけである[21]」と結論づける。

さて、布告前文に対する滋賀県の主張は、叙上手塚論文にみる見解とほぼ完全に一致する。併せて、国家の枢機をつかさどる正院の意向も、③指令に明言される通り、滋賀県の認識を支持するものであった。こうした点を勘案し、

さらに、今日的に、「従前単行頒布ノ……一切同日ヨリ援引不相成」なる部分に、文理・論理のいかなる解釈をめぐらしてみても、前節にみる司法省側見解が導き出される余地は、ほとんどない。結果として、一連の伺・指令のやりとりは、滋賀県の言い分に理を認めざるを得ない。

それでは司法省側は、自らの主張に、なぜここまで固執しなければならなかったのであろうか。次にその疑問について考えてみたい。筆者は、その根本原因が、兵庫裁判所伺・指令の「司法省日誌　明治六年〔後〕第十四号」への登載にあったのではないかと思料する。その理由を述べる前提として、伺・指令裁判体制下の刑事裁判担当者[22]と「司法省日誌」との関係に言及しておく必要があろう。

改正・補充をくり返し決して単純とはいえない綱領の運用に携わるなかで[23]、日々の実決に追われる伺・指令裁判体制下の刑事裁判担当者にとって、司法省が今いかなる法条を現行法とし、その解釈適用にいかなる意向を有しているのかを知ることは、恒常的に、実務遂行上の最大関心事であったと推測される。なぜならそれは、司法省の意向をうかがいつつ適正な裁判執行に邁進しようとした多くの裁判担当者達の意思の表れ[24]であると同時に、いみじくも①伺に述べられた通り、綱領施行以来、律例施行下のある時期[25]まで、彼らが常に、誤判に対する刑事処罰と隣り合わせにあったという現状と無関係ではない。しかし、「よりどころ」とすべき司法省からの「情報」は、あまりに少なかったのである[26]。特に、各府県の裁判担当者にとっては、具体的な事案の擬律科刑をする過程で、手元にある綱領を繙き、そこに生じた疑問を、倦むことなく司法省に尋ねることが、先の責任追及を回避する唯一の方法であった[27]。明治六年初頭「司法省日誌」が刊行された。以後日誌は、裁判担当者にとって、他機関の呈する伺から新たな疑義・論点を知り、擬律科刑をめぐる司法省側の最新の意向にふれ得る、きわめて重要な情報源であり、まさに「希望の星」となったのである。一方司法省側も、日誌記事中とりわけ刑事に係わる伺・指令に依拠する伺の多発[28]、日誌登載のそうした司法省指令（以下本稿では「日誌登載指令」とも称する）の比附援引を求める伺の存在を通じ[29]、登載指令の内容に注がれる裁判担当者の熱き視線については、十分に熟知していたはずである。

そのような状況のなかで、滋賀県から②伺が提起されたのである。筆者は、司法省側が、②伺を受領し内容にふれた時点でただちに、兵庫裁判所への指令に「誤り」があったことを覚知したと推測する[30]。しかし、司法省側は、「誤り」の内容の重大性に配慮し、先にいう状況のなかで、刑事裁判担当者の日誌への信頼と日誌自体の権威を維持し、裁判執行に混乱を生じさせないという方針のもと、日誌に訂正記事を掲載するという公知の手段は採らず、滋賀県への個別の回答をもって事態の収拾を図ろうとの方策を決定したと推考する[31]。②伺に対し、必ずしも十分な理由づけもせず単に「こうだからこうだ、いずれにしろ納得せよ」式の②指令が示された背景には、日誌登載指令の「誤り」を何とか合理的なものとし、その影響をこれ以上拡散させず、滋賀県限りのものに止めたいとする苦慮がうかがわれてならない。しかし滋賀県は、②指令に納得せず、③伺そして④伺、さらには①伺を提起する。これに対し、司法省側は、滋賀県のつきつける正院指令を否定することもできず、ついに、「従前単行頒布ノ……一切同日ヨリ援引不相成」の解釈としては到底容認され得ない「例外的措置」の存在を示唆、最終局面では、①指令にみるように、「例外的措置」の根拠が、法改正にもとづくとの見解まで明らかにすることとなるのである[32]。

結局、司法省側が、いかなる角度から検討しても妥当とはいい難い解釈にここまで拘泥した理由は、日誌への信頼を維持し、伺・指令裁判体制を主導し堅持することを究極の任務と自認する同省側が、その責務を果たすためには、日誌登載指令の「誤り」を、何としても正当化し続けなければならないと判断したからに他ならないであろう[33]。一年余りもの長期にわたり①指令が発せられなかったことは、司法省側の、必ずしも本意とはいえない指令内容への逡巡のあらわれか、あるいは時間の経過のなかで問題の所在自体を意味なきものにしてしまおうとする意図のしからしむ

るところであったろうか。(34)

（1）①伺は、その添付書類である三件の伺・指令（いずれも後掲）および司法省指令とともに、「府県伺留　二十四」に綴じ込まれている。沼正也博士は、『財産法の原理と家族法の原理〔新版〕』（昭和五五年一〇月）所収「家族関係法における近代的思惟の確立過程（その一）」・三四一頁以下、同「明法寮についての再論」・七三〇、七三五頁において、現在法務図書館が所蔵する「府県伺留」が、いかなる意味をもつ史料であるのかを考証し、「明法寮申律課」記録と位置づける。なお本稿では、「府県伺留」に綴じ込む伺・指令の、司法省内における処理過程（伺が司法本省へ到達後明法寮へ回付され、同寮により現実の指令案が書かれ、それをもって司法省指令として県に下付送達するという経路や手続毎の期日の認識方法）・明法寮での指令発令の役割分担（指令を実際に起案する「指令起案者」とその下案づくり等を含む諸種の事務処理に従事する「発令事務処理係」）について、前掲沼・『財産法の原理と家族法の原理〔新版〕』所収の諸論文に依拠しつつ、これまで筆者が、『明治初期刑事法の基礎的研究』（平成二年一〇月）所収「児島惟謙の『賭博罪廃止意見』に関する若干の考察」・一三四頁註（2）、「明治七年司法省第一〇号布達施行直後の伺・指令」・一八六頁註（3）等に言及する理解を踏襲しておきたい。また以下の本稿で用いる「司法省側」という表現には、「明法寮により主導され表明される司法省としての意向」との意味が込められている。

（2）「府県伺留　二十四」所収第二七七号。伺第一面には、伺の明法寮への回付期日を示す「二月廿八伺出」、明法寮による指令（案）下付期日を示す「明治八年五月三十日付」なる書き込みが見られる。

（3）①伺に添付された本伺の原本は、「府県伺留　十二」所収の第六五八号である。伺第一面には、伺の明法寮への回付期日を示す「十月二日伺出」、明法寮による指令（案）下付期日を示す「十一月七日付ス」なる書き込みがみられる。なお付言すれば、②伺中に言及の「七月十七日付」の滋賀県伺とは、「府県伺留　十一」所収第五〇九号「赦前逃亡其外伺」全一〇条中に含まれる一条、

第二百六号太政官御布告中従前単行頒布ノ律例及ヒ律案指令等モ一切同日ヨリ援引不相成云々トアリ又断罪依新頒律条例中事犯頒例以前ニ在テ原律罪名軽キ者ハ仍ホ原律ニ仍テ定擬スト然ラハ頒例前ノ犯罪ハ三流一減及ヒ兇徒聚

衆条中付和随行勿論雇人盗家長財物等原律ニ照シ候哉

を指すものであろう。同伺の第一面には、伺の明法寮への回付期日を示す「七月廿四日伺出」、明法寮による指令（案）下付期日を示す「十二月十日付」なる書き込みがみられ、指令は「伺之通」であった。指令紙面には、指令起案者と覚しき「小原（重哉）」（明治五年九月二日任中法官）、発令事務処理係と覚しき「谷（新助）」（当該指令時明法権少属か、明治七年五月一八日任明法少属）の各印がみられる。

（4）②伺が引用する京都裁判所伺・指令と兵庫裁判所伺・指令は、「司法省日誌」の第二期刊行分（「明治六年〔後〕第一号」に始まり「明治六年〔後〕第七十二号」に至る）当該号の、それぞれ七月一五日分および七月二五日分の記事の一つとして登載されている。ちなみに、各伺・指令の原本は、前者については「使府口書　第一冊　明治六年」所収第三号、後者については「諸県口書　明治六年　十二賊盗」所収第三〇三号と思料される。なお、京都裁判所伺・指令の解釈に関し、前掲後藤・「改定律例実施後の適用法について」・一六六頁以下に詳細な言及がある。しかし、後掲②指令に明らかなように、少なくとも、同論文・一六六頁に示された事件発生時期をめぐる推測には、賛成できない。

（5）前掲石井、水林・『法と秩序』・一九七頁下段は、律例第一〇〇条について以下の解釈を示す。

改定律例頒布以前の犯罪については、⑴まだ裁判が終了していない者についても、⑵すでに刑が定まり、その執行が始まった者についても、新律綱領による場合の方が刑が軽い場合には、新律綱領による。（後略）

これによれば、本稿で問題となるのは、⑴の場合である。

（6）綱領奴婢盗家長財物条は、

凡奴婢。雇人。家長ノ財物ヲ盗ム者。凡―盗ニ準シテ論ス。管守者ハ。一等ヲ加ヘ。罪。流三等ニ止ル。

と定め、一方律例改正雇人盗家長財物律（第一四三条）は、以下の規定を置く。

凡雇人家長ノ財物ヲ盗ム者ハ常人盗ヲ以テ論シ管守者自ラ盗ム者ハ監守盗ヲ以テ論ス若シ管守者私ニ自ラ借用シ及ヒ人ニ転借餽送スル者罪亦同シ

また明治五年一一月二七日、太政官第三六六号布告をもって綱領奴婢盗家長財物条の改正法「改正雇人盗家長財物条」が施行されており、その内容は、

一凡人ニ雇ハル者其家長ノ財物ヲ盗メハ凡盗ニ一等ヲ加ヘ管守者ハ又一等ヲ加ヘ加ヘテ死ニ入ル其管守者私ニ自ラ
借用シ及ヒ人ニ貸与スル者罪亦同

であった。上掲各条については、前掲石井、水林・『法と秩序』・二三三頁以下に注釈が、また五三四頁に言及がなされている。

律例第一〇〇条中の「原律」を「綱領」と理解する滋賀県は、「雇人（奴婢）盗家長財物」罪の最高刑のみを比較しても、「流三等」（但し「懲役十年」に読替え）に止まる綱領と、「死刑」をも想定する（常人盗・監守盗とも最高刑は「絞」）律例では、後者の加重が明らかであり、京都裁判所・兵庫裁判所いずれの事案にも、軽き綱領が適用されるべきと考えたのであろう。なお、日誌記事によれば、兵庫裁判所伺に対する指令に引用された根拠法条は、②伺表記の通り「改正雇人盗家長財物律」（律例第一四三条を指す）である。

（7）指令紙面には、指令起案者と覚しき「水本（成美）」（明治六年八月八日任大法官）、「小原（重哉）」（中法官）、発令事務処理係と覚しき「大園（孝賛）」（当該指令時権少法官か、明治七年五月一八日任少法官）、「広瀬（義輗）」（当該指令時明法中属か）の各印がみられる。①伺に添付された同指令写しに記載の日付は「十一月十三日」となっているが、前掲註（3）にいう伺紙面記入の日付と対比し時間的経過から、それは、滋賀県が実際に指令を受領した日と考えられよう。

（8）③伺は、その機関の最高幹部の一人である右大臣を名宛人としているが、当然、「正院」への伺提起と同義である。朝倉治彦編『明治官制辞典』（昭和四四年四月）・三四四頁以下の「正院」の項には、「明治初期における政治の中枢的最高機関」とある。滋賀県が、②指令をうけるや一週間もおかずに、本来の伺出機関とは系統の異なる正院に③伺を提起した点は、決して通例のこととはいえまい。こうした行動は、県刑事裁判担当者の、自らの法解釈適用に対する自信のあらわれであり、かつまた裁判の正確迅速を希求する彼らの、司法省指令への焦躁・懐疑を具現したものであろうか。

（9）③伺・指令の原本の所在は不明である。

（10）この時期は、正院からの③指令のみならず、前掲註（3）に言及したように、時間的には、「七月十七日付滋賀県伺」に対する指令も、滋賀県に届いていたはずである。しかし④伺は、布告前文や律例第一〇〇条の解釈に関し滋賀県の立場を容認する内容の該指令には、伺らふれていない。

（11）①伺に添付された④伺の原本は、「府県伺留　十五」所収の第七九号である。伺第一面には、伺の明法寮への回付期日を示す「一月九日伺出」、明法寮による指令（案）下付期日を示す「二月八日付ス」なる書き込みがみられる。伺文中にしばしば用いられる「貼断」なる語は、たとえば綱領公事失錯条にみられ、「アトヨリツミヲツケナホス」とのルビが付されている。なお、前掲後藤・「改定律例実施後の適用法について」・一六八頁以下には、「司法省日誌」より引用する④伺・④指令の内容およびその解釈が示されている。しかし、本伺が、連続する滋賀県伺の一部と了知されていないこともあり、そこに提示された諸点に必ずしも同意できない部分がある。従って、あえて若干の重複をかえりみず本文以下に筆者の見解を示した。

（12）伺からは、当時の「県」における刑事裁判処理過程の一端がうかがえる。

（13）指令紙面には、指令起案者と覚しき「水本（成美）」（大法官）の印がみられる。また、発令事務処理係の印は不鮮明であり、判読できない。①伺に添付された④指令写しの日付は「二月十二日」となっているが、前掲註（7）同様それは、滋賀県が実際に指令を受領した日と考えられよう。

（14）①伺中においても、前掲註（10）に指摘すると同様「七月十七日付滋賀県伺・指令」の存在にはふれられていない。

（15）綱領出入人罪条は、過失により処断を誤る官員について、

若シ罪ヲ断シテ。入ル、ニ失スル者ハ。各三等ヲ減ス。出タスニ失スル者ハ。各五等ヲ減ス。并ニ罪。所由ヲ以テ。首ト為ス。

と定める。本条については、前掲石井、水林・『法と秩序』・三三六頁下段に注釈が示され、そこでは「失出」を「誤って有罪を無罪に、重罪を軽罪にすること」と説明する。また本条に関連して、霞信彦、原禎嗣「脱籍逃亡自首者の処分をめぐる若干の考察」（『法学研究』第六四巻第一号・二三三頁以下　平成三年一月）における原氏執筆部分・二四五頁以下および二四八頁註（1）を参照。

（16）指令紙面には、指令起案者と覚しき「鶴田（皓）」（明治六年一二月二八日任明法権頭）、発令事務処理係と覚しき「大園（孝賛）」（少法官）、「谷（新助）」（明法少属）の各印がみられる。

(17) 前掲手塚・「明治六年太政官布告第六十五号の効力」・一三八頁以下。
(18) 前掲手塚・「明治六年太政官布告第六十五号の効力」・一三八頁。
(19) 前掲手塚・「明治六年太政官布告第六十五号の効力」・一三九頁。
(20) 前掲手塚・「明治六年太政官布告第六十五号の効力」・一四〇頁。
(21) 前掲手塚・「明治六年太政官布告第六十五号の効力」・一四一頁。
(22) 明治五年八月三日、司法省に対し「司法職務定制」が達せられ、その後刑事裁判は、いわゆる伺・指令裁判体制のもと、地域により、司法省に直属する府県裁判所あるいは府県という二つの異なった系統の機関の、いずれかが担当していた。廃藩置県（明治四年七月一四日）後の、府県が行使した司法権の内容や府県裁判所設置の経緯については、それぞれ菊山正明『明治国家の形成と司法制度』（平成五年二月）所収の「第二章　江藤新平の司法改革構想と司法省の設置」・一三五頁以下および「第三章　江藤新平の司法改革」・一六八頁以下に考察がなされている。
(23) 「一、はじめに」註（2）に掲げる手塚論文が指摘する、律系法典に特有の法の改正・追加の方式が採られるなかで、たとえば一個の法条について修正や部分修正がくり返される場合もあり、適用すべき法を見極めることだけに限定しても、それは決して容易な作業ではなかったはずである。
(24) 本書所収第五章「二つの埼玉裁判所伺をめぐって」・九七頁以下で筆者は、史料分析に依拠し、刑事裁判の適正な執行に取り組む一人の府県裁判所裁判官の姿に言及した。これをもって一例としたい。
(25) 前掲註（15）にいう「失出入人罪」条は、明治九年四月一四日の太政官第四八号布告により消滅する。
(26) 本書所収第四章「脱籍逃亡自首者の処分をめぐって」・八八頁以下で筆者は、各府県と比較し、司法省より各府県裁判所に配属の裁判官は、少なくとも赴任時には、司法省側の意向を知り得る諸種の「判断上の資料」を手にしていたとの指摘をなした。しかし、そのことを勘案したとしても、「司法省日誌」発刊以前に、司法省が刑事裁判担当者にもたらした現行法を了知するための「情報」は、極端に少なかったといわざるを得ない。
(27) 本文にいう「情報」をめぐり各府県の置かれた状況については、さらに前掲霞・「脱籍逃亡自首者の処分をめぐって」・九〇頁を参照。

(28)「府県伺留」や「各裁判所伺留」に綴じ込まれた伺には、日誌発刊以後、日誌登載の伺・指令を対象とした疑義が数多くみられる。本文に述べたように、それまでの司法省からの「情報」提供状態を考えれば、当然の現象ともいえよう。本書所収第二章「司法省日誌記事をめぐる一試論」・三七頁以下では、日誌に登載された司法省指令をめぐる各府県・各府県裁判所からの反応について検証したが、その一事をみても、刑事裁判担当者の日誌への関心の強さをうかがうことができる。

(29) 前掲霞・「『司法省日誌』登載指令の援引をめぐる一考察」・一一九頁以下で筆者は、刑事裁判担当者が、日誌登載指令を、自ら抱える同種の事案の擬律科刑に直接援引することを求めたのに対し、司法省がいかなる姿勢で臨んだかを考察した。こうした要求もまた「情報」提供後のしかるべき結果であろう。

(30) 理由は以下の通りである。前掲註(4)に指摘したように、京都・兵庫各裁判所の伺・指令を綴じ込む史料は、沼博士が「明法寮申律課記録」とする(前掲註(1)参照)本稿に掲げた「府県伺留」(これを「伺留系」と称する)とは異なる、「口書系」という範疇に分類される。ぼう大な量を数える該史料の解題は未成であるが、かつて筆者は、前掲霞・『明治初期刑事法の基礎的研究』所収「『鶏姦規定』考」・九七頁註(10)において口書系指令発令担当機関に関するいささかの考察を試みた。そうした考察をふまえ、指令担当者名等より経験的に、少なくとも口書系の指令は、伺留系とは別な機関によって書かれたであろうことがほぼ判明している(今日までのところ「司法省断刑課」の可能性が強い)。つまり筆者は、滋賀県②伺の指摘により、日誌登載の兵庫裁判所への「指令」に接した明法寮が、自らのまったくあずかり知らぬところでなされた解釈適用をあらためて検討し、結果的にその誤りを覚知したと推測する。当時の法律専門家として最高水準にあるといっても決して過言ではない明法寮官人が、新旧法の適用に係わる初歩的な誤りに容易に気づいたであろうことは、想像に難くない。また、前掲註(3)にみるように、「七月十七日滋賀県伺」への明法寮による指令(案)(②指令にも関与する小原の起案である)は、布告前文や律例第一〇〇条の解釈に関する滋賀県の理解に何らの例外条件も示しておらず、むしろこれこそ司法省側の本意であり、該指令をもってしても、明法寮が、当初から兵庫県裁判所への指令を誤りとしそれに気づいていたとする論拠の一つにならないだろうか(なお前掲註(10)、(14)に示した状況からは、該指令が滋賀県に実際に下付されたか否かを判断することは難しい)。

(31) 本文に掲げた訂正記事を掲げないとする方策決定の理由に関連して、さらに若干論じておきたい。
前掲霞・「司法省日誌記事をめぐる一試論」・六二頁以下註(5)で筆者は、第一期刊行分(「明治六年第一号」に始まり「明治六年第三十九号」に至る)における日誌記事の「取消し」・「訂正」措置がどのようになされたかを実証し、司法省が、「一度示された登載指令の誤りを看過することなく、可及的すみやかに正す意思を抱いていた」との評価をなした。しかし、本文に示す筆者の推考に立つとすれば、そこで採られた司法省の姿勢は、それとはまったく逆のものといわなければならない。しかしながらわれわれは、先にいう措置の対象となった記事のうち刑事に係わる二つの誤った登載指令が、いずれも重科を軽科とする(いわゆる「失出」)内容であったことに、注目すべきであろう。一方、兵庫裁判所伺への指令がもし誤りでありそれを改めなければならないとすれば、結果のもたらす重大とは如上の場合とは比べものにならない。なぜなら、兵庫裁判所伺は、科刑が生命刑に及ぶものであり、指令下付と日誌登載の時間的な経過を勘案すると、指令通りすでに刑の執行が終了している可能性も強いからである。本文にいう「「誤り」の内容の重大性に配慮し」とはまさにこのことを意味する。さらに、当該指令担当者を「失出」と比較しより重い「失入」の罪に問わなければならないという問題も生じる。ここに、少なくとも本事案では、司法省の姿勢が転換した根源的な要因があると考えざるを得ない。

(32) 筆者管見の及ぶ限りでは、律例施行後明治八年にかけて、①指令のいう「改定」を内容とする、法令の類を見出すことはできない。

(33) 明法寮は、自らの責任ではない「誤り」の正当化のために、不本意な強弁を続けたともいえよう。前掲注(11)に言及する、後藤氏が論文中に引用した④伺・④指令は、日誌の「明治七年第三十三号」を出典とする。このまったく唐突ともいえる登載記事の存在も、正当化のための意思表示の一環であろうか。

(34) 確かに、本稿伺・指令で議論された内容は、律例施行前後の限られた時期にこそ有用な判断基準であり、もはや律例施行後かなりの歳日を経た①指令発令時点では、何らの意義も見出せなかったであろう。

三、結　語

本稿では、一連の伺・指令を素材に、改定律例施行前後の新旧法の適用関係をめぐり、一体いかなる点が問題となったのかを紹介し、かつ伺・指令往来の経緯を分析するなかで、「司法省日誌」を軸とする伺・指令裁判体制の一場面にスポットをあて、その担い手である県・省両者の、刑事裁判に対する取り組みの姿勢にも考察を加えてみた。筆者は、県にあって刑事裁判を担当する者たちが、伺という形式をとるにしても、正々堂々と自らの主張をなし司法省にひけをとらずわたり会う姿に、明治初期の司法を支えた彼らの誇りともいうべきものを感じるとともに、ここに掲げた、滋賀県伺・司法省指令のいずれも、伺・指令裁判体制のもつ現実を背負い、その渦中に置かれたそれぞれの環境や立場を象徴する存在と捉える。本稿の叙述が、明治初期の司法史研究や、わが国法典近代化の原点を探るという視点のもと、近年逐次手がけられつつある綱領・律例に関する内容研究に、ささやかな寄与をなすことができれば、望外の倖せである。

第八章　新治裁判所在勤・司法権少判事三島毅の一側面

一、はじめに

後に二松学舎の創立者となる三島毅が、明治期の法曹界に身を置き、多彩な足跡を残した点については、これまでも先学の研究の言及するところである。[1] たとえば、福島正夫氏は、「在朝法曹期の三島中洲」[2] と題する論文で、明治初期に三島が司法の世界に身を投じるに至った経緯やそこにおける履歴にふれ、さらに明治五年七月より同一〇年六月までの、三島の在朝法曹としてのほぼ五年にわたる活動期間を、

第一は、東京裁判所聴訟勤務時代（明治五年七月ないし六年三月）
第二は、新治裁判所所長時代（六年三月ないし八年春）
第三は、二度目の東京裁判所民事裁判勤務時代（八年四月ないし九年二月）

第四は、大審院時代（九年二月ないし一〇年六月）

と分類し、各期ごとの司法官・三島に係わる「考究」を呈する。[3]

ちなみに、右にいう三島の司法官時代中、新治裁判所に在勤した第二期は、明治維新後の司法制度に、一大変革がもたらされた時期の延長線上に位置した。すなわち、明治五年四月二五日、すでに前年七月九日に設置をみていた司法省の、初代司法卿に任命された江藤新平は、「司法」の権限を同省のもとに全面的に掌握することを主要な目標として掲げ、根本的かつ多岐にわたる司法制度改革を進める決意を固める。[4]そのよりどころとして、明治五年八月三日をもって達せられたのが、司法行政および裁判制度に関する維新後最初の網羅的規定ともいうべき「司法職務定制」（以後「定制」と略称する）[5]であった。全一〇八条から成る「定制」は、第二条で、「司法省ハ全国法憲ヲ司リ各裁判所ヲ総括ス」と謳いあげ、以下司法本省の職制・章程・分課を明示するとともに、司法省臨時裁判所・司法省裁判所・出張裁判所・府県裁判所・区裁判所といった各級裁判所の設置を定め、併せてそれらの管轄および機構を詳細に規定する。そして、「定制」に挙げられた諸種の裁判所のなかで、とくに府県裁判所は、それまで地方官の手に委ねられてきた裁判権を司法省直属の同裁判所に専管させ、もって江藤の標榜する目標達成を可能にするために創設された、まさに司法制度改革具現の象徴ともいうべき存在であった。「定制」は、府県裁判所に関して、「第十五章　府県裁判所章程　府県ニ置ク所ノ裁判所ハ府名県名ヲ冒ラシメ某裁判所トス其章程左ノ如シ」（自第五六条至第六三条）および「第十六章　府県裁判所分課　府県裁判所ノ事務ヲ分テ聴訟断獄庶務出納ノ四課トス」（自第六四条至第六七条）にわたる計一二条を連ね、管轄・組織を明定する。実際、司法省は、右の諸法条に依拠し、明治五年八月五日、神奈川・埼玉・入間の各県に、続いて八月一二日にも、足柄・木更津・新治・栃木・茨城・印旛（ママ）・群馬・宇都宮の各県に、それぞれ府県裁判所を設置することを決し、それらは、逐次開設の運びとなった。ただ、以後の府県裁判所創設は、必ずしも順調には進まず、江藤が司法省を退任する明治六年四月一九日の時点で、わずか三府一三県にとどまっていた。(6)

こうした司法制度の大転換期に、三島が、数少ない新設府県裁判所の一つである新治裁判所(7)への赴任を命ぜられた点は、注目に値する。なぜなら、今回の三島の赴任は、単なる一裁判官の転任ではなく、司法本省の希求する制度改革の成否を担う一員に選ばれてのそれと位置づけられるからである。つまりこのことは、司法省における三島に対する当時の評価とも無縁ではなかろう。(8)そして、前掲福島論文からもうかがい得るように、五年間の在朝法曹期間中、新治裁判所時代こそ、三島が、実務法曹として、民事・刑事に係わる裁判に八面六臂の活躍をなした時期であり、それゆえ現実の事案の処理にあたる裁判官としての三島の、姿勢と見識がいかなるものであったかをうかがい得る、もっとも好適な期間であると思料される。

今日、法務省法務図書館が所蔵する史料に、「各裁判所伺留」と名づけられた八冊からなる和綴じの簿冊が存在する。該史料は、沼正也博士の詳細な考証により「明法寮申律課記録」と位置づけられ、(9)司法省に直属する明法寮(明治四年九月二七日設置同八年五月四日廃止)(10)主導でおこなわれた刑事裁判制度、いわゆる「伺・指令裁判体制」(11)下において、各府県裁判所に派遣された裁判官と明法寮との間に往来した、主として、法条の解釈適用に係わる「伺」とそれに対する「指令」を綴じ込む。法務図書館に別蔵される「府県伺留」(12)と併せ、伺・指令裁判体制の実態を明らかにし、かつ当時の法運用の実際を知るために不可欠の貴重史料である。そして本史料中には、新治裁判所在勤の三島によって提起された伺もまた、かなりの数が確認される。まさにそれらは、伺・指令裁判体制のもとで刑事裁判に従事し、事案の処理におわれていたであろう三島の、裁判官としての生の声を今に伝える資料の一つに他ならない。(13)そこで本稿では、まず、「各裁判所伺留」に収められた、三島の名をもって発せられた伺と司法省指令のすべてを摘示し、個々の伺・指令の発せられた時期や疑義の内容等を明らかにしてみたいと思う。さらに三島の発する伺内容の検討・分析にもとづき、「刑事」に限定されるが、府県裁判所裁判官としての三島が裁判に取り組む姿勢の一端に言及してみたいと思う。(14)

(1) 近時の「三島毅」をめぐる著作・論文については、村上一博氏の「明治初期の裁判基準――二松学舎の創立者　三島中洲の『手控』を手掛かりに――」(『日本文理大学商経学会誌』第一一巻第一号・九五頁以下　平成四年三月)の一〇〇頁註(16)より(19)までに詳細に示されている。もちろん、上掲村上論文や同氏による「府県裁判所草創期の聴訟・断獄手続――新治裁判所『四課略則』(二松学舎大学中洲文庫所蔵)――」(『法律論叢』第六六巻第三号・一三七頁以下　平成五年一二月)、「明治初期における一裁判官の法意識――三島中洲の『民事法律聞見随録』と質地論――」(『明治大学社会科学研究所紀要』第三二巻第二号・一頁以下　平成六年一月)もまた、その対象として包含されることは言うまでもない。他に三島に言及するものとして、福島正夫「司法職務定制の制定とその意義――江藤新平とブスケの功業――」(『法学新報』第八三巻第七、八、九、一〇、一一、一二号・二五頁以下　昭和五二年三月)、創立50周年記念誌編集委員会『中國銀行五十年史』(昭和五八年四月)・二三頁以下を挙げることができよう。

(2) 福島正夫著、吉井蒼生夫編『福島正夫著作集　第一巻』(平成五年一二月)所収「Ⅲ　人と思想」・三六一頁以下。

(3) 前掲福島著、吉井編・「Ⅲ　人と思想」三六五頁以下。

(4) 近年発表された、江藤新平を中心とする明治初期の司法制度改革については、菊山正明氏による『明治国家の形成と司法制度』(平成五年二月)がある。同書は、「第二章　江藤新平の司法改革構想と司法省の創設」および「第三章　江藤新平の司法改革」にわたり、その内容を詳説する。また右第三章・一四六頁註(1)には、司法制度改革に言及する先行研究が示されている。

(5) 「司法職務定制」全編の内容については、内閣記録局編『法規分類大全　官職門　官制　司法省一』(昭和五三年一〇月二〇日覆刻）・一〇六頁以下を参照。

（6）府県裁判所に関しては、藤田弘道「府県裁判所の一齣——足柄裁判所の場合——」（『法学研究』第四六巻第五号・四〇頁以下　昭和四八年五月）、前掲菊山・「第三章　江藤新平の司法改革」・一六八頁以下をはじめ、近年多くの論文が発表されている。先行研究の詳細については、本書所収第五章「二つの埼玉裁判所伺をめぐって」・一一五頁註（22）を参照。

ちなみに、府県裁判所設置が意味するところについては、本註前掲藤田論文・四一頁に、簡にして要を得た論述がなされているので、本稿にも引用し参考に供しておきたい。

（前略）地方官が限定された形であつたが裁判権を有していたのである。言葉を換えていえば、行政権と司法権との混淆がそこに存したわけである。

したがつて、府県裁判所が設置せられるということは、府県が従来取り扱つてきた聴訟断獄事務が裁判所に接収されてしまうことを意味した。

（中略）府県裁判所の狙いは、司法権を行政権から分離させ、司法権独立の基礎を確立することにあつたといえよう。このように、府県裁判所は、わが国司法制度史上重要な役割を担えるものであつたが、その設置は、財政的にいつても人的にいつても、なかなか容易でなかつた。

なお、「三府一三県」とは、東京（明治四年一二月）・京都（明治五年一〇月）・大坂（同）の各府に加え、本文にいう一一府県裁判所および兵庫（明治五年九月）・山梨（同）の両県に設けられた同裁判所を指す。以後設置は、明治七年初頭までない。

（7）新治県や新治裁判所については、前掲村上・「府県裁判所草創期の聴訟・断獄手続——新治裁判所『四課略則』（二松学舎大学中洲文庫所蔵）——」・一三八頁および一三九頁註（4）より一四〇頁註（8）を参照。

（8）三島の司法省奉職前後の経緯や事情は、前掲・福島著、吉井編「Ⅲ　人と思想」・三六一頁以下を通じ知ることができる。福島氏によれば、三島入省の推薦者が、「権大判事玉乃世履」と「明法助鶴田皓」の両名であったとするが、玉乃といい鶴田といい、いずれも江藤新平のもと司法制度改革の第一線で活躍していた人々であり、彼らの知己を得ての入省は、三島が、当初よりその経歴を認められ、然るべき地歩を占めて司法省の一員に迎えられたことを推測させる。

（9）沼博士による「各裁判所伺留」をめぐる考証は、その著『財産法の原理と家族法の原理〔新版〕』（昭和五五年一〇月）所収「家族関係法における近代的思惟の確立過程（その二）」・三四一頁以下、同書所収「明法寮についての再論」・七三〇、七三五頁に示されている。また「明法寮申律課」の何たるかについても、沼博士は、上掲前者論文・二八六、三〇三、三三七頁、前掲書所収「司法省指令の形成をめぐる明法寮の役割」・六八九、六九〇頁、上掲後者論文・七三四頁以下に、詳細かつ膨大な考察を展開する。

（10）明法寮については、前掲沼・「司法省指令の形成をめぐる明法寮の役割」・六六二頁以下および前掲沼・「明法寮についての再論」・六九七頁以下に、開設から廃止までの経緯・地位の変遷・組織内容・具体的活動内容等に関する精緻な考察が披瀝されている。また藤田弘道「改定律例編纂者考」（『法学研究』第四八巻第二号・五七頁以下　昭和五〇年二月）・六二頁は、開設当初の明法寮メンバーを紹介する。

（11）筆者が、「伺・指令裁判体制」をどのように捉えるかについては、前掲沼・「司法省指令の形成をめぐる明法寮の役割」・六八五頁以下の考察を基礎として、前掲霞・「二つの埼玉裁判所をめぐって」・九九頁註（1）および本書所収第六章「『司法省日誌』登載指令の援引をめぐる一考察」・一一九頁以下「一、はじめに」に総括し言及する。

（12）「各裁判所伺留」とともに「伺留」系の伺・指令集である「府県伺留」について、沼博士は、前掲・「家族関係法における近代的思惟の確立過程（その二）」・三四一頁以下および前掲・「明法寮についての再論」・七三〇、七三五頁において考証し、「明法寮申律課」記録と位置づける。

（13）新治裁判所における「刑事裁判官・三島」の足跡を知ることができる原史料としては、「各裁判所伺留」に加え、さらに「諸県口書」がある。こうした「口書」系の伺・指令集が、いかなる史料的意味をもつかについて筆者は、霞信彦『明治初期刑事法の基礎的研究』（平成二年一〇月）所収「『鶏姦規定』考」・九七頁註（10）、同書所収「自首条の適用をめぐる若干の考察」・六七頁註（8）、本書所収第一章「『司法省日誌』考――第一期刊行分を素材として――」・七頁より九頁および一六頁註（10）より一八頁註（16）において、考証を進めてきた。本稿では、右に掲げる筆者の考証から、伺の主旨や司法省での指令担当部署が異なると推断される伺・指令を綴じ込む両史料を、同時に取り上げることは避け、まず「各裁判所伺留」に焦点を合わせ、その分析・検討から浮かび上がる三島の像に接近してみたいと思う。ちなみに、「諸県口書」には、筆者管見のおよぶ限りで、明治六年分五六件・明治七年分三三件・明治八年分一七件総数一〇六件の新治裁判所伺が綴じ込まれている。

(14) 新治裁判所における三島の活動にふれた近時の研究としては、前掲福島著、吉井編・「Ⅲ　人と思想」に加え、前掲村上・「明治初期の裁判基準――二松学舎の創立者　三島中洲の『手控』を手掛かりに――」、同「府県裁判所草創期の聴訟・断獄手続――新治裁判所『四課略則』（二松学舎大学中洲文庫所蔵）――」、同「明治初期における一裁判官の法意識――三島中洲の『民事法律聞見隨録』と質地論――」を挙げることができる。これらのなかで、三つの村上論文は、二松学舎大学図書館が所蔵する三島関連史料の解題や覆刻を通じ、新治裁判所時代の三島の足跡を辿るものである。これまで必ずしも明らかにされることのなかった新治裁判所時代の三島を知り、かつ当時の裁判制度を解明する上で重要な論文といえよう。そこで本稿では、こうした先学の業績に依拠しつつ、一方叙上の論文で用いられたものとは異なる史料を提示し、それらの検討・分析にもとづく考察により、三島研究への新しい途を開くことができればと考えている。

二、本　論

(1)　伺・指令一覧

本(1)に掲げる「表」は、「各裁判所伺留」より「新治裁判所在勤・司法権少判事三島毅」の名前をもって提起された伺・指令を抽出し、同史料に綴られた順に「整理番号」（以後、各伺・各指令を、整理番号にもとづき、たとえば①伺・①指令という呼称で特定する）を付し作成したものである。その数は総数三六件である。該「表」には、上覧より順に、

「各裁判所伺留」原本の巻および綴じ込まれた伺・指令に付された番号を示す「登載巻号[1]」・「各裁判所伺留」目次に記された各伺の内容の要約を転記する「伺表題[2]」・各伺に内包された実際の疑義の数を示す「包含疑義数[3]」・新治裁判所より伺が提起された時期を示す「伺出年月日」・司法省に到達した伺が明法寮に回付された時期を示す「回付年月日」・明法寮よりの指令が下付された時期を示す「指令年月日」・明法寮における指令作成作業に関与した人物を特定する「指令起案者」および「発令事務処理係[4]」の各項を設け、原史料に従い判明する限りそれぞれの該当事項を記入した。ところで、「各裁判所伺留」に綴じ込まれた膨大な数にのぼる伺中、新治裁判所より提起された伺は、明治六年三月一七日付「刑律之儀ニ付伺書」と題され全八条にわたるものを最初とするが、提起者は、三島ではなく、「七等出仕　河口定義」である。さらに、翌四月二〇日にも、新治裁判所から「刑律之儀ニ付伺書」が呈されているが、これまた提起者は、「新治裁判所在勤司法権大解部　牧野重正」である[5]。結果、三島の名前を冠しての伺は、該「表」にみられる通り、明治六年五月二九日付のものまで待たなければならない。このことは、村上一博氏が、「明治初期の裁判基準――二松学舎の創立者　三島中洲の『手控』を手掛かりに――」において、三島の経歴を述べるなかで、「明治六年三月末には司法権少判事に任じられ、五月五日新治裁判所長となる[6]」とする指摘とも一致し、彼の刑事裁判における活動が、着任後旬日を経ずして開始されていたとの推考を可能にする。一方、三島による新治裁判所での伺は、㉞から㊱に至る、ともに明治八年四月四日付の三件をもって終わる。これまた前掲村上論文にいう「二年後、明治八年四月二日再び東京裁判所に[7]」との記述にあるように、三島の新治裁判所離任の時期とほぼ一致し、その時をもって名実ともに府県裁判所裁判官としての活動が終了したと思料される。

整理番号	登載巻号	伺表題	包含疑義数	伺出年月日	指令年月日（回付年月日）	指令起案者（発令事務処理係）
①	（三）一五四	官林七分通払下ヲ掛官吏某山トノミ達シ故ニ買主一同ト心得伐採シタルハ官吏ハ出納有違律ニ科シ買主ハ無罪トシ贓ハ何レヨリ追徴ス可キカノ件	一	明治六年五月二九日	明治六年六月九日（明治六年六月五日）	水本・小原（大園・松岡）
②	（三）一七〇	婚ヲ成シテ届出ス送籍モ済サル婦ノ犯姦ハ有夫ヲ以テ論ス可キカノ件	一	明治六年六月九日	明治六年六月一九日（明治六年六月一三日）	水本・小原（大園・谷）
③	（三）一七九	盗賊ヲ捕獲シ財物ヲ追取シ縦テ脱走セシムルノミナラス謝金若干ヲ受ル者其金ハ贓ニ計ヘ窃盗ニ準シ論ス可キカ又ハ恐喝取財ニ擬シ一等ヲ加ヘ処断ス可キカノ件	一	明治六年六月四日	明治六年六月二五日（明治六年六月七日）	水本・小原（村岡・尾崎）
④	（三）一八一	旧藩々ニ於テ暇ヲ出シタル士族卒縁続ヲ以華士族等ノ家ヘ厄介又ハ附籍ト唱ヘ同居スル者公私犯罪ノ節戸主ノ族ニ准シ処断ス可キカ又ハ庶人同様心得可キヤノ件	一	明治六年六月二〇日	明治六年六月二五日（明治六年六月二三日）	水本・小原（大園・谷）
⑤	（三）一九五	山林内ノ竹木ヲ盗ム者ハ官私ヲ不分贓ニ計ヘ窃盗ニ準シ論ス可キヤノ件	一	明治六年七月一五日	明治六年七月一八日（明治六年七月一七日）	小原・水本（谷）
⑥	（四）二一八	商用等ニテ無届ニテ他管ヘ出ル者五日又ハ十日ヲ経テ立帰ル者モ違令軽ヲ以テ論ス可キヤノ件	一	明治六年八月七日	明治六年八月一七日（明治六年八月九日）	水本（渋谷）
⑦	（四）二九二	貧窮ノ故ヲ以家出シ他村ニ在リ其親属ヨリ管庁ヘ届置追テ帰村スル者県庁ニ於テ処分シ可然ヤ外二ケ条懲役申渡并私娼衒売処断方ノ件	三	明治六年一〇月四日	明治六年一一月二〇日（明治六年一〇月七日）	水本・小原（大園・谷）
⑧	（五）三〇六	逃亡律例各府県ヘノ指令ヲ参考シ別紙各条朱墳ノ通ニテ可然ヤ又私擅ニ他管ニ出ル者ト脱籍逃亡ト犯情ノ軽重懸隔有ルニ同ク二年以内自首スル者処分ノ権衡疑義ノ件	一	明治六年一〇月二八日	明治六年一一月二九日（明治六年一〇月二〇日）	小原（大園・廣瀬）

⑨	（五）三〇八	司法省日誌中各府県ヨリ条款ヲ立テ伺出ノ分ハ文面節録ニ無之ニ付右等指令ハ引用シ可然ヤノ件	一	明治六年一〇月二四日	明治六年一一月二九日 （明治六年一〇月二七日）	小原 （大園・郡司）
⑩	（五）三五五	擅ニ他管ニ出ル者ハ云々浜田県ヘノ指令ニ依レハ他村ニ出ルト雖モ他管ニ出ルニ非サレハ年月日数ノ多寡ヲ問ハス罪ヲ論セスシテ可然ヤノ件	一	明治六年一二月　四　日	明治六年一二月二四日 （明治六年一二月　七　日）	小原 （谷）
⑪	（五）三七二	闘殴シ発覚在官吟味中及ヒ捕ニ就クノ際殴傷被殴傷双方和議申立ル時外三ケ条姦事私和処分方ノ件	三	明治六年一〇月二四日	明治六年一二月二八日 （明治六年一〇月二七日）	小原・水本 （郡司・判読不明）
⑫	（六）二六	賍物条例凡正賍転輾云々本主郵逓ノ経費ヲ厭ハ、物品ヲ販売シ金員ヲ送附スル逓送料ハ本犯或ハ本主ニ償シ可然ヤ送付ノ金員逓送料ニモ不足スル少額ナル節取扱方ノ件	一	明治七年　一　月二二日	明治七年　一　月二八日 （明治七年　一　月二四日）	水本 （大園・谷）
⑬	（六）四〇	姓名ヲ隠匿シ文書ヲ官吏ノ門檣内ニ投シ或ハ郵便函ヘ投入シ人ノ罪ヲ訐告スル者捉獲セハ何ノ律ヲ以テ処分スルヤノ件	一	明治七年　二　月　三　日	明治七年　二　月　九　日 （明治七年　二　月　五　日）	鶴田 （大園・谷）
⑭	（六）四二	養父和同シテ養女ヲ娼妓ト為シ寄留スル貸坐敷ヨリ金員ヲ借ル其実女ヲ売ル者ニ付養父ハ略売人条ニ照シ一等ヲ減シ懲役四十日情ヲ知テ買フ者ハ又一等牙保スル者ハ又一等ヲ減シ処断ス可キヤノ件	一	明治七年　一　月二八日	明治七年　二　月　三　日 （明治七年　一　月三一日）	水本 （大園・尾崎）
⑮	（六）七〇	婦人姦罪ヲ犯シ産後不日ニ発覚セハ親属ヘ責付シ百日ヲ待テ禁獄推問ス可キカ百日以内ニ捕フ者ノ律及ヒ違フテ禁獄シ或ハ囚婦死ニ至ルノ律擬断方外賭博及ヒ姦罪処断ノ件	四	明治六年一〇月三一日	明治七年　二　月二七日 再再明治七年　四　月一九日 （明治六年一一月　二　日）	水本 （大園・谷）
⑯	（六）七一	妻妾人ト姦通シ本夫私和スル不問ニ置クハ皆其罪ヲ不問カ又ハ本夫ハ私和ノ罪ヲ不問姦夫姦婦ハ本罪ヲ科スルヤノ件	一	明治七年　一　月　六　日	明治七年　二　月二七日 再再明治七年　四　月一九日 再再再明治七年五月二四日 （明治七年　一　月　九　日）	水本 （大園・谷）

⑰	（六）七四	瘋癲人父ヲ傷シ鎖錮セシ者全癒届出医案確実ナルハ差免ス可キヤノ件	一	明治七年四月九日	明治七年四月二四日（明治七年四月一二日）	水本（大園・谷）
⑱	（六）七五	再従弟再従兄ト互ニ相殴ツトキハ懲役百日従兄ハ折傷ニ非サレハ論セスシテ可然ヤノ件	一	明治七年四月九日	明治七年四月二四日（明治七年四月一二日）	水本（大園・谷）
⑲	（六）八三	捕吏ハ糺弾官ニ属スル者ニ付贓罪ヲ犯セハ二等ヲ加フ可ク若シ事犯頒例以前ニ在ラハ律例第百条ニ依リ余ノ官吏ノ罪ヲ以テ科シ加等セサルヤノ件	一	明治七年四月四日	明治七年五月五日（明治七年四月八日）	鶴田・水本（大園・石幡）
⑳	（七）一〇四	親族相姦スルモ概シテ論セサルヤノ件	一	明治七年五月二九日	（記載なし）（明治七年五月三一日）	水本（大園・郡司）
㉑	（七）一四八	一円札ヲ窃取シ行使セザル内発覚ス其札ヲ検査スルニ贋造ナルハ未得財ヲ以テ論ス可キヤ事主盗犯共真貨ト心得シ者ナレハ一円以上ノ贓ヲ以テ罪ヲ科ス可キヤノ件	一	明治七年九月二三日	明治七年一〇月二日（明治七年九月二四日）	楠田（谷）
㉒	（七）一六一	律例第三百十一条凡官司人ヲ差シ云々各罪人ノ罪ニ一等ヲ減スルヲ改メ減二等ニ従フト有リ然ルニ罪人逃逸シ犯ス所衆證ノ以テ罪ヲ定メ難キ者処分方ノ件	一	明治七年九月二七日	明治七年一〇月五日（明治七年九月三〇日）	楠田（大園・廣瀬）
㉓	（七）一六六	旧条例ニ凡窃盗財ヲ得ス及ヒ赦ニ遇テ罪減免ヲ経ル者ハ並ニ犯数ニ加ヘスト有リ右ハ引用スルモ不苦ヤノ件	一	明治七年一〇月七日	明治七年一〇月一二日（明治七年一〇月九日）	水本（濱口・大園・谷）
㉔	（七）一八三	福岡県伺指令ニ媾会トハ和姦ノコトナレバ犯姦律ニ依テ処ス可シトアリ右ハ改正律例ノ凡姦ヲ以テ論スル儀ナルヤノ件	一	明治七年一〇月一八日	明治七年一〇月三一日（明治七年一〇月二〇日）	水本（濱口・廣瀬）
㉕	（八）一九五	禁獄ハ通常ノ獄舎ニ禁スルヤ別途築造ニ相成ル可キヤ外二ケ条禁獄ニ係ル処分方ノ件	三	明治七年七月一三日	明治七年一一月八日（明治七年七月一五日）	水本（判読不明）

㉖	（八）二〇二	戸長人民ヨリ取立ル貢金ヲ預リ置期月ニ完納セサル者私借有ルヲ察シ引立審究スルモ費用ノ実跡不分明ナル者処分方ノ件	一	明治七年一一月（日未記入）	明治七年一二月一五日（明治七年一一月二三日）	鶴田（判読不明）
㉗	（八）二三二	罵詈律中嫡継母ヲ罵ル者正文無之モ親生ノ母ヲ罵ル者ト同ク論ス可キヤノ件	一	明治七年一二月一二日	明治七年一二月二五日（明治七年一二月一四日）	水本
㉘	（八）二三〇	無願ニテ地曳網漁業ヲ為シタル者違式ノ軽ニ問ヒ贖罪シ網ハ官没ス可キカノ件	一	明治七年一二月一二日	（不詳）（明治七年一二月一四日）	鶴田
㉙	（八）二三一	人ト闘殴シ因テ財物ヲ窃取又ハ奪去セシ者処断方ノ件	一	明治七年一一月一七日	（不詳）（明治七年一一月一九日）	鶴田（判読不明）
㉚	（八）三	士族ノ厄介逃亡二年以外自首スレハ平民逃亡ノ本律懲役八十日ノ贖罪ス可キニ山口県ヘノ指令ト齟齬スルニ依リ疑義ノ件	一	明治七年一〇月三一日	明治八年一月一五日（明治七年一一月一一日）	水本（判読不明）
㉛	（八）一三	有妻ノ夫更ニ妻ヲ娶ル者ハ律ニ正条無キモ不応為重ニ問擬ス可キヤノ件	一	明治八年一月二〇日	明治八年一月二五日（明治八年一月二三日）	水本（谷・判読不明）
㉜	（八）一一	官林及ヒ社寺境内等ノ樹木ヲ擅伐シテ己レニ入ル、者ハ盗伐ニ依リ論ス可キカノ件	一	明治七年一〇月三一日	（不詳）（明治七年一一月一日）	水本
㉝	（八）三五	賭博犯糾問ノ際前日ノ党類ヲ吐露スルモ追補問罪ニ及ハサル乎然ラハ人ノ陳告セントスルヲ知テ自首スルハ不問ニ置ク可キカノ件	一	明治八年三月一九日	明治八年三月二七日（明治八年三月二三日）	水本（大園・谷・判読不明）
㉞	（八）四四	下総国香取郡某弟懲役五年囚某処刑後獄則ヲ守リ別紙ノ如ク廉々奇特ノ者ニ付特典放免ス可キカノ件	一	明治八年四月二日	明治八年四月二四日（明治八年四月四日）	小原（判読不明）
㉟	（八）五五	妻其夫ヲ背棄逃走シ無夫ト詐リ他人ノ妻トナル者外一ケ条姦夫姦婦逃亡シ夫妻ト為ル者処分方ノ件	二	明治八年四月二日	明治八年五月三日（明治八年四月四日）	水本（廣瀬・尾崎）

㊱	（八） 五八	律例第二百三十七条平民本属ノ戸長ヲ罵ル者ハ凡罵詈ニ一等ヲ加フト右ハ本属ニ非ルモ同様処分ス可キカ外一ケ条思養ヲ受ル継母ヲ姦スル云云其殴罵スル右権衡ニ依ルヤノ件	二	明治八年 四 月 二 日	明治八年 五 月一九日 （明治八年 四 月 四 日）	鶴田 （濱口）

(2) 考察

本(2)では、「はじめに」に述べたように、前(1)「表」中に掲げる三島の手になる伺内容を分析・検討し、いささかの考察を試みてみたいと思う。

(i) これまで筆者は、明治初期の刑事裁判制度、いわゆる「伺・指令裁判体制」の構造解明に言及するなかで、「問刑条例をめぐる若干の考察――法務図書館所蔵『問刑条例』および『各裁判所伺留』を素材として――」[8]・「脱籍逃亡自首者の処分をめぐって」[9]・「二つの埼玉裁判所伺をめぐって」といった論考を通じ、明治五年八月以降新設の各府県裁判所に派遣された司法省直属の裁判官達が、律系刑法典に特有の複雑な改正・追加のもとで運用される「新律綱領」（明治三年一二月二七日頒布）諸法条[10]の解釈適用に苦慮し[11]、刑事裁判の適正な執行と「誤判」による責任追及回避のために[12]、常に細心の注意をもって、擬すべき「現行法」の把握に腐心していた実状について考察を進めてきた。と同時に、如上の裁判官達が、そうした実状に対処すべく、本省からの赴任に際し、少なくともその時点での最新の「現行法」が何であるかを知るための「判断上の資料」[13]を帯同していったであろうこと、その「判断上の資料」にあたるものとして、すでに藤田弘道氏が、「足柄裁判所旧蔵『新律条例』考――改定律例の草案と覚しき文書について――」[14]において取りあげかつ考証する「新律条例」に加え、「各裁判所伺留」に綴じ込まれた伺文中に散見される「問刑条例」[15]なる名称の文書が考えられること、等を指摘した。

ところで、前(1)「表」中に掲げる三六件の伺中、特に新律綱領施行下に発せられたと思料される①より④までのものには、右にいう「新律条例」や「問刑条例」を引用しての伺文は一つとして見いだすことができない。もちろん単にこれをもって、三島が、多くの同僚裁判官が所持したであろう「新律条例」や「問刑条例」という「判断上の資料」を、有していなかったとの断定はなし得ない。三島が、他の新設府県裁判所裁判官同様、司法省直属の裁判官の一人として、複雑な改正・追加がなされる新律綱領施行下で、「現行法」の認識に最大の注意を傾け誤りなき法運用に努めたであろうことは疑うべくもなく、それがために必須の、何らかの「判断上の資料」を座右に置かずにいたとは考え難いからである。従って「表」中の伺にみられる先の現象も、伺提起に際したまたま如上の資料を引用する機会がなかったための結果とも推測されるのである。しかし、敢えて筆者は、三島をめぐる「判断上の資料」について、「表」の示す事実を念頭に置きつつ、三島の新治裁判所への赴任「時期」に注目し、以下に述べる見解を呈しておきたいと思う。

すなわち、先学が指摘するように、三島の赴任は、もっとも早い時期に設置された府県裁判所群の新任裁判官としては後発ともいうべき、明治六年の五月初頭であった[16]。一方この時期、明治六年一月に刊行を開始し各府県・各府県裁判所に配布されていた「司法省日誌」（以後「日誌」とも略称する）[17]なる定期刊行物が存在する。日誌は、文字どおり司法省の編集により、「明治六年第一号」を創刊号とし、初期における二度の中断を含むものの、明治九年五月の「明治九年第六六号」を最終号とする三年五カ月にわたり発刊される[18]。三島の赴任する五月は、第一回目の中断期ではあったが、それでもすでに、明治六年一月および二月に刊行された三九号分が既刊として蓄積されていた。そして、おおむね定型化した日誌記事のなかで、具体的事案の処理や法条の解釈適用についての本省側の最新の意向を、誌面を通じ比較的リアルタイムで知ることができる、各府県・各府県裁判所からの伺に対する「司法省指令」（以後「日誌登載指令」とも略称する）は、まさに、先にいう実状を抱えた府県裁判所裁判官に、大きな光明をもたらすものとなっていたであろう。[19] 従って、日誌刊行以前に赴任しなければならなかった他の裁判官とは異なり、[20] こうした時期に赴任命令を受けた三島については、既刊の日誌、さらには今後あらためて継続刊行が予測される日誌の存在意義を十分明確に認識していたはずであり、日誌登載の伺・指令に最大の注意をはらうことで、ときどきの本省側の意向を正確に捉え、かつ足らざるは、自らの「伺」により確認することをもって、誤りなく新律綱領施行下の諸法条の適用をなし得ると判断し、もはや時期的に実効性の乏しくなった「新律条例」や「問刑条例」といった類の「判断上の資料」を帯同せず任地への赴任を敢行したと推測することが可能であろう。つまり、三島にとっての「判断上の資料」は、当初より日誌のみであり、赴任に際し彼の手元に、別異の資料が用意されることはなかったのではないだろうか。[21]

(ii) 次に、「表」中に挙げられた伺の内容を概観するとき、まず目につくのは、総数三六件の伺のなかで一〇件（⑥・⑦・⑨・⑩・⑱・㉔・㉘・㉚・㉜・㊱の各伺）の伺文中に、「日誌」なる文言が用いられている点である。ここにいう「日誌」が、先に紹介する「司法省日誌」であることは言を俟たない。そして、該一〇件の伺の多くは、日誌に登載された、各府県あるいは各府県裁判所からの伺とそれに対する司法省指令を示しつつ、とくに指令内容に係わる疑義を質すかたちで書かれている。以下に掲げる明治六年八月七日に提起の⑥伺が、その典型的な文章形式である。

擅ニ他管ニ出ル者五十日以外ニ及ヒ始テ違令重ニ問ヒ二年以外ニ及ヒ本籍ヲ脱シテ逃亡スル者ヲ以テ論シ候儀ト相心居候処本年第三号日誌中神奈川裁判所伺第二条擅ニ他管ニ出ル者五十日以内ハ従前ノ通違令軽ニテ宜ク候哉ト有之ニ伺之通ト御差図有之ニ付熟考致スニ五十日以内ト云ハ自五十日至一日言ヲ待タス然ラハ商用等ニ付無届ニテ他管へ罷越五日又ハ十

日ヲ経テ立帰ル者モ一体ニ違令軽ヲ以テ論シ可然哉右ニ付現今差支之件々不尠候ニ付至急御差図被下度此段奉伺候

さらに、先にいう一〇件の伺以外にも、

逃亡律例ノ儀ニ付テハ往々疑惑仕候ニ付別冊各府県ヘノ御指令ヲ参考仕別紙各条朱塡ノ通ニテ可然哉然ルニ官庁ニ陳告セスシテ私擅ニ他管ニ出テ二年以外復帰セサル者脱籍逃亡ニ看做ストキハ自首モ右ニ準シ二年以内ハ准スヘキ権衡ニ相見ヘ且脱籍逃亡ト私擅他管ニ出ツル者ト犯情ノ軽重素ヨリ懸隔ス然ルヲ情重キ者ニ准スニ二年以内ヲ以テシ情軽キ者ニ准スニ五十日以内ヲ以スルノ権衡疑惑仕候間此段モ取束奉伺候也

とする明治六年一〇月二八日付の⑧伺は、伺本文中に「日誌」という文言こそ見あたらないものの、「別冊」と名付ける紙面に、日誌より抜粋したと推測される[22]各府県・各府県裁判所伺および司法省指令を列記し、逃亡条をめぐる擬律科刑についての疑義を呈する。さらに⑪伺もまた同種である。すなわち、「表」に挙げた三六件の伺中、実に三分の一にあたる伺が、日誌の存在を前提に起筆されていることとなる。そこで、叙上の事実に注目し、三島が、「司法省日誌」、より具体的には、日誌に登載された各府県や各府県裁判所からの伺および司法省指令を、赴任後自らが抱えた刑事事案の実決にあたり、いかなる存在として認識していたかを考えてみたい。

さて、新治裁判所への赴任に際し、新律綱領本体を別とすれば、「司法省日誌」こそ三島にとって唯一の「判断上の資料」であったとする先の筆者の見解に依拠するとき、着任後三島が、刑事事案の実決にあたり、日誌登載指令に強い関心をもち、常にその内容を重視する「姿勢」を維持し続けたであろうと推考することは、いわば当然の論理的帰結といえる。そして実際、該一二件の伺を一覧するとき、三島が現実に如上の「姿勢」を採っていたことは、多くの伺が示唆するところである。たとえば先にいうように、⑧伺で三島は、自らが提起する伺の参考に供するために、「別冊」を付しそこに、合計一〇件の各府県・各府県裁判所からの伺と司法省指令を書き記す。そしてそれらについては、左に示す通り、転載元となった日誌記事を特定することができる。

山梨裁判所伺（壬申一一月）→日誌六年三号（一月八日）
京都裁判所伺（壬申一一月二三日）→日誌六年五号（一月一〇日）
浜田県伺（明治六年一月一二日）→日誌六年二八号（一月二八日）
山梨裁判所伺（壬申一一月）→日誌六年三六号（二月八日）
三潴県伺（明治六年六月二日）→日誌六年（後）一三号（七月一四日）
新潟県伺（明治六年六月二七日）→日誌六年（後）一五号（七月二五日）
山梨裁判所伺（明治六年七月一九日）→日誌六年（後）一六号（七月二七日）
三潴県伺（明治六年七月一〇日）→日誌六年（後）二七号（八月八日）
大坂裁判所伺（明治六年七月一八日）→日誌六年（後）二八号（八月一〇日）
京都裁判所伺（明治六年七月四日）→日誌六年（後）二八号（八月一〇日）

つまり、「別冊」に書き連ねられた伺・指令は、いずれも例外なく日誌に登載された伺・指令であったことが確認されるのである。[23] 如上第一期・第二期の刊行に跨る日誌記事の、一〇件にもおよぶ転載の様相は、三島が、いかに綿密に創刊以来の日誌を繰り、多数の伺・指令への油断ない目配りを心がけていたかを証明するものであろう。そこには、常日頃から懇切に個々の日誌登載指令にあたり、その結果生じた疑義について、すみやかに正誤を質し実務執行のよりどころとしようとしていた姿勢が、明白に看取される。[24] こうした日誌登載指令に対峙する三島の姿勢は、そのまま彼の日誌に対する認識を投影したものと考えることが可能であろう。上述の考察をふまえ、明治六年一〇月二四日の⑨伺にふれるとき、同伺が、三島の、日誌登載指令への認識をきわめて端的に表明したものとして注目される。

司法省日誌ハ各府県伺之指令ヲ全載シ之レアレ共其伺面ニ至テハ節録有之ニ付一概之ニ拠テ難比擬律ニ正条無之者ハ日誌上的例有之共伺ヲ経サレハ援引不相成旨本年八月四日御布達之通ニ候所日誌中各府県ヨリ条款ヲ立テ伺出テ候分ハ文面節録ニ無之ニ付右等御指令七月十日以後ニ係ルハ引用仕可然哉此段奉伺候也

伺は、先に挙げる一二件の伺の多くに共通する、法条の解釈・適用を尋ねるという内容とは異なり、伺・指令裁判体制下における日誌登載指令そのものの扱い、すなわち日誌登載指令を、直ちに自己の抱える刑事事案に援引することが許されるのか否かを問う。ここで三島は、⑨伺を通じ、日誌登載指令について（若干条件は付すものの）、「司法省への再伺という二重の確認作業を経ることなく、そのまま自己の抱える類似の事案の処断や法条の解釈に引用することが可能である」とする自己の「認識」への承認を求めたのであり、さらにそれは、同指令を、「律系現行刑法典を補完するための「法源的効力」を有する存在と位置づけたい」とする彼の希望的「認識」にもとづいてなされた意向表明と推考される。[25] こうした意向表明は、先にふれた三島の姿勢とも相俟って、三島にとって、定期的に配布される日誌が、決して単なる日報的な回覧文書にとどまらず、司法本省と府県裁判所をつなぐ命綱の内のもっとも重要な一本であると認識されていたことを証明するものでもあろう。

(iii) ところで、二松学舎大学附属図書館「中洲文庫」が所蔵する文書に、和綴じ墨書の三冊本「刑法指令随録」(それぞれ「第一号」・「第二号」・「第三号」と命名、以後「随録」とも略称する)なる史料がある。[26] 該史料については、未だ解題がなされておらず、その詳細について論ずるには、今後の作業をまたなければならないが、「明治七年二月」付をもって「新治裁判所断獄課」の名のもと、同史料「第一号」冒頭に掲げられた「凡例」により、随録編綴の主旨や内容のおおよそをうかがうことができる。「凡例」はいう。

一 凡罪ヲ断スルハ各律条例ニ開載スルノ外難獄疑讞情状百端随テ出随テ議セサルヲ得ス故ニ本省別ニ明法寮ノ設アリ地方官輙ク議スルコトヲ許サス然トモ各府県等ノ刑律伺指令司法省日誌ニ在ルモノ律文全載スルハ援引比擬スルコトヲ聴スノ布達ニ依リ此冊子ヲ編ミ題シテ刑法指令随録トス後ノ該衙門ニ在テ法ヲ執ルモノ随録怠ルコト勿レ
一 律条ニ随テ各門ニ分ツ諸図ヨリ断獄律ニ至ル別ニ諸罰則ノ条ヲ付ス
一 司法省日誌ハ明治六年七月十日改律以還ヨリ録ヲ起ス其事止タ要ヲ掲ケ早覧ニ便ス故ニ律ヲ擬シ刑ヲ断スルニ臨ンテハ日誌ニ就キ其全文ヲ看ンコトヲ要ス
一 当裁判所ヨリ本省ヘ申請スルモノハ律文全載ニ不限罪案疑義ノ指令ト雖トモ後ノ比援ト為ス可キニ付各条中ニ録シ其別ヲ硃書ス

随録には、上掲「凡例」が示すように、「第一号」より「第三号」に分かれた各冊に、おのおの、名例律以下断獄律に至る各律に関連する日誌登載の伺・指令および新治裁判所自体の伺・指令が順次抄録もしくは全載の方式で配列され、加えてその他の諸罰則についても日誌登載の伺・指令が記されている。対象となっている日誌は、第二期刊行分にあたる明治六年七月以降のものであり、さらに第三期刊行分の明治七年一月以降にも及ぶ。随録が、先の⑨伺提起の後、司法省が、日誌登載指令の条件付援引を認めた明治七年司法省第一号達を伝達したことを機に作成され始めたことは、「凡例」にいう「各府県等ノ刑律伺指令司法省日誌ニ在ルモノ律文全載スルハ援引比擬スルコトヲ聴スノ布達ニ依リ此冊子ヲ編ミ題シテ刑法指令随録トス」から明らかである。(27) 随録作成の意気込みとその編綴を継続させなければとの意思は、「後ノ該衙門ニ在テ法ヲ執ルモノ随録怠ルコト勿レ」との文言から十分に伝わる。そして、三島の、日誌ひいては日誌登載指令への強い関心と重視の姿勢、さらには、それが「法源的効力」をもつことへの期待は、日誌登載指令を詳細克明に記録した、この一書により確かな「かたち」で残され、今日われわれに伝えられているといえよう。ちなみに、随録は、これまでまったく明らかにされなかった、伺・指令裁判体制下の刑事裁判担当者が、ときどきの事案処理に際し、日誌登載指令を正確に参照するために、いかなる方法でその内容の整理・記録に努めていたのかを知り得る史料としても、すぐれて重要である。

(iv) 本節では、江藤新平の進める司法制度改革の一環として創設された府県裁判所の一つ、新治裁判所に赴任した三島毅の、同裁判所における足跡の一端を辿るべく、「各裁判所伺留」を手がかりとして、そこに綴じ込まれた三島の提起する伺を抽出し、いささかの分析・検討を加えてみた。抽出伺総数三六件の内三分の一にあたる一二件が、「司法省日誌」に関連する内容であったため、その点に着目し、とくに、三島と日誌との関わりを中心に検証を進めることとなった。そこでは、伺・指令裁判体制下、三島が、刑事裁判実決に際し、「司法省日誌」をもっとも重要な「よりどころ」と位置づけ、それに、法源性をも期待する彼の「認識」が浮き彫りにされた。そしてこのことは、司法省直属の裁判官として、本省の期待を一身に負って赴任した三島が、それに応えるべく、本省の意向に最大限依拠し、誤判のない適正な裁判を心がけようとした結果ととらえることが、当を得た理解であるように思われる。筆者は、本稿を通じて描く三島に、「定制」制定による司法制度形成の萌芽期における、司法官僚の典型的な姿を見ずにはい

られない。(28)

（1）明治五年より八年にわたる伺・指令を綴じ込む「各裁判所伺留」は、八冊本からなり、個々の伺・指令には各年毎に通し番号が付されている。ここにいう「巻」とは、八冊中の何冊目かを、「号」とは、当該通し番号を指す。

（2）「各裁判所伺留」の、各冊冒頭には、個々の伺の概略を記した「目次」が付されている。「伺表題」は、それを転記した。なお、沼博士は、前掲・「家族関係法における近代的思惟の確立過程（その一）」・三五七頁註（19）において、伺留系の伺・指令集が、後年になって「編纂」された史料であるとの指摘をなすが、こうした「目次」は、「編纂」の際に新たに作成綴じ込まれたと推測することができよう。

（3）府県裁判所からの伺には、必ずしも一件の伺中に一個の疑義のみが掲げられるわけではない。疑義の数が複数にわたる場合もある。ただしその場合も、「目次」に掲げられるのはその中の一個についてのみである。そこで一件の伺に含まれる疑義の実数を示すために、本項目を設けた。

（4）ここに示された各項目は、本文に述べるように、いずれも各府県裁判所が提起する伺の処理に係わるものである。本稿では、司法省内での伺・指令の処理過程・その期日の認識方法・明法寮での指令発令の役割分担について、前掲沼・『財産法の原理と家族法の原理〔新版〕』所収の諸論文に依拠しつつ、これまで筆者が、前掲・『明治初期刑事法の基礎的研究』所収「児島惟謙の『賭博罪廃止意見』に関する若干の考察」・一三四頁註（2）、同書所収「明治七年司法省第一〇号布達施行直後の伺・指令」・一八六頁註（3）等に言及する理解をひとまず踏襲しておきたい。また本稿では、現実には明法寮で作成されたであろう「指令案」を含め、すべて「司法省指令」と総称する。

（5）「河口定義」・「牧野重正」ともに、ほぼ一年後に刊行された「明治七年五月　司法省職員一覧表」中に、それぞれ「権少判事」・「大解部」としてその名前をみることができる。さらに河口に関しては、霞信彦、原禎嗣「脱籍逃亡自首者の処分をめぐる若干の考察」（『法学研究』第六四巻第一号・二三三頁以下　平成三年一月）の原氏執筆部分にあたる第三節中二四九頁註（5）に、その略歴が示されている。同註によれば、河口は、明治五年五月二九日「新治県七等出仕」となり、一〇月二八日「司法省七等出仕」に転じ、翌年三月三一日「権少判事」に任ぜられている。「司法職務定制」は、

「第五章　判事職制」第二〇条に、「大判事以下権少判事」および「大解部以下権少解部」の職掌を示し、前者については、「各裁判所に出張シ事務ノ繁簡ニ因リ聴訟断獄ヲ分課ス」、後者については、「各裁判所に出張シ聴訟断獄ヲ分掌ス」と定める。これら諸点を勘考するとき、河口・牧野は、三島が赴任する以前、暫定的に、新治裁判所の裁判実務に従事していたものと推定される。

（6）前掲村上・「明治初期の裁判基準――二松学舎の創立者　三島中洲の『手控』を手掛かりに――」・一〇〇頁。なお「表」中に挙げる三島の伺は、終始一貫、「新治裁判所在勤」という肩書きで提起され、「新治裁判所長」との肩書きを冠したものを見出すことはできない。

（7）前掲村上・「明治初期の裁判基準――二松学舎の創立者　三島中洲の『手控』を手掛かりに――」・一〇〇頁。

（8）本書所収第三章「問刑条例をめぐる若干の考察――法務図書館所蔵『問刑条例』および『各裁判所伺留』を素材として――」・六五頁以下。

（9）本書所収第四章「脱籍逃亡自首者の処分をめぐって」・八一頁以下。

（10）明治政府により、維新後初めて全国的な規模でおこなわれた律系刑法典「新律綱領」の、改正・追加の様式等に関しては、手塚豊『明治刑法史の研究（上）』（昭和五九年三月）所収「明治六年太政官布告第六十五号の効力――最高裁判所判決に対する一異見――」・一一二頁以下に詳細な考証がなされている。

（11）「各裁刊所伺留」に綴じ込まれた膨大な数にのぼる伺は、まさにその事実を証明しよう。

（12）裁判担当者の誤判は、新律綱領断獄律出入人罪条に定められた刑事罰の対象となった（ただし明治九年太政官第四八号布告により廃止）。出入人罪条をめぐる研究としては、後藤武秀「職制律等の廃止と官吏懲戒例の制定について」（『敦賀論叢』第四号・九一頁以下　平成元年一二月）、原禎嗣「司法本省判事に対する出入人罪条適用に関する若干の考察」（『法学政治学論究』第一号・一二九頁以下　平成元年六月）、同「明治九年太政官第四八号布告をめぐる若干の考察」（『法学政治学論究』第七号・二一一頁以下　平成二年一二月）、前掲霞、原・「脱籍逃亡自首者の処分をめぐる若干の考察」の原氏執筆部分第三節二四五頁以下を挙げることができる。なお、右論文中、「明治九年太政官第四八号布告をめぐる若干の考察」・二三二頁註（29）において原氏は、『太政類典目録　中』に依拠し、「一人の官吏が度々進退伺を提出」する例として、三島が、「明治六年から七年にかけて」、「四度の誤判を理由に進退伺」を提出するとの事実を指摘する。このことについて、筆者は未確認であるが、三島の裁判官としての活動の実態を知る上で興味深い。史料にあたり事実関係を明らかにしてみたいと思う。

(13) 筆者が、「判断上の資料」という言葉を、いかなる意味で用いるかについては、前掲霞・「脱籍逃亡自首者の処分をめぐって」・八八頁以下を参照。

(14) 藤田弘道「足柄裁判所旧蔵『新律条例』考(一)、(二・完)――改定律例の草案と覚しき文書について――」(『法学研究』第四六巻第二、三号・六四頁以下　昭和四八年二、三月)。

(15) 筆者はかつて、本書所収第二章「司法省日誌記事をめぐる一試論」・四六頁以下註(2)や前掲霞・「問刑条例をめぐる若干の考察――法務図書館所蔵『問刑条例』および『各裁判所伺留』を素材として――」・六五頁以下において、「問刑条例」に関し様々な視点からの問題提起をなした。しかしその後、同史料の解題は遅々として進まず、前掲霞・「脱籍逃亡自首者の処分をめぐって」・九四頁註(17)後段に自らなす指摘が、千鈞の重みをもって迫っている。

(16) 「各裁判所伺留」に綴じ込まれた伺の、「発信者」に着目し検証するとき、本文および前掲第一節註(6)に挙げた三府一三県の新設府県裁判所中、兵庫・大坂・栃木・新治の各裁判所を除く他のすべてについて、明治五年内に、司法省より同省直属の裁判官の派遣がなされたと確認し得る、具体的な判事名を記した伺を見出すことができる。そうしたなかで三島の赴任は、もっとも遅いものであったと推測される。

(17) 「司法省日誌」発刊の経緯や刊行状況については、前掲沼・「家族関係法における近代的思惟の確立過程(その一)」・二一〇頁註(1)および同書所収「司法省指令の形成をめぐる明法寮の役割」・六八二頁以下を、その史料評価については、前掲霞・「『司法省日誌』考」・二頁および四頁註(5)をそれぞれ参照。今日「司法省日誌」は、昭和五八年九月に、日本史籍協会編として東京大学出版会より覆刻されている。

(18) 前掲註(17)に掲げる二つの沼論文や諸史料に依拠して日誌刊行の時期区分を示しておきたい。すなわち第一期刊行分は、「明治六年第一号」(明治六年一月二日分記事より)に始まり「明治六年第三九号」(明治六年二月一三日分記事まで)に至る、第二期刊行分は、「明治六年〔後〕第一号」(明治六年七月一〇日分記事より)に始まり「明治六年〔後〕

第七二号」（明治六年九月三〇日分記事まで）に至る、第三期刊行分は、「明治七年第一号」（明治七年一月一日分記事より）に始まり「明治九年第六六号」（明治九年五月三一日分記事まで）に至る、である。

(19) 一方で、その彼らには、日誌発刊に至るまでよりどころとしてきた「判断上の資料」と、日誌登載指令との効力関係をいかに判断したらよいのか、という問題が生じる。この点については、前掲霞・「二つの埼玉裁判所伺をめぐって」・一〇九頁以下を参照。

(20) 前掲註（16）に明らかなように、明治五年内に開設された府県裁判所の裁判官達のほとんどは、日誌の存在なしに赴任しなければならなかった。

(21) 三島にとって「判所上の資料」が何であったかを論ずる際に、もう一つ視野に入れておかなければならない点がある。それは、「改定律例」（明治六年七月一〇日施行）の編纂作業の進行状態である。新律綱領に続く律系刑法典として編纂が進められていた同法は、藤田弘道「『公文録』所載「新律条例」考」（手塚豊編著『近代日本史の新研究　Ⅰ』・一二五頁以下　昭和五六年一〇月）によれば、「同年（筆者註―明治六年）五月三日、改定律例の「行刻」は、成業し、ついで、一七日には、これに冠する「上諭」の文案が決定し、さらに、三〇日には、製本も完了した。ここに、改定律例は、その完成をみ、翌六月一三日、太政官布告第二〇六号をもって頒布されたのである」（一六八頁）との状態におかれていた。まさに、三島の赴任時には、改定律例は事実上完成していたこととなり、司法本省にいた三島が、その内容にふれることなく任地に旅立ったとはいささか考えにくい。もしそうであるとすれば、三島の脳裡に、既刊の日誌に登載の司法省指令を参考に、当座は、いずれ新法となる完成品の改定律例の諸条を一瞥しつつ、司法省の意向を汲み刑事事案の適正な処理が可能である、とする考えがあったとも推測されよう。さらに付言すれば、「問刑条例」についてはともかく（解題未成のため論じられない）、上述の状況のなかで、赴任に際し三島が、前掲藤田・「足柄裁判所旧蔵『新律条例』考（一）――改定律例の草案と覚しき文書について――」・七八頁以下に明らかなように、改定律例編纂過程における草案の一つとされる「新律条例」を、現行法確認のために帯同することには、もはや何ら意味がなかったはずである。

(22) 各府県・各府県裁判所の伺それに対する指令を、同裁判所裁判官が了知するための方法は、日誌を通じてのそれ以外には考えられない。

(23) 前半かっこ内には各伺提起の年月日、後半かっこ内には当該伺・指令が日誌中の何日分の記事として登載されているかを、それぞれ示した。この作業により、すでに本文に述べた、『別冊』中の伺・指令は日誌記事に依拠したものであろう、との推測が実証されたことになる。

(24) この他にも、たとえば㉚伺は、日誌「明治七年第一五九号」中一〇月五日付の記事として登載された山口県伺と対する司法省指令に着目し、同指令内容と、前年六月二〇日に三島が提起する④伺への司法省指令との間に、新律綱領逃亡条および改定律例第一八〇条の適用に係わる「齟齬」が生ずるのではないかと尋ねる。つまり、限前の日誌登載指令と、自らが呈した伺に下付された一年以上も前の司法省指令とを比照し、その矛盾を指摘する、という本伺もまた、本文に述べる三島の「姿勢」を表象するものであろう。

(25) ⑨伺について、すでに筆者は、前掲霞・「『司法省日誌』登載指令の援引をめぐる一考察」・一二九頁にとりあげ、日誌登載指令の援引をのぞむ府県裁判所裁判官より呈された伺の一つとして紹介した。なお、右拙稿では、同種同類の刑事事案に、日誌登載指令の援引を認めるか否かに関し、司法省の態度が必ずしも明確に定まらず、最終的に、明治七年司法省第一号達（明治七年一月二〇日）により、条件付きながら刑事事案への日誌登載指令の援引が大幅に許容されるに至った経緯を論じた。

(26) 「刑法指令随録」は、福島正夫「中洲先生法律関係文書目録」（『二松学舎大学附属図書館　季報』第三一号・二頁以下昭和六一年二月）に掲載。

(27) 明治七年司法省第一号達については、前掲註(25)を参照。随録作成自体は、右達を契機としたかもしれないが、随録に、日誌第二期刊行分以降の登載指令が詳細に採録されていることを勘案すれば、それ以前にもともと何らかのかたちで日誌記録簿的なものが継続して作成されていたとも考えられる。

(28) 少なくとも、筆者が、前掲霞・「二つの埼玉裁判所伺をめぐって」・九七頁以下に言及する「武久昌孚」は、共通する側面をもつように思料される。

三、結　語

本稿では、「各裁判所伺留」に綴じ込まれた三島の手になる伺内容の検討・分析を通じて投影される、新治裁判所時代の三島について、ささやかな考察を試みてみた。もちろん、ここにいう日誌との関係からのみ三島の姿が描かれるわけでないことはいうまでもない。本稿「表」中に掲げた三六件の伺のなかにも、法に携わる者として、市井の「正義」の実現に宝刀を振るわんとする、三島を映し出す伺も見受けられる。たとえば、⑭などはその典型といえよう。

他人ノ女ヲ乞養スル者アリ初メ約スルニ其家相続ヲ以テス而シテ此女稍長スルニ及ヒ養父ノ貧窶ヲ見ルニ忍ヒス情願ヲ以テ身ヲ娼妓ニ売ル其価六十八円ニシテ期スルニ九ケ季ノ限ヲ以テス然ルニ一昨申年十月解放ノ命ニ依リ帰村スルノ後チ猶養父ノ難渋ヲ察シ倶ニ和同シテ又娼妓渡世ヲ為サンコトヲ官ニ請フ官検査スルニ果シテ真意ニ出ルヲ以テ許可ノ鑑札ヲ付与ス依テ貸座敷某ノ家ニ寄留相稼ク爰ニ於テ養父其戸主ニ金二十円ヲ借ル証書ノ文ニ云我等娘貴殿方へ寄留娼妓稼致居候ニ付右稼割合ヲ以テ元利共返金可致候依テ返金不相成候ハヽ何様稼候共我等方ニテ金子受取不申云々トアリ女ノ名印記載無之ヲ以テ見レハ其父陽ニ不売トモ其実売ル者ニテ巧ニ証書ヲ取拵へ人民自由ノ権利ヲ束縛シ明治五年二百九十五号御布告ノ趣意ニ犯触ス者其心ヲ誅シテ其害ヲ除カサルヲ得ス依テ養父ハ改定賊盗律略売人条例第百四十七条ニ照ラシ和売ヲ以テ論シ略売ニ一等ヲ減シ懲役四十日情ヲ知テ買フ者売ル者ニ一等ヲ減シ同三十日牙保ハ又一等ヲ減シ同二十日且買フ者牙保ハ贖罪ニ処シ可申哉現今犯罪者有之ニ付奉伺候条至急御指令被成下度候也[1]

養父のために尽くす女性が、養父によって理不尽な目に遭っている状況に憤然とし、「其父陽ニ不売トモ其実売ル者ニテ巧ニ証書ヲ取拵へ人民自由ノ権利ヲ束縛シ明治五年二百九十五号御布告ノ趣意ニ犯触ス者其心ヲ誅シテ其害ヲ除カサルヲ得ス」と述べる本伺からは、本稿に検証した三島とは異なる三島の一面が、垣間見られるような気がする。今後さらに、「法律実務家・三島毅」を論ずるためには、本稿に示す「司法官僚・三島」とは別に、如上の伺に表象される、日々の多種多様な刑事事案を解決し任地の民心の安定をはかろうとして県民と向かい合う、「刑事裁判官」としての三島に迫ることが必要であろう。(2)

（1） 司法省指令は、「口昼ヲ以テ伺出ヘシ」である。
（2） 前掲第一節註（13）にいう「諸県口書」に綴じ込まれた伺は、霞信彦「赤レンガと刑事法　法務図書館史料拾遺⑦」（『研修』第五六七号・三四頁以下　平成七年九月）に一例をみるように、具体的刑事事案への擬律料刑を尋ねるものである。「表」中に掲げるにとどまり、個々に本稿に取り上げることのなかった三島の伺に併せ、「諸県口書」の一〇〇を超える伺内容をさらに精査することにより、本文にいう視点からのアプローチが可能となるように思われる。今日、「裁判官・三島」の研究はまだまだ緒についたばかりといわざるを得ない。

第九章　府県裁判所創設期にみる伺・指令裁判体制の一断面

一、はじめに

明治初期、わが国においておこなわれた刑事裁判制度として、いわゆる「伺・指令裁判体制」がある。同体制の何たるかについて、かつて筆者は、「『司法省日誌』登載指令の援引をめぐる一考察[1]」と題する論考のなかで、

さてわが国では、明治初期のわずかな期間ではあるが、司法省に直属する明法寮（明治四年九月二七日設置同八年五月四日廃止）を中心としておこなわれた刑事裁判制度、いわゆる「伺・指令裁判体制」が採られた。同体制は、維新後廃藩置県を経るなかで刑事裁判実決の任を委ねられてきた各府県の裁判担当者や明治五年八月以降「司法職務定制」にもとづき司法省によって創設された府県裁判所（まず初めに明治五年八月五日神奈川・埼玉・入間の三府県裁判所の創設が決定された）の裁判官により提起された法の解釈適用に係わる様々な疑問（「伺」と称する）に対し、司法省（実質的には明法寮）が回答（「指令」と称する）し、もって擬律科刑をなすことを基本構造としたもの[2]

であるとの定義を示した。さて、叙上の記述中にも言及するように、伺・指令裁判体制は、二つの異なった機関でおこなわれる刑事裁判を包含する。一方は、各府県の裁判担当者によってなされる刑事裁判であり、他方は、維新後最初の司法行政・裁判制度に関する網羅規定ともいうべき「司法職務定制」(明治五年八月三日太政官達、以後「定制」とも略称する)「第十五章　府県裁判所章程　府県ニ置ク所ノ裁判所ハ府名県名ヲ冒ラシメ某裁判所トス章程左ノ如シ」(3)に依拠して設置をみた府県裁判所に配属の司法省判事(以後「府県裁判所裁判官」もしくは単に「裁判官」とも呼称する)によるそれである。そうしたなかで筆者は、今日までとくに、後者すなわち府県裁判所における刑事裁判の実態を明らかにすることに関心をもち、「司法省日誌記事をめぐる一試論」(4)をはじめとして、「問刑条例をめぐる若干の考察――法務図書館所蔵『問刑条例』および『各裁判所伺留』を素材として――」(5)・「脱籍逃亡自首者の処分をめぐって」(6)・「二つの埼玉裁判所伺をめぐって」(7)・「『司法省日誌』登載指令の援引をめぐる一考察」(8)・「新治裁判所在勤・司法権少判事三島毅の一側面」(9)といった論考を発表してきた。これらいずれの論考も、究極の目的とするところは、「伺・指令裁判体制の構造解明」にあり、常にそのことを念頭に置いて書き進められたものであることは言を俟たない。しかし、論題にみる通り、そこに至るためにとりあげるべき題材は多岐にわたり、各稿においては、個別的な内容への考証に多くの紙数を費やさねばならず、本来の問題意識に立脚する巨視的な考察は、断片的なものにとどまらざるを得ないとの憾みを残している。

そこで本稿では、伺・指令裁判体制の構造解明に際し重要な位置を占めると思料され、それゆえ上掲諸論考においてもたびたびとりあげ言及してきた、「判断上の資料」(10)に係わる問題について、これまでの論述の内容を整理しつつ、あらためて鳥瞰してみたいと思う。具体的には、府県裁判所裁判官が、伺提起に際し、おしなべて、こうした「判断上の資料」を座右に置きそれらを参照して具体的事案に対する法条の解釈適用に取り組んでいたのか、その「事実」の有無を確認するとともに、さらに、「判断上の資料」として用いられた文献は一体いかなるものであったのかについても再度考証を試み、大局的な見地から、伺・指令裁判体制の構造の一郭を詳らかにすることができればと考えている。なおちなみに、ここにいう「判断上の資料」とは、新たに設置をみた府県裁判所への赴任を命ぜられた裁判官達（対象とするのは、府県裁判所の創設が決定されそれが現実化された明治五年八月より、諸々の事情のために該事業が一区切りとなる同年一〇月までに設置の、一五（二府一三県）[11]の府県裁判所に在勤の裁判官）の多くが、律系刑法典に特有の複雑な改正・追加のもとで運用される「新律綱領」（明治三年一二月二七日頒布）諸法条の解釈適用に苦慮し[12]、刑事裁判の適正な執行と「誤判」による責任回避のために[13]、少なくとも赴任時の「現行法」が何であるかを認識するための資料として、任地に帯同したことがうかがわれる文献を指す。

（1）本書所収第六章「『司法省日誌』登載指令の援引をめぐる一考察」・一一九頁以下。

（2）前掲霞・「『司法省日誌』登載指令の援引をめぐる一考察」・一一九頁以下。ちなみに、筆者の、伺・指令裁判なるものへの認識の出発点となったのは、沼正也『財産法の原理と家族法の原理〔新版〕』（昭和五五年一〇月）所収「司法省指令の形成をめぐる明法寮の役割」・六八五頁以下にみられる指摘である。

（3）「司法職務定制」が、司法卿江藤新平のめざす司法制度改革を具現するために定められたことは、今日夙に知られるところであるが、その中でも府県裁判所は、それまで地方官の手に委ねられていた裁判権を司法省の掌中に収めることを目的として創設が企図されたもので、まさに先にいう改革の尖兵的役割を負わされた存在といい得る。本文にいう「第十五章」は、第五六条から第六三条にわたり、同裁判所の権限・職掌・人的構成等を規定する。なお、藤田弘道「府県裁判所設置の一齣――足柄裁判所の場合――」（『法学研究』第四六巻第五号・四〇頁以下　昭和四八年五月）、菊山正明『明治国家の形成と司法制度』（平成五年二月）所収「第三章　江藤新平の司法改革」・一六八頁以下をはじめとし、府県裁判所を題材とする多くの業績が発表されている。その詳細については、本書所収第五章「二つの埼玉裁判所伺をめぐって」・一一五頁註（22）を参照。
（4）本書所収第二章「司法省日誌記事をめぐる一試論」・三七頁以下。
（5）本書所収第三章「問刑条例をめぐる若干の考察――法務図書館所蔵『問刑条例』および『各裁判所伺留』を素材として――」・六五頁以下。
（6）本書所収第四章「脱籍逃亡自首者の処分をめぐって」・八一頁以下。
（7）前掲註（3）を参照。
（8）前掲註（1）を参照。
（9）本書所収第八章「新治裁判所在勤・司法権少判事三島毅の一側面」・一六三頁以下。
（10）「判断上の資料」という言葉の意味するところについては、「一、はじめに」の最終部分に言及したが、本来的な出自を了解するためには、前掲霞・「脱籍逃亡自首者の処分をめぐって」・八八頁以下を参照されたい。
（11）「司法職務定制」が定められる以前の明治四年一二月二七日、司法省は、その省内に東京裁判所を設け、東京府における司法全般は同裁判所が掌握することとなった。従って、明治五年一〇月時点の府県裁判所は、正確には、三府一三県に既設置もしくは設置中であったということができる。ただ、東京裁判所については、設置の時期や経緯あるいは人的配置が他と異なり、本稿の考察対象としてなじまないとの判断から、ここではとりあげないものとした。なお、東京裁判所については、前掲菊山・『明治国家の形成と司法制度』所収「第二章　江藤新平の司法改革構想と司法省の創設」・一三七頁に言及がなされている。
（12）「新律綱領」は、明治維新後最初の、全国的規模でおこなわれた刑法典で、中国律の系統に属する。同法の、改正・追加様式等に関しては、手塚豊『明治刑法史の研究（上）』（昭和五九年三月）所収「明治六年太政官布告第六五号の効力――最高裁判所判決に対する一異見――」・一二二頁以下に詳細な考証がなされている。
（13）裁判担当者の誤判は、新律綱領断獄律出入人罪条に定められた刑事罰の対象となった（ただし明治九年太政官第四八号布告により廃止)。出入人罪条をめぐる研究としては、後藤武秀「職制律等の廃止と官吏懲戒例の制定について」(『敦賀論叢』第四号・九一頁以下 平成元年一二月)、原禎嗣「司法本省判事に対する出入人罪条適用に関する若干の考察」(『法学政治学論究』第一号・一二九頁以下 平成元年六月)、同「明治九年太政官第四八号布告をめぐる若干の考察」(『法学政治学論究』第七号・二一一頁以下 平成二年一二月)、霞信彦、原禎嗣「脱籍逃亡自首者の処分をめぐる若干の考察」(『法学研究』第六四巻第一号・一二三頁以下 平成三年一月)の原氏執筆部分第三節二四五頁以下を挙げることができる。

二、本論

今日、法務省法務図書館は、「各裁判所伺留」(以後「伺留」とも略称する)と名づけられた八冊からなる和綴じの簿冊を所蔵する。沼正也博士の詳細な考証により「明法寮申律課記録」と位置づけられ[1]、伺・指令裁判体制下にあって、各府県裁判所裁判官と明法寮との間に往来した、主として法条の解釈適用に係わる「伺」とそれに対する「指令」を綴じ込む「伺留」は、同じく法務図書館が有する、各府県の刑事裁判担当者と明法寮との間に交わされた伺・指令をまとめた「府県伺留」[2]とともに、伺・指令裁判体制の実態を推知するために最も重要かつ不可欠の貴重史料といえる。そうした事実をふまえ本節では、前節に掲げた本稿の目的を達成するために、「伺留」をよりどころとして、以下に掲げる「表」を作成した。同「表」は、次にいう各欄から構成される。

(1)　まず、A欄「府県裁判所名」・B欄「設置決定年月日」には、明治五年八月より同一〇月の間に創設された二府一三県にわたる府県裁判所の名称とその設置決定年月日を示した（以後各欄を示すときはこのアルファベットで呼称する）。なお、藤田弘道氏は、「府県裁判所設置の一齣――足柄裁判所の場合――」において、足柄裁判所の創設経緯をめぐる詳細な考察をなすなかで、同裁判所が現実にその任を担い始めた時期について、「かくて、裁判所開設の準備は着々と進み、この八月中に聴訟課からの事務引き継ぎも完了し、いよいよ当裁判所において、来る九月二日より事務の執行をみることになった。(3)」と述べ、かつて筆者もまた「二つの埼玉裁判所伺をめぐって」なる論考で、明治五年八月五日に設置が決定された埼玉裁判所の実際の開設を、同年「八月一二日」と推定した。(4)これらの指摘は、「表」B欄にみる年月日と、各府県裁判所の実動開始との間に「ずれ」のある可能性を示唆するもので、司法省判事赴任の時期を考える際などに留意しておかなければならない。(5)

(2)　次いで、C欄「司法省判事名を記す伺が、初めて提起された年月日」・D欄「C欄伺に記された司法省判事名（史料に記載の通り表記）」・E欄「C欄伺を登載する「各裁判所伺留」の巻号」には、「伺留」に綴じ込まれた各府県裁判所伺中より、具体的な司法省判事名を明記する「最初の伺」を検索抽出し、該伺がいつ提起されたのか、そこに名前を記す司法省判事はだれなのか、「伺留」中における該伺の所在は如何を、それぞれ順に示した。(6)ちなみに、実質的な活動を開始した府県裁判所に、個々の司法省判事がいつ赴任したかについては、これまでも断片的にしか分明にされ得ず、(7)それを推知するための間接資料がここにいうC・D欄である。つまり、具体的な司法省判事名を記して提起された「最初の伺」の存在をもって、少なくともその時点、当該府県裁判所には、司法省の派遣する、原則的には初代の裁判官が、在勤していたことを確認することができる。

(3) 最後に、F欄「「判断上の資料」持参の有無および具体的資料名」には、D欄によって特定された司法省判事が、在勤中に呈した伺に注目し、何らかの「判断上の資料」を参照もしくは引用して書かれた伺が確認されれば、その資料名を記載した。

A. 府県裁判所名	B. 設置決定年月日	C. 司法省判事名を記す伺が、初めて提起された年月日	D. C欄伺に記された司法省判事名（史料に記載の通り表記）	E. C欄伺を登載する「各裁判所伺留」の巻号	F.「判断上の資料」持参の有無および具体的資料名
①神奈川裁判所	明治五年八月五日	明治五年一一月五日	西権中判事	(1)5—21	問刑条例
②埼玉裁判所	明治五年八月五日	明治五年一〇月	武久権少判事	(1)5—15	問刑条例
③入間裁判所	明治五年八月五日	明治五年一一月一四日	平山権少判事	(1)6—21	
④足柄裁判所	明治五年八月一二日	明治五年一〇月二八日	司法権少判事佐久間長敬	(1)5—17	新律条例
⑤木更津裁判所	明治五年八月一二日	明治五年一〇月八日	司法権少判事安藤博高	(1)5—5	問刑条例
⑥新治裁判所	明治五年八月一二日	明治六年五月二九日	司法権少判事三島毅	(3)154	
⑦栃木裁判所	明治五年八月一二日	明治六年二月一七日	司法少判事本多高門	(2)58	
⑧茨城裁判所	明治五年八月一二日	明治五年一〇月一三日	小畑少判事	(1)5—11	
⑨印旛（ママ）裁判所	明治五年八月一二日	明治五年一〇月二四日	大久保権少判事	(1)5—9	問刑条例
⑩群馬裁判所	明治五年八月一二日	明治五年一〇月一四日	司法権少判事石井忠恭	(1)5—12	問刑条例
⑪宇都宮裁判所	明治五年八月一二日	明治五年一〇月一三日	権少判事南部甕男	(1)5—14	問刑条例

⑫兵庫裁判所	明治五年 九 月一三日	明治六年 一 月二四日	司法権少判事土居通夫	(2) 24	
⑬山梨裁判所	明治五年 九 月一九日	明治五年一一月	司法権少判事北畠治房	(2) 28	問刑条例
⑭京都裁判所	明治五年一〇月 七 日	明治五年一一月二二日	司法少判事早川景矩	(1) 5—30	
⑮大坂裁判所	明治五年一〇月二〇日	明治六年 一 月二五日	司法少判事児島惟謙	(2) 30	

それでは、右「表」の内容を検討してみたい。「表」中、C・D欄とF欄に着目して両者を対比するとき、一つの興味深い現象が浮き彫りにされる。それは、明治五年一〇月内に、具体的な司法省判事名を記した伺が見出される、すなわちすでにその時点で当該府県裁判所に司法省判事の着任が完了していたと思料される、[8] ②埼玉裁判所・④足柄裁判所・⑤木更津裁判所・⑧茨城裁判所・⑨印旛(ママ)裁判所・⑩群馬裁判所・⑪宇都宮裁判所では、それぞれの府県裁判所に在勤する七人の裁判官中、⑧茨城裁判所の「小畑少判事」を除く他の全員が、「判断上の資料」に依拠した伺を提起しており、一方明治五年一一月内に、具体的な司法省判事名を記した伺が見出される、[9] ①神奈川裁判所・③入間裁判所・⑬山梨裁判所・⑭京都裁判所の四人の裁判官については、二人（①神奈川裁判所および⑬山梨裁判所）が、「判断上の資料」を用いての伺提起をなす。これに対し、明治六年に入ってからの伺に、ようやく具体的な司法省判事名が掲げられた⑥新治裁判所・⑦栃木裁判所・⑫兵庫裁判所・⑮大坂裁判所については、「伺留」に綴じ込まれた伺中には、先の「判断上の資料」が参照もしくは引用された形跡は皆無、という事実が判明する。叙上の状況からは、府県裁判所創設決定後、比較的早い時期に同裁判所が現実に開設され、それとほぼあい前後して各府県裁判所に赴任することとなった司法省判事は、その際、かなり高い確率で「判断上の資料」を帯同していたことが推測される。あるいは彼らは、現実に司法省で、各府県の刑事裁判担当者が、新律綱領を運用しての具体的事案の実決に苦慮し多くの

伺を呈さなければならない状況を垣間見ていたために、むしろ当然のこととして、少なくとも赴任時の「現行法」が何であるかを了知し以後の擬律科刑の参考とする目的で、そうした挙にでたとも思料される。一方、伺内容からは、赴任に際し「判断上の資料」を帯同しなかったのではないかと「推測」される裁判官は、総計七人を数える。このなかで、三島毅については、すでに筆者が、「新治裁判所在勤・司法権少判事三島毅の一側面」において、先学の業績をふまえつつ考察し、明治六年五月に赴任した三島が、その時期から勘案して、いずれの「判断上の資料」も持参することはなかったであろうとの結論を呈しており、ひとまず先にいう「推測」を受容することが可能であろう。[10]一方他の六人に関しては、彼らが「判断上の資料」を有したかどうかを確定することは不可能である。[11]ただもし、叙上六人の裁判官の中に、明治五年一一月も後半に入ってから府県裁判所に赴任した者がいるとすれば、[12]彼らが任地へ向かった時期には、法の改正・追加に関する司法省の最新の意向を、リアルタイムで知ることができる「司法省日誌」[13]なるものが、明治六年初頭に刊行されるであろうとの情報がすでに伝播されていた可能性もあり、[14]それまで先に赴任した裁判官達のように、何が何でも「判断上の資料」を帯同しなければならない切迫した状況にあったとは考え難い。[15]

なお、「表」からも明らかなように、「判断上の資料」がいかなるものであったかについては、藤田弘道氏の「足柄裁判所旧蔵『新律条例』考（一）、（二・完）――改定律例の草案と覚しき文書について――」に指摘される足柄裁判所在勤の佐久間権少判事のもとにおかれた「新律条例」[16]と、「伺留」に綴じ込む諸伺に引用された「問刑条例」[17]以外には、見出すことができない。藤田氏は、「新律条例」が、佐久間等によって転写され裁判所に持ち帰られた事情について縷々考察し見解を呈されるが、[18]誠に遺憾ながら、多くの司法省判事に帯同された「問刑条例」が、司法省のいずこにあって、いかなるかたちで裁判官達の手に渡っていったのかは、現在のところ明らかにすることはできない。

（1）沼博士による「各裁判所伺留」をめぐる考察は、前掲・『財産法の原理と家族法の原理〔新版〕』所収「家族関係法における近代的思惟の確立過程（その二）」・三四一頁以下、同書所収「明法寮についての再論」・七三〇、七三五頁に示されている。また、「明法寮申律課」の何たるかについても、沼博士は、上掲前者論文・二八六、三〇二、三三七頁、前掲・「司法省指令の形成をめぐる明法寮の役割」・六八九、六九〇頁、上掲後者論文・七三四頁以下に、詳細かつ膨大な考察を展開する。

（2）「各裁判所伺留」とともに、「伺留」系の伺・指令集である「府県伺留」について、沼博士は、前掲・「家族関係法における近代的思惟の確立過程（その二）」・三四一頁以下および前掲・「明法寮についての再論」・七三〇、七三五頁において考証し、「明法寮申律課」記録と位置づける。

（3）前掲藤田・「府県裁判所設置の一齣——足柄裁判所の場合——」・五〇頁。

（4）前掲霞・「二つの埼玉裁判所伺をめぐって」・一一四頁以下註（21）。この他にも、藤原明久「明治六年における京都府と京都裁判所との裁判権限争議（上）——裁判権独立過程の一断面——」（『神戸法学雑誌』第三四巻第三号・四八二頁以下　昭和五九年一二月）・四八三頁において、「京都裁判所の裁判事務は、明治五年一〇月一八日から開始される」との指摘がなされている。

（5）たとえば、司法省編纂『司法沿革誌』（昭和一四年一〇月）所収の「年表」にもみられるように、多くの著作・論文では、すべてB欄に掲げた年月日をもって府県裁判所の設置時期を特定するが、司法省判事の赴任がいつであったのかが、考察の重要なポイントとなる本稿の場合には、まずその前段階として、同裁判所の実質的な開設期に留意することが必要であり、本文に述べるような指摘をなした。

（6）すでに本文にふれたように、八冊からなる「各裁判所伺留」には、明治五年より八年にかけての伺・指令が綴じ込まれ、それらには、各年毎に通し番号が付されている。ただ、第一冊は、明治五、六両年分を合冊しているため、E欄には、たとえば、「⑴5—21」（第一冊中の明治五年分）もしくは「⑴—6—21」（第一冊中の明治六年分）という表記が混在する。

（7）今日、直接史料をもって、設立当時の府県裁判所への司法省判事赴任の期日を特定することは、かなり困難である。

前掲・『司法沿革誌』所収「司法職員概覧」・五五七頁以下からは、断片的に、彼らの赴任期日を知ることができるが、そこに示された記事も、他の史料と比照するとき必ずしも絶対的ではない。しかし、本稿では、本文後半の考証において分明のように、たとえおおよそであれ、赴任期日を知ることは重要であり、そこで次善の策として、当該判事名をもって提起された「最初の伺」を検索し、その文面に記載された日付以前に彼が赴任していたことを前提に、B欄および前掲註（5）に指摘する府県裁判所実動開始期日を勘案しつつ、赴任時期を推測する方法を採ることとした。

（8）前掲註（7）に述べた推測方法によれば、本文以下に掲げる七人は、ほぼ明治五年の八、九、一〇月中に各任地に赴任したものと考えられる。

（9）前掲註（7）に述べた推測方法によれば、本文以下に掲げる四人の赴任は、ほぼ明治五年の八、九、一〇、一一月と考えられる。

（10）前掲霞・「新治裁判所在勤・司法権少判事三島毅の一側面」・一六三頁以下で筆者は、史料分析をふまえ、「伺留」に綴じ込まれた三島名の伺中には、「問刑条例」等「判断上の資料」を用いたものが一つも見出せないこと、明治六年五月という三島の新治裁判所への赴任時期を考えるとき、むしろ三島は、同年冒頭から刊行が開始された「司法省日誌」こそ、新律綱領や改正法の解釈適用に係わる司法省の最新の意向を知るための最も有効な資料であると判断したであろうこと、等が推測されるとの指摘をなし、もって三島が本稿にいう「判断上の資料」を持参して任地に赴いたとは考え難いとの見解を呈した。なお、新治裁判所には、三島以前に、「七等出仕　河口定義」（明治六年三月一七日付）・「司法権少判事河口定義」（明治六年四月三日付）・「新治裁判所在勤司法権大解部　牧野重正」（明治六年四月二〇日）名による伺が見出される。しかし、三島のその後の長きにわたる在勤期間や、河口が、本来司法省より派遣された直属の裁判官ではなく、新治県より府県裁判所設置に関連して移籍した者であることを勘案し、河口については、考察の対象からは外すこととした。ただし、上掲いずれの伺中にも「判断上の資料」は用いられていない。

（11）「判断上の資料」を有してはいたが、たまたまそれを用いての伺が提起されなかった可能性が留保されるからである。

（12）たとえば、本多高門が、⑦栃木裁判所に赴任した時期については、以下の考証が可能である。すなわち、「伺留」第一冊中明治六年分第一号として綴じ込まれた、明治六年一月八日付の、栃木裁判所にとって初めての伺には、伺提起者とした具体的な名前はなく「栃木裁判所」とのみ書かれている。そしてその次が、「表」中に掲げた同年二月一七日付の、「司法少判事本多高門」なる官姓名を記した伺である。如上の事実を併せ考えるとき、もし本多が一月初頭までの時点に赴任していれば、通例最初から伺中にその名前を明記したであろうと思料され、ゆえに彼の赴任は、明治六年に入ってからと推考することができよう。また、児島惟謙が、⑮大坂裁判所への赴任を命ぜられたのは、「任解日録（五）、（六）」により、明治五年一一月一八日である。

(13) 「司法省日誌」発刊の経緯や刊行状況については、前掲沼・「家族関係法における近代的思惟の確立過程（その一）」・二一一頁註（1）および前掲沼・「司法省指令の形成をめぐる明法寮の役割」・六八二頁以下を、その史料評価については、本書所収第一章「『司法省日誌』考——第一期刊行分を素材として——」・二頁および四頁註（5）を参照。今日「司法省日誌」は、昭和五八年九月に、日本史籍協会編として東京大学出版会より覆刻されている。

(14) 前掲沼・「司法省指令の形成をめぐる明法寮の役割」・六八二頁には、明治五年一一月二六日をもって司法省より正院に対し日誌刊行の届が出されたことが指摘されているが、司法省に在勤の判事たちがこうした情報にふれる機会が無かったとは考え難い。

(15) ちなみに、維新後わが国では、明治五年一一月九日に発せられた太政官第三三七号布告により、太陰暦より太陽暦への改暦が決定され、実行された。その結果、明治五年の一二月は、一日と二日しかなく、本来の一二月三日が、明治六年一月一日となった。従って明治五年一一月と明治六年一月は、指呼の間にあったといえる。

(16) 藤田弘道「足柄裁判所旧蔵『新律条例』考（一）、（二・完）——改定律例の草案と覚しき文書について——」（『法学研究』第四六巻第二、三号・七一、六四頁以下　昭和四八年二、三月）。

(17) 「問刑条例」に関し、これまで筆者は、前掲霞・「司法省日誌記事をめぐる一試論」・四六頁以下の註（2）や前掲霞・「問刑条例をめぐる若干の考察——法務図書館所蔵『問刑条例』および『各裁判所伺留』を素材として——」・六五頁以下において、様々な視点から問題提起をなしてきた。しかし根本的な史料解題は未成である。

(18) 前掲藤田・「足柄裁判所旧蔵『新律条例』考（二・完）——改定律例の草案と覚しき文書について——」・六五頁以下。

三、結　語

本稿では、明治初期のわずかな期間ではあるが、わが国で採られた、伺・指令裁判体制と名づける刑事裁判制度のなかで、「司法職務定制」により創設された府県裁判所においておこなわれた刑事裁判に焦点をあわせ、特にその主体となった司法省判事が、時の現行法である「新律綱領」の運用を誤りなくおこなうために、赴任に際し帯同したと推測される「判断上の資料」といわれる文献をめぐり、いささかの考察を進めてみた。そしてその結果は、司法省から派遣された裁判官の全てが、おしなべて「判断上の資料」を持参して赴任したとの結論には達せず、明治五年一〇月前後を目途とする比較的早い時期に任地に向かった者に、顕著に「持参」の傾向がみられることが判明したにとどまる。ただ、いずれにしても、「判断上の資料」を引用しての現実の伺にふれるとき、伺・指令裁判体制のなかにあって実務に邁進する司法省判事にとって、その果たした役割が、決して小さなものでなかったであろうことは、想像に難くない。なお筆者は、先にいう傾向と、本論でも若干ふれたように、明治六年一月をもって刊行された「司法省日誌」との関係に注目するものであるが、いまだ新治裁判所に関する個別的な問題としての考察にとどまっており、そうした関係の解明のためには、対象を他の府県裁判所のケースに広げての、さらに綿密な考証を試みなければならないであろう、との認識を有している。

第十章　明治初期における刑事裁判について
——伺・指令裁判体制を中心に——

一、序　論

明治維新後、わが国において、「国家的規模でおこなわれる刑事裁判」[1]が存在するようになるのは、一体いつのことであったのだろうか。[2]かつて手塚豊博士は、『明治刑法史の研究（上）』所収「国家的刑罰権と非国家的刑罰権——明治前期の場合に関する一未定稿——」[3]と題する論文において、明治維新後の刑法典の全国的実施をめぐり、明治政府は、創設当初から全国的に刑事法的措置の指示を与えていた。中央政府が集約的統一的に刑罰権を行使せんとする企図であったものとみていい。つづいて、全国的に施行を予定して刑法典を編纂、頒布したが、それはそうした企図の当然の結果であった。しかし、政治制度的に中央集権制が整序されるにおよんでも、なおそのような企図が完全に達成されたとはいえない。すなわち、藩あるいは府県において、政府の企図とは無関係な、そしてある場合には、政府の方針に反する刑事法的措置がおこなわれた事例があったのである。本稿において、私が「非国家的刑罰権」と呼ぶのは、このような場合をさし、それは明治政府が行使せんとした「国家的刑罰権」に相対立するものである。(4)

との見解を示すとともに、上述の「非国家的刑罰権」が衰退する過程を、四期に分類し、(5)そのなかで「新律綱領の頒布された時より、廃藩置県の完了までの約一ヵ年」と位置づける第二期について、

新律綱領の頒布が、たまたま明治政府の政治力が廃藩置県にまでたかめられた直前にあたっていたので、その施行がかなり急速に普及し、五年初め実質的に廃藩置県が完了した頃までには、その施行がほとんど全国的にゆきわたった時代であった。(6)

との指摘をなす。明治四年七月一四日に断行された廃藩置県実施の現実を視野にいれつつ、前年一二月末に頒布された維新後最初の国家的統一刑法典「新律綱領」(7)（本稿では「綱領」とも略称する）施行の実状を考察した上掲手塚論文は、冒頭にいう疑問に対する解答を推考するに際し、きわめて示唆に富む。なぜなら国家制度としての刑事裁判実施には、そのための環境整備として、適用すべき「統一刑法典」の全土にわたる周知徹底が不可欠だったからである。

ところで、廃藩置県直前まで採られてきた明治新政府による地方統治の方式、「府藩県三治制」(8)のもとにおいては、こと刑事司法に関する限り、すでに上述のように、なによりも全国的に施行された刑法典が存在せず、(9)かつまた刑事裁判を担当する地方機関の機構や権限が画一的に明定されていない事実から、(10)筆者のいう「国家的規模でおこなわれ

る刑事裁判」体制が敷かれる余地はなかったと言わざるを得ない。しかし、廃藩置県により三治制は終焉を迎え、府県を中核とする地方官制が敷かれることにより、ようやく「地方」が、明治政府の直接的な支配下に置かれることとなった[11]。そうしたなかで、明治四年一一月二七日の太政官達により制定の「県治条例」[12]は、各府県が、行政権のみならず司法権をも掌握することを認め、それにより府県は、聴訟・断獄と称される民事・刑事両訴を専権的管掌事項とした[13]。先に掲げる手塚論文の指摘とも相俟って、冒頭に述べたように、刑事裁判に係わる実決の任は、まさにこの時期を境に全国的規模をもって府県に委ねられたといえよう[14]。ちなみに、廃藩置県以後、府県がどのようないきさつを経て叙上の状況にたちいたったかについて、明治四年一一月一三日に設置された「足柄県」の場合をとりあげ、詳細な実証研究を呈したのは、藤田弘道氏である。藤田氏は、『新律綱領・改定律例編纂史』所収の論文「府県裁判所設置の一齣——足柄裁判所の場合——」において、足柄県が創設される途次、先にいう「県治条例」にもとづき、聴訟・断獄の任にあたる聴訟課が設けられたこと、そこであつかわれた二年間にわたる具体的な行刑数、同課構成員と推定される人員および個々の履歴を提示し、新生足柄県での司法の発動が緒についた様子を克明に述べる[15]。

しかし、当初各府県が担当することとなった刑事裁判は、明治五年四月二五日江藤新平が初代司法卿（司法省はすでに明治四年七月九日に設置）に就任するとともに、大きな変革を余儀なくされる。すでに先学により指摘されてきたことであるが、抜本的な司法制度改革を志向した江藤は、その中心に据えるべき主たる課題として、府県に専属であった司法権を、中央政府それも司法省の一手専売にしようと目論んだのである[16]。江藤は目的完遂のための法的整備として、同年八月三日の太政官達により、維新後最初の司法行政・裁判制度に関する網羅規定ともいうべき「司法職務定制」（全一〇八条）を制定する[17]。そして同定制「第十五章　府県裁判所章程　府県ニ置ク所ノ裁判所ハ府名県名ヲ冒ラシメ某裁判所トス章程左ノ如シ」（第五六条乃至第六三条）および「第十六章　府県裁判所分課　府県裁判所ノ事務ヲ分テ聴訟断獄庶務出納ノ四課トス」（第六四条乃至第六七条）各条[18]に依拠して設置が企図された「府県裁判所」こそ、廃藩置県以降地方官が独占してきた司法権を司法省の手中に収めるための尖兵ともいうべき存在であった。ところが府県裁判所を可及的速やかに全国展開させようとする江藤の思惑は、司法・大蔵両省の確執を含む財政的な問題を主因の一つとして、必ずしも簡単には実現されなかった。[19] 江藤が司法省を退任する明治六年四月一九日までに創設された府県裁判所は、わずかに三府一三県（東京・京都・大坂の各府、神奈川・埼玉・入間・足柄・木更津・新治・栃木・茨城・印旛（ママ）・群馬・宇都宮・兵庫・山梨の各県）にとどまり以後の開設も遅々として進捗をみなかったのである。[20] この結果、刑事裁判は、府県と府県裁判所の二系統の機関により行われることとなった。そしてこうした状態は、菊山正明氏が、その著書である『明治国家の形成と司法制度』所収の「明治八年の司法改革」において、

> 明治九年九月一三日、従来の大審院・上等裁判所・府県裁判所の裁判機構に代わって、新たに大審院・上等裁判所・地方裁判所（本庁・支庁）の裁判機構が創設されることになった。同日、全国三府三五県のうち、三府一九県に地方裁判所が設置され、また、九年中には地方裁判所が設置されていない一六県すべてに地方裁判所の支庁が設置された。この結果、地方官の判事兼任制度は廃止され、中央統治機構から地方統治機構を通して行政機構から独立した裁判機構が設置されることになったのである。[21]

と指摘するように明治九年代まで継続する。

さて、前置きに多くの頁を割いてしまったが、ここ数年来筆者の関心は、これまで縷縷述べたように、廃藩置県後刑事裁判が国家的な規模でおこなわれるようになり、府県および府県裁判所という二系統の裁判機関が存在するなか

で、明治四年九月二七日司法省に設けられた、法律専門家集団、わが国最初のシンクタンクともいうべき「明法寮」[22]との緊密な連携のもとに進められた刑事裁判体制の実態を明らかにすることに払われてきた[23]。筆者は、先学の考察に依拠しつつ、当該体制を「伺・指令裁判体制」と呼称することとし、それについて、

わが国では、明治初期のわずかな期間ではあるが、司法省に直属する明法寮（明治四年九月二七日設置同八年五月四日廃止）を中心としておこなわれた刑事裁判制度、いわゆる「伺・指令裁判体制」が採られた。同体制は、維新後廃藩置県を経るなかで刑事裁判実決の任を委ねられてきた各府県の裁判担当者や明治五年八月以降「司法職務定制」にもとづき司法省によって創設された府県裁判所（まず初めに明治五年八月五日神奈川・埼玉・入間の三府県裁判所の創設が決定された）の裁判官により提起された法の解釈適用に係わる様々な疑問（「伺」と称する）[24]に対し、司法省（実質的には明法寮）が回答（「指令」と称する）し、もって擬律科刑をなすことを基本構造としたもの

との定義をなす。そして、筆者がこれまでに発表する諸論考は、そうした伺・指令裁判体制のなかでも、主に、わが国刑事裁判の黎明期ともいうべき新律綱領単独施行期[25]に、各府県の「裁判担当者」および各府県裁判所に赴任した「司法省判事」（「府県裁判所裁判官」とも呼称する、なお上掲両者を総称するときは、さらに「裁判実務担当者」なる呼称を用いる）のそれぞれが、擬律科刑という厳粛な自らの任務をいかなる姿勢で遂行していたのか、また明治六年一月に刊行された司法省最初の公的刊行物「司法省日誌」（以下本稿では単に「日誌」とも略称する）が登載する、裁判実務担当者からの伺に対する司法省指令（以下本稿では、特にそれを「日誌登載指令」と呼称する）[26]が果たした役割はどのようなものであったのか、を問題意識の中心に据えての考察を内容としている[27]。そこで本稿では、今日までに蓄積された従前の考察を整理し、如上の時期に主たる焦点を合わせ[28]、「伺・指令裁判体制」をめぐるいささかの「まとめ」を試

みてみたいと思う。このことを通じ、いわゆる「司法史」としての明治初期刑事裁判史の一隅に、ささやかな光をあてることができ得るとすれば、望外の倖である。

（1）ここにいう「国家的規模でおこなわれる刑事裁判」とは、地方における刑事裁判制度が、国家総攬の任にあたる中央政府が認知する、ある原則にもとづいて構築され、統一刑法典を適用して進められるそれを意味する。
（2）この疑問に言及する論文として、横山晃一郎「明治五年後の刑事手続改革と治罪法」（『法政研究』第五一巻第三―四合併号　昭和六〇年三月）・二一七頁以下がある。
（3）手塚豊『明治刑法史の研究（上）』（昭和五九年三月）所収「国家的刑罰権と非国家的刑罰権――明治前期の場合に関する一未定稿――」・一九七頁以下。
（4）前掲手塚・「国家的刑罰権と非国家的刑罰権」・一九八頁。
（5）前掲手塚・「国家的刑罰権と非国家的刑罰権」・一九八頁以下によれば、手塚博士は、その「四期」を以下のように分類提示する。
　（一）明治政府の樹立から明治三年一二月の新律綱領制定までの期間
　（二）新律綱領の制定から明治四年七月ないし翌年初めにかけて、廃藩置県が、実質的に一応完成するまでの期間
　（三）その後、明治一四年末の新律綱領、改定律例が廃止されるまでの期間
　（四）明治一五年一月以降、旧刑法の施行後、明治憲法発布まで
（6）前掲手塚・「国家的刑罰権と非国家的刑罰権」・二〇六頁。
（7）「新律綱領」をめぐり特に編纂の経緯を細密に考証し詳らかにすることに先鞭をつけたのは、手塚豊博士であり、その集大成ともいうべきものが、前掲手塚・『明治刑法史の研究（上）』所収「新律綱領編纂者考」・三一頁以下である。しかしさらに近時刊行をみた藤田弘道『新律綱領・改定律例編纂史』（平成一三年四月）所収の「新律綱領編纂考」・三頁以下、「新律綱領草案考」・一二一頁以下、「新律綱領の編纂と通行印鑑遺失条例の制定」・一六一頁以下の各論文は、

上掲手塚論文を土台として、新たに公開・発見された史料を分析しつつ著された、少なくとも現時点では新律綱領の編纂に係わる最も最新の情報を提供するものといえよう。

(8)「府藩県三治制」をめぐる先学の研究は多く存在するが、たとえば、福島正夫編『日本近代法体制の形成　上巻』(昭和五六年一一月)所収大島美津子「地方政治」・一三九頁以下においては、「府藩県三治の制」の具体的内容が示されるとともに、特に「藩庁の地方官庁化」をもくろむ中央政府の、藩への内政干渉について言及がなされている。

(9)明治維新後、新政府が定めた最初の刑法典が、「仮刑律」であることは、すでに周知のとおりである。手塚博士は、前掲・『明治刑法史の研究(上)』所収「仮刑律の一考察」・五頁以下の考証をもとに、同法典の編纂が、明治元年一月一七日開設の「刑法事務科」から翌二月三日に設けられた「刑法事務局」の時代になされたとする。併せて該論文・四頁で、その性格をめぐり、「新政府部内における裁判の準則」であり「一般に公布したものでもなく、また新政府が当初直接に管轄しえた旧幕府天領の一部に原則として行われたものにすぎない」と位置づけるが、今日それはほぼ通説として定着している。

(10)菊山正明氏は、『明治国家の形成と司法制度』(平成五年二月)所収「明治初年の司法改革」・七七頁において、明治二年七月八日制定の新政府「職員令」が、「府藩県に対して職制の統一化を要求」したものの「地方官庁の統治組織については規定するところ」はなく、「このため府藩県によっては独自の統治機関を設置して司法機関を置くところも出てきた」と述べ、具体例として、佐賀藩・日光県・盛岡藩の場合を挙げる。本文に言及する点は、こうした指摘からも十分にうかがわれよう。

(11)前掲大島・「地方政治」・一四二頁で、筆者は、「このクーデターともよばれる変革にたいして諸藩の抵抗はまったくなく、廃藩置県はきわめて平穏裡に断行され」と評する。

(12)内閣官報局編『法令全書　明治四年』・四二〇頁以下。

(13)たとえば前掲菊山・『明治国家の形成と司法制度』所収「江藤新平の司法改革構想と司法省の創設」・一三五頁以下や同「江藤新平の司法改革」・一六〇頁以下に、県治条例と「司法」の関係についての言及を見出すことができる。なお、本稿において、以後「裁判」として考察の対象とするのは、特に断らない限り「断獄」すなわち「刑事裁判」のみである。

（14）横山氏は、前掲・「明治五年後の刑事手続改革と治罪法」・二一九頁において、明治四年の司法省設置と訴訟事務の大蔵省から同省への移管が、「廃藩置県によって論理上達成された裁判権の統一を体現する機関の創出」であるとしながらも、地方官から裁判権を「収奪」しなければ本当の意味の裁判権統一ではないとする。

（15）前掲藤田・『新律綱領・改定律例編纂史』所収「府県裁判所設置の一齣――足柄裁判所の場合――」・三〇三頁以下の第二節を参照。

（16）近年発表された江藤新平の司法制度改革に関わる研究として、前掲菊山・「江藤新平の司法改革構想と司法省の創設」・八八頁以下や同「江藤新平の司法改革」・一四五頁以下がある。これら論文は、菊山氏が、後者論文冒頭一四五頁以下にも「明治二年一一月、太政官中弁に任命されて以来、司法制度改革に情熱を燃やし、司法省創設を策定した江藤新平が、明治五年四月二五日、司法卿に任命されてから明治六年十月の政変で下野するまで」と記すことに表象されるように、当該期間において江藤が主導した一連の司法制度改革の内容・意義そして結末について詳述したものであり、その全体像を俯瞰し掌握するためにすぐれて有効である。併せて、筆者浅古氏の言を借りれば、「司法省裁判所の歴史（その設置から廃止に至るまで）を、若干の私見を交えて整理」することを目的とした、杉山晴康編『裁判と法の歴史的展開』（平成四年五月）所収浅古弘「司法省裁判所私考」・四三頁以下は、文字通り司法省裁判所の創設・廃止の経緯を詳らかにするが、敷衍して江藤によって意識された司法制度改革の変遷を丹念に辿る。なお、上掲菊山前者論文・一四六頁註（1）および、同じく浅古論文・五八頁註（11）は、江藤の司法制度改革に関連する先学の業績を掲げたもので、本問題に注目する後学を利するところ大である。

（17）「司法職務定制」の何たるかについても、前掲菊山・「江藤新平の司法改革」・一五八頁以下あるいは、前掲浅古・「司法省裁判所私考」・四九頁以下に言及がなされている。また、上掲菊山・浅古両氏の論文各註には、「司法職務定制」をめぐる先学の業績が指摘されている。そうしたなかでも、福島正夫「司法職務定制の制定とその意義――江藤新平とブスケの功業――」（『法学新報』第八三巻第七、八、九号　昭和五二年五月）・二五頁以下は、該定制を沿革・内容両面から紹介する包括的な研究である。

（18）内閣記録局編『法規分類大全　官職門　官制　司法省一』・一二四頁以下。

(19) この間の事情については、たとえば、前掲菊山・「江藤新平の司法改革」・一六八頁以下の第三節に詳しい。

(20) 府県裁判所に関しては、すでに掲げた前掲菊山・『明治国家の形成と司法制度』や前掲藤田・『新律綱領・改定律例編纂史』といった両氏著作に所収の諸論文（これまでに掲げたものに加え、藤田氏の「足柄裁判所旧蔵『新律条例』考——改定律例の草案と覚しき文書について——」・二三二頁以下を挙げておきたい）をはじめ、勝田政治『内務省と明治国家形成』（平成一四年二月）所収「内務省設立構想の提起」・三九頁以下等、近年さまざまな視点からの研究が発表されている。該裁判所創設時期や先行研究の詳細については、本書所収第五章「二つの埼玉裁判所をめぐって」・一一五頁註（22）、本書所収第八章「新治裁判所在勤・司法権少判事三島毅の一側面」・一六五頁および一六七頁註（6）をも併せて参照。なお、東京府を管轄する東京裁判所は、司法制度改革とは別にそれ以前の明治四年一二月二六日司法省内に設置されている。

(21) 前掲菊山・『明治国家の形成と司法制度』所収「明治八年の司法改革」・二七二頁。

(22) 明法寮を対象とする研究としてまず挙げなければならないのは、沼正也『財産法の原理と家族法の原理〔新版〕』（昭和五五年一〇月）所収「司法省指令の形成をめぐる明法寮の役割」・六六二頁以下および同書所収「明法寮についての再論」・六九七頁以下に開陳された精緻な考証であろう。同寮の人的側面を知るためには、併せて前掲藤田・『新律綱領・改定律例編纂史』所収「改定律例編纂者考」・二五六頁以下を参照。

(23) そうした関心にもとづいて発表してきた筆者の論考を順に掲げれば、以下の通りである。すなわち、本書所収第一章「『司法省日誌』考——第一期刊行分を素材として——」、本書所収第二章「司法省日誌記事をめぐる一試論」、本書所収第三章「問刑条例をめぐる若干の考察——法務図書館所蔵『問刑条例』および『各裁判所伺留』を素材として——」、本書所収第四章「脱籍逃亡自首者の処分をめぐって」、本書所収第五章「二つの埼玉裁判所伺をめぐって」、本書所収第六章「『司法省日誌』登載指令の援引をめぐる一考察」、本書所収第七章「改定律例施行と新旧法の効力をめぐって」、本書所収第八章「新治裁判所在勤・司法権少判事三島毅の一側面」、本書所収第九章「府県裁判所創設期にみる伺・指令裁判体制の一断面」、である。

(24) 前掲霞・「『司法省日誌』登載指令の援引をめぐる一考察」・一二〇頁。

(25) 周知のことであるが、明治六年七月一〇日「改定律例」（本稿では「律例」とも略称する）が施行される。それ以降、律系刑法典である綱領・律例は、維新後最初の近代的刑法典「旧刑法」が施行される明治一五年一月一日までの間、併せおこなわれることとなる。従って本文にいう「新律綱領単独施行期」の意味する期間もおのずから明白であろう。

(26) 「司法省日誌」や「日誌登載指令」については、本稿「二、本論」においてまとめて詳述する。

(27) こうした問題意識については、前掲霞・「『司法省日誌』登載指令の援引をめぐる一考察」・一二〇頁以下を参照。

(28) ただし、部分的には、本稿の趣旨を完遂するための必要性から、考察の範囲が、新律綱領単独施行期を越えて綱領・律例併行期に及ぶ箇所がある。

二、本　論

(1)

現在、法務省法務図書館が所蔵する文書に「府県伺留」および「各裁判所伺留」がある。これらに最初に注目したのは、沼正也博士であり、博士は、前掲・『財産法の原理と家族法の原理〔新版〕』所収の諸論文における詳細な考証により、両伺留を「明法寮申律課記録」と位置づける。[1] つまり両伺留には、明治四年から明治八年の間に、それぞれ各府県・各府県裁判所から提起されたぼう大な数にのぼる、刑事裁判執行に係わる「伺」とそれに対し司法省（実質的には明法寮）が下付した「指令」が綴じ込まれている。内容的には、主として新律綱領・改定律例の適用をめぐる解釈上の疑義を晴らすための伺が多数を占め、単なる具体的事例の処理に関するそれは、ほとんど見受けられない。[2] まさに上掲二文書こそ、「伺・指令裁判体制」に裁判実務担当者として参画した人々の、法的素養や当時の現行法への理解、あるいは刑事裁判に対する取り組みの姿勢を知る上で必須の史料といえよう。[3]

ところで、新律綱領単独施行期、刑事裁判実決に際し、裁判実務担当者を悩ませたのは、綱領そのものであった。綱領が、律系刑法典に特有の複雑な改正・追加のもとで運用されていたことは、前掲手塚・『明治刑法史の研究（上）』所収「明治六年太政官布告第六十五号の効力――最高裁判所判決に対する一異見――」と題する論文において、同博士が呈する克明な考証により明らかである。[4] つまり、具体的な事件に綱領諸条を適用するためには、常に細心の注意をもって、擬すべき現行法条が何であるかを把握することが、最も重要な第一歩であった。さらにそれでもなお、法条適用に誤りがあり「誤判」という結果が招来されれば、当該裁判実務担当者は、新律綱領断獄律出入人罪条

凡官吏。故サラニ人ヲ罪ニ出入シ。全ク出タシ。全ク入ル、者ハ。出入スル所ノ全罪ヲ以テ論ス。若シ故サラニ軽ヲ増シテ。重ト作シ。重ヲ減シテ。軽ト作ス者ハ。其増減スル所ノ罪ヲ以テ坐ス。死ニ至ル者ハ。坐スルニ死罪ヲ以テス。若シ罪ヲ断シテ。入ル、ニ失スル者ハ。各三等ヲ減ス。出タスニ失スル者ハ。各五等ヲ減ス。并ニ罪。所由ヲ以テ。首ト為ス。[5]

に規定のとおり刑事罰の対象となった。[6] それではこうした状況下、刑事裁判の適正な執行と誤判による責任追及回避を志向した裁判実務担当者は、一体どのようにして二つの課題の同時解決に対処したのであろうか。まさにこの点について論ずることこそ、本稿が目指す第一の、すなわち、新律綱領単独施行期の伺・指令裁判体制における裁判実務担当者の当該任務への取り組みの姿勢を詳らかにし、かつ第二の、同体制のより詳細な構造を解明するために、すぐれて重要な情報を提供することとなろう。

そこで本節では、まず、筆者がこれまで発表する関係諸論考のなかで、上掲両伺留に収録された「伺」の分析・検

討を通じ考察した内容を整理し、右にいう問題についてあらためて総括しておきたいと思う。

(2)　はじめに、各府県の裁判担当者についてである。藤田氏による前掲・「府県裁判所設置の一齣」が詳らかにする、足柄県において刑事裁判を担当したと推測される聴訟課構成員の前歴、[7]あるいは、本書所収第五章「二つの埼玉裁判所伺をめぐって」中に言及する、明治五年八月一七日埼玉裁判所開設に際し埼玉県より同裁判所に移動し司法省官員となった八名の者が、おそらく県において聴訟・断獄に携わりその経験と力量とを買われて新設の府県裁判所要員として任用されたのであろうとの「転任」事情、[8]等について勘考するとき、各府県の裁判担当者が、頒布された新律綱領の内容を理解し内在する矛盾や疑問点を指摘するに十分な能力を有していたであろうとの認識に達する。[9]一方かつて筆者は、本書所収第四章「脱籍逃亡自首者の処分をめぐって」のなかで、新律綱領戸婚律逃亡条に明文の規定を欠く、[10]「脱籍逃亡自首者」の刑事上の処断について発せられた各府県からの伺の存在を前提に、

まず各府県からの伺は、かの大分県伺にみられる「御指図相成候ヤニ伝承仕候」なる文言に象徴されるように、疑義提起において何らかの共通な「判断上の資料」を前提とすることなく、「脱籍逃亡自首者」の刑事上の処分に関し各府県の担当者が個々に有する情報や法律知識にもとづいて提起をみたと推定され、必ずしも一定の内容・形式を有するものではない。[11]

との記述をなした。これは、同じ「脱籍逃亡自首者」の処断に関し、各府県より提起された伺と各府県裁判所からのそれとの形式に、明らかな相違のあることに由来しての指摘であった。つまり、後に詳述することであるが、新律綱

領単独施行期、各府県裁判所に配属された裁判官の伺には、処断に際し現行法以外に、何らかの「よりどころ」となるべき資料（筆者はこれを、拙稿のなかで一貫して「判断上の資料」と呼称してきたが、本稿でもこの語を用いる）[12]を参照引用しての疑義提起の形式が散見されるが、「脱籍逃亡自首者」に関する伺以外の、「府県伺留」に収録された各府県発信の諸伺すべてを概観するも、管見のおよぶ限り、ほぼ同時期のそれらには、そうした形式を踏むものが一切発見できないのである。このことより、府県の裁判担当者が、刑事裁判実決に際し「よりどころ」とした本来的資料は、まさに頒布された当時のままの綱領とその改正変更を伝える太政官や司法省からの布告・布達等の公文書、自らが発した伺への指令のみに限定され、前掲・「脱籍逃亡自首者の処分をめぐって」で指摘したように、「司法省が、布告・布達や個別の指令による以外、各府県に対し、錯綜する綱領の運用に関する情報を積極的に提供したものとは考えられ」なかった[13]、との推断を呈さざるを得ないのである。なお付言すれば、裁判担当者は、先にいう「県治条例」中に規定された県治事務章程により、司法省に対し、「絞以上刑罪人処置」については事前に執行許可を求めねばならず、また「徒流以下軽罪」については事後に処断報告義務を負っており[14]、その延長上で「誤判」について考えるとき、彼らが同省のかなり厳しい注視のもとに置かれていたのではないかとも推測される。従って、特に明治六年初頭の「司法省日誌」刊行までの時期、各府県の裁判担当者が、誤判を回避し同時に、自らの刑事罰をも免れるためには、諸事案に対峙するとき、先にいう能力を駆使しでき得る限りの法的知識をふりしぼり丹念に法条の適用を検討しつつ、必要に応じて倦むことなくこまめに伺提起をなし指令を通じて最新の情報をつかむことこそが、唯一にして最も有効な手段であったといえよう。そして「府県伺留」に綴じ込まれた夥しい数に上る伺こそ、まさに各府県裁判担当者が、刑事裁判への関与に際し、右にいう姿勢を堅持したことを明示する象徴的な物証といえるのではないだろうか。

(3)　すでにふれたように、江藤司法卿の積極的な司法制度改革の目玉的施策として、限定された地にではあるが府県裁判所が開設され、司法省直属の裁判官である司法省判事が、任地に向かった。彼らは、多くの場合各府県裁判所の責任者（所長）と覚しき地位に就任し[15]、江藤が推進した国家（司法省）による司法権掌握の尖兵としての役割を担うことになる。それではそうした裁判官達は、新律綱領単独施行期における伺・指令裁判体制のなかで、どのような姿勢をもって刑事裁判にのぞんでいたのであろうか。さて、筆者がこれまでに発表する一連の論考、すなわち、本書所収第三章「問刑条例をめぐる若干の考察」、同第四章「脱籍逃亡自首者の処分をめぐって」、同第九章「府県裁判所創設期にみる伺・指令裁判体制の一断面」は、それぞれの論題に応じて、「各裁判所伺留」に所収の、明治六年上半期までに開設されていた府県裁判所が発する、擬律・科刑に係わる伺とそれに対する指令の分析・検討を試みたものである。そして、上掲諸論考に示された結論を通じ、叙上の問題を考察するための、きわめて有効な事実が明らかにされ、もって府県裁判所に勤務する裁判官達の刑事裁判に取り組む現実の姿を詳らかにし得たのではないかと思料する。まず、新律綱領単独施行期、処々の府県裁判所が提起した伺中に、「問刑条例」[16]なる文書を引用し擬律・科刑に係わる疑義を質すものが相当数見受けられることに注目し、該条例と法務図書館所蔵の同名文書との関連を分析した前掲・「問刑条例をめぐる若干の考察」からは、伺中にみられる問刑条例が、「擬律や処断に際し常に準拠することのできる確定的な「法源」的効力を有していたとの推定はなし得ない」ものの、伺を提起する府県裁判所判事と指令を下す明法寮の両者にとってすでに「公知の存在」であり、「法条の改正・追加が繰り返される新律綱領施行下、伺を経て裁可ののち擬律・処断に適用することのできる「よりどころ」として認識されていた」のではないか、との推論が導きだされる[17]。また、前掲・「脱籍逃亡自首者の処分をめぐって」では、新律綱領に明文規定を欠く「脱籍逃亡自首者」の刑事上の処断をめぐり府県裁判所から提起された個々の伺が、いずれも「問刑条例」もしくは単に「条例」という名称を掲げ、その中に規定された「脱籍逃亡自首条」（仮称）の内容をふまえつつ、該自首者の処断を尋ねるという共通形式を採る点に注目し、併せて前掲藤田・「足柄裁判所旧蔵『新律条例』考」における考察の示唆を得て[18]、「問刑条例」や「新律条例」のような「判断上の資料」を転写し持参することは、「本省より当該府県裁判所に直接赴任する司法省官人みなに共通のものであったと見做すことができる」との見解を呈した[19]。最後に、前掲・「府県裁判所創設期にみる伺・指令裁判体制の一断面」では、明治五年より六年にかけて各府県裁判所に赴任した裁判官が、例外なく常に「判断上の資料」を持参し座右に置いていたのか、また「判断上の資料」として「問刑条例」・「新律条例」以外の文書が存在したのか、等を総括的に再検証するために、「各裁判所伺留」より、新律綱領単独施行期に発せられた伺を抽出し、分析・検討した。その結果筆者は、明治五年八月府県裁判所創設決定後、比較的早い時期に府県裁判所が実際のものとして開設され、それとほぼあい前後して同裁判所に赴任することとなった司法省判事は、その際、かなり高い確率で「判断上の資料」を帯同していたであろうこと、また、そこで確認される「判断上の資料」は、結局「問刑条例」と「新律条例」のみであること、との結論を得た[20]。

さて如上の考察にもとづき、本(3)冒頭にいう府県裁判所裁判官の刑事裁判への取り組みの姿勢にあらためて言及しておく必要があろう。新律綱領単独施行期しかも明治五年代の後半までに各府県裁判所に赴任した裁判官の多くが、複雑な改正・追加を繰り返す綱領について、時々の現行法が何であるかを確認する煩雑さや困難さを十分認識していたであろうことは[21]、職掌上、赴任前司法省にあって擬律・科刑の現実にふれる機会の多かったと思料される彼らの立場を勘案するとき、想像に難くない。従って司法省を離れるにあたり、誤判を回避し自らの刑事罰から免れようとする、裁判実務担当者に共通の意識ともあい俟って、彼らが、現行法に関する最新の情報を入手すべく奔走し、まさに最も有効な「判断上の資料」を携えて任地へ向かったであろうこともまた自明である。「問刑条例」を手に刑事裁判実決の任に就いた府県裁判所の裁判官の伺には、該条例中の法条を掲げそこに記された内容が適用するに誤りのない今日的に有効なものであるかを再確認する内容のものが多々みられるが[22]、それほど綱領の運用が難しく、常に現行法の確認が必要であったとの現実とともに、屋上屋を架するほどの慎重さこそ、彼らの身上であったのかもしれない。

(4)　新律綱領単独施行期の伺・指令裁判体制のなかで、前項までに言及したようにいささか与えられた環境が異なるとはいえ、現行法を正確に把握することに腐心していた各府県・各府県裁判所の裁判実務担当者にとって、明治六年一月は特別な月であったにちがいない。なぜなら司法省は、当月より「司法省日誌」の刊行を開始したからである。

さて、司法省日誌発刊の経緯や刊行状況については、すでに前掲沼・「家族関係法における近代的思惟の確立過程（その一）」および前掲沼・「司法省指令の形成をめぐる明法寮の役割」により明らかであるが、敢えて概略を記せば以下の通りである[23]。すなわち同日誌は、「司法省日誌　明治六年第一号」（明治六年一月）を創刊号とし、「司法省日誌明治九年第六十六号」（明治九年五月）まで、初期における二度の中断を含みながら三期三年有余にわたり刊行され、内容としては、時の政府や司法本省によって発せられる布告・布達・達をはじめ、司法省を中心とする人事に関する辞令、民事・刑事に係わる主要な伺ならびに指令、司法統計ともいうべき「行刑表」や「聴訟表」、他の官衙との交換文書等を登載し、初めて司法をめぐる総合的な情報を全国津々浦々の裁判実務担当者にあまねく伝達したと思料される、「司法省」独自の定期刊行物であった。そして筆者は、日誌が、伺・指令裁判体制においていかなる役割を果たしたのかを検証する究極の目的をもって、これまで、本書所収第一章「『司法省日誌』考」、同第二章「司法省日誌記事をめぐる一試論」、同第五章「二つの埼玉裁判所伺をめぐって」、同第六章「『司法省日誌』登載指令の援引をめぐる一考察」、同第七章「改定律例施行と新旧法の効力をめぐって」、同第八章「新治裁判所在勤・司法権少判事三島毅の一側面」といった諸論考を手がけてきた。そこで、上掲六論考の内容を勘考しつつ、まず、本(4)冒頭に指摘する「明治六年一月は特別な月」という意味について考察を進めることとしたい。

司法省日誌が刊行され配布されてその内容に接したとき、各府県の裁判担当者や各府県裁判所の裁判官の共通認識として疑いなく推測されることは、両者いずれにとっても、刑事裁判における新律綱領を用いての擬律・科刑で常に煩わされてきた現行法の確認という作業からようやく開放される、という思いではなかっただろうか。先にもふれたように、「問刑条例」や「新律条例」という「判断上の資料」を、赴任に際し帯同した多くの司法省判事でさえ、着任後関与する刑事案件では、あらためてそれらに包含される条々が現行法であるか否かを尋ねる伺を提起していた実状からみて、それまで司法省からの積極的な情報伝達を受け得なかった府県の裁判担当者にとって、現行法の正確な把握が、どれほど過大な負担であったかは、前項までに言及するところである。こうした現実をふまえ、日誌を通じて他者の伺にもふれ、対する司法省指令を知ることは、誤りのない刑事裁判を求めてやまない裁判実務担当者にとって、干天の慈雨ともいうべきもので、「明治六年一月は特別な月」とする要諦は、まさにここにあったといえよう。彼らが、日誌に登載された伺・指令を実に慎重に注視し、またそこで得た情報を自らの担当事案へ速やかに援用しようと多大な関心を寄せていたであろうとする様子は、前掲の拙稿に依拠しても比較的容易にうかがい得る。たとえば、前掲・「司法省日誌記事をめぐる一試論」は、「司法省日誌　明治六年第三号」一月八日分の記事として登載された、脱籍逃亡者が、ふたたび「本籍」に帰還し自首した際、その逃亡期間が五〇日を超えている場合に「首免」の恩典に浴し得るか否かを問うた山梨裁判所伺と、それに応えて「首免」とする旨を指示した司法省指令を素材とした論考である。[24]すでにくりかえし述べてきたように、「脱籍逃亡自首者」の処断について新律綱領は明文規定を欠いており、そうした状況下該指令が、「脱籍逃亡自首者」のあつかいを公的に表明したことは、裁判実務担当者の強い注目を惹いたであろうし、特に、司法省判事にとっては、自分達が「判断上の資料」を通じて知る従来の処断とは異なる内容の指令が示されたことから、[25]それにきわめて多大な関心を寄せたであろうことは推測に難くない。そのことを象徴するかのように、本指令をめぐっては、指令内容の当否を尋ねあるいは処断方針の変更を確認する等様々な伺が提起されている。[26]そしてなかでも、日誌第三号登載の該指令内容に従いただちに当事者を「放免」してしまったことへの事後処理を問う明治六年二月の埼玉裁判所伺は、裁判実務担当者の日誌記事への対応姿勢を知るうえで極めて有効な示唆を与えてくれる。「放免」の顚末については、前掲・「二つの埼玉裁判所伺をめぐって」で、埼玉裁判所在勤の司法省判事が、該指令に接し、「躊躇なく日誌記事中の司法省指令に従い、「脱籍逃亡して五〇日を経た後に帰還し自首した者」に該当する対象者を指令どおり免罪とし「放免」した」との推定を呈したが、[27]後に思いがけないトラブルを招来するとはいえ、[28]そこにみられる同裁判所のいわば「早すぎる対応」こそ、先にいう各府県の裁判担当者や各府県裁判所の裁判官が、日誌登載の伺・指令に対し高い関心を抱き、遅滞なく司法省の指示に服そうとする、日誌重視の姿勢を象徴する行動と位置づけられはしないだろうか。

ところで、裁判実務担当者に、これほど期待と関心をもって受け入れられた司法省日誌登載の伺・指令について、彼らが次に強く「希求」したことは、指令内容をそのまま類似の刑事事件の処断や法解釈に充当することができないのか、もしそれが正式に認められ可能となれば、裁判の迅速かつ公正な執行や誤判の回避とその責任からの解放にいかに有用であろうか、という点であったろう。実際如上の「希求」の存在を証明する素材として筆者は、前掲・「『司法省日誌』登載指令の援引をめぐる一考察」において、明治六年四月以降相前後して和歌山・名東・山口の諸県から提起された三つの伺を掲げた。[29]日誌登載指令を、司法省による「新たな法令に準じる存在」と位置づけ、他の事例への直接の「照準」もしくは「比附援引」を可能ならしめることの可否を尋ねるという、ほぼ同一主旨のこれら伺の内容は、むしろ要求とも見まがうべきもので、特にこれまで何ら有効な「判断上の資料」を有することのなかった府県の裁判担当者の、日誌登載指令の法源化を通じて、自らが背負ってきた重荷から解放されたいとする、まさに切実なる悲願を代弁するものに他ならないであろう。しかし司法省は、にべもなくその要求を拒否する。そればかりか、改定律例施行や一時中断されていた司法省日誌の再刊とほぼ時を同じくして、明治六年八月三日、「府県」に宛て以下の明治六年司法省第一二四号（本稿では「第一二四号」とも略称する）を伝達するのである。

当省日誌ハ各府県伺ノ指令ヲ全載スルト雖モ其伺面ニ至テハ往々節録スルアレハ一概之ニ拠テ比擬難致候間律ニ正条無之者ハ假令日誌上的例有之候共伺ヲ経サレハ右ヲ援引致候儀不相成候条此旨相達候事[30]

右にいう第一二四号が、宛先を府県に限定し、日誌に登載する「府県伺」に対する「指令」でかつ「律ニ正条無之者」のみの援引を許さずとしている点は注目に値する。これによれば、府県裁判所の裁判官のそうした行為は特に制限されておらず、法条解釈に係わる疑義への登載指令のあつかいにも何ら言及がないことから、第一二四号は、刑事裁判において日誌登載指令に法源的効力を認めるか否かを指示するかのような、総括的達示ではなく、むしろ先に掲げる三県の伺に触発され、そこで下付された個別指令を一般化して、全府県に司法省の意向を公示徹底するためのものであったといえよう[31]。

その後明治六年一〇月、今度は千葉および新治両裁判所在勤の司法省判事名で、刑事裁判実決に関する日誌登載指令の援引や引用を求めた伺が、あらためて提起される[32]。伺文から明らかなように、ともに第一二四号を承知した上での問い合わせであるが、応える司法省指令は、「参考致シ候儀不苦」あるいは「参考ニ供スルヲ得ル」であって、かつての三府県への指令はもちろん、第一二四号の主意ともいささか趣の異なることは明白である[33]。そして、明治七年一月二〇日、司法省は、「各裁判所」・「各県」に、明治七年司法省第一号達（以下本稿では「第一号達」とも略称する）を発する。

昨明治六年第百二十四号ヲ以テ当省日誌援引不相成旨布達致シ置候所右ハ罪案ヲ以テ伺出候分ノミノ儀ニテ律文ノ伺指令トモ全載スル者ニ限リ援引比擬不苦候条此旨更ニ相達候事[34]

本達で司法省は、日誌に登載された刑事に関する伺・指令中の指令部分について、「罪案ヲ以テ伺出候」以外、かつ「律文ノ伺指令トモ全載スル者」に限り「援引比擬」を許す、すなわち、該条件に合致する指令内容については、あらためて伺を提起することなく同省の最新の意向として、自己の抱える同種同類の別事案に直接充当できるとの旨を明言したものといえよう。日誌刊行から一年、明治七年初頭三度目の再刊が始まり連続刊行が期待されるなかで、日誌登載記事が単なる「記事」の地位を脱却し、伺・指令裁判体制において「法源的効力」を認められた瞬間であった[35]。各府県の裁判担当者にとっては、明治四年一一月刑事裁判実決の任に就き、爾来新律綱領単独施行期に、ほぼ徒手空拳に近い状態で「現行法」が何であるかを模索しつつその複雑な運用に従事しなければならなかった期間を超え、そうした綱領の不完全さを解消すべく編纂施行された律例併行の時代になり、ようやく、公の「判断上の資料」を入手したのである。

もちろん、司法省判事にとっても日誌登載指令の法源化は望むところであったろう。たとえば、前掲・「新治裁判所在勤・司法権少判事三島毅の一側面」に指摘するように、赴任時より日誌の有用性に着目していたことがうかがわれる新治裁判所の三島権少判事は、明治七年二月、「新治裁判所断獄課」の名のもと、明治六年七月以降日誌第二期刊行分および翌七年一月以降同第三期刊行分に及ぶ綱領・律例に関連の伺・指令や自らの手になる伺とそれに対する指令をまとめた、三冊本の「刑法指令隨録」と題する簿冊を作成する。[36] そして、隨録冒頭の「凡例」中には、同文書が日誌登載指令の条件付援引を認めた第一号達の存在をきっかけに編まれたことを示す「各府県等ノ刑律伺指令司法省日誌ニ在ルモノ律文全載スルハ援引比儀スルコトヲ聴スノ布達ニ依リ此冊子ヲ編ミ題シテ刑法指令隨録トス」、また隨録作成作業の継続的必要性を表明した「後ノ該衙門に在テ法ヲ執ルモノ隨録怠ルコト勿レ」なる一文を掲げる。そこには、三島の、日誌搭載指令法源化への強い関心とそれに対するこれまで以上の重視の姿勢を垣間見るが、こうした意識は、「かたち」として残されたものの存否はともかく、各府県裁判所で任務に邁進していた司法省判事に共通のものではなかっただろうか。いずれにしても、各府県・各府県裁判所という二重構造のもとで執行されてきた明治初期の刑事裁判、すなわち伺・指令裁判体制は、第一号達の発令により、司法省日誌登載記事の援引を条件付ながら認めたことを以て、少くとも制度的には、司法省の擬律・科刑をめぐる意向を一元的に周知させる仕組みを確立させたといえよう。

(1) ここにいう両伺留や明法寮申律課をめぐり沼博士は、前者に係わるものとして、前掲・『財産法の原理と家族法の原理〔新版〕』所収「家族関係法における近代的思惟の確立過程（その一）」・三四一頁以下、前掲・「明法寮についての再論」・七三〇、七三五頁に、後者に係わるものとして、前掲・「家族関係法における近代的思惟の確立過程（その一）」・二八六、三〇三、三三七頁、前掲・「司法省指令の形成をめぐる明法寮の役割」・六八九、六九〇頁、前掲・「明法寮についての再論」・七三四頁に、それぞれ詳細かつ精緻な考察を呈している。筆者の一連の「伺・指令裁判体制」に関する研究も、その業績に触発されて緒についたといって決して過言ではない。

（2）今日、法務省法務図書館が所蔵する明治初期の刑事裁判史料として、いわゆる「伺留系」と「口書系」という二系統の文書が存在する。伺留系については、本節註（1）にふれたように、沼博士の考証によりその位置づけがほぼ確定しているが、「三府口書」・「使府口書」・「諸藩口書」・「諸府口書」・「書県口書」という名を冠せられた一連の口書系については、必ずしも充分な解題が進められていないのが現状である。ただかつて筆者は、拙著『明治初期刑事法の基礎的研究』（平成二年一〇月）所収「『鶏姦規定』考」・九七頁註（10）や同書所収「自首条の適用をめぐる若干の考察」・六六頁註（8）、前掲霞・「『司法省日誌』考」・七頁以下、さらには「赤レンガと刑事法　法務図書館史料拾遺⑦」（『研修』第五六七号・三四頁　平成七年九月）において、両系統の文書に綴じ込まれた伺内容の差異等につき言及したことがある。そしてそれらに拠れば、未だ試論の域をでないが、口書系こそ、「史料名命名のもととなった当該刑事事件関係者の供述書や一連の事件資料を提示しつつ、個別案件の具体的な刑事処断如何を尋ねる伺を取りまとめた」史料と推定される。

（3）なお、本稿においても、「府県伺留」および「各裁判所伺留」に綴じ込まれた伺・指令の史料的位置づけに関しては、前掲霞・「『司法省日誌』登載指令の援引をめぐる一考察」・一三三頁以下の註（9）後段に述べる立場を踏襲しておきたい。

（4）前掲手塚・『明治刑法史の研究（上）』所収「明治六年太政官布告第六十五号の効力――最高裁判所判決に対する一異見――」・一二二頁以下には、新律綱領の改正・追加をめぐる基本的認識について、具体例を提示しての詳細な言及がなされている。

（5）前掲・『法規分類大全　刑法門二　刑律三』・一九三頁。

（6）新律綱領および改定律例に規定された出入人罪条適用に係わる先行研究については、前掲霞・「新治裁判所在勤・司法権少判事三島毅の一側面」・一八四頁以下の註（12）を参照。併せて、前掲霞・「改定律例施行と新旧法の効力をめぐって」・一五八頁註（15）を参照。特に先行研究中、原禎嗣「明治九年太政官第四八号布告をめぐる若干の考察」（『法学政治学論究』第七号・二一一頁以下　平成二年一二月）第二節の「司法省による進退伺適律」は、先学の業績をふまえつつ、「官吏という特定の身分を有する者の職務上の失錯、及び服務規律違反を犯罪として処断」（上掲原論文・二一二頁）する「進退伺適律制度」が、明治五年八月の司法職務定制制定以降いかに運用されたのか、同制度に対する司法省の姿勢がどのようであったのか、を考証するもので、江藤主導の司法省の、官僚機構における権限伸張をめぐる意思をうかがう上でも興味深い。

（7）前掲藤田・「府県裁判所設置の一齣」・三一〇頁以下。

（8）前掲霞・「二つの埼玉裁判所伺をめぐって」・一一四頁以下の註（21）。

（9）このことは、前掲霞・「改定律例施行と新旧法の効力をめぐって」・一六二頁「三、結語」中にみられる、各府県裁判担当者に関する記述からも十分に理解されよう。

（10）前掲霞・「司法省日誌記事をめぐる一試論」・四二頁および四八頁以下の註（7）を参照。

（11）前掲霞・「脱籍逃亡自首者の処分をめぐって」・八八頁。

（12）ただし、ここでいう「判断上の資料」から、明治六年一月発刊の「司法省日誌」は除外する。なぜなら、本節に後述するように、該日誌は、各府県・各府県裁判所が共有することとなるからである。

（13）前掲霞・「脱籍逃亡自首者の処分をめぐって」・九〇頁。

（14）「県治条例」中「県治事務章程」は、上款第八条「絞以上刑罪人処置ノ事」をふくむ三一項目について、「令参事コレヲ判決シ処分ノ法案ヲ作リ主務ノ省ニ稟議シ許可ノ後施行スヘシ」、下款第五条「徒流以下軽罪ノ事」をふくむ一六項目について、「令参事専任処置スルヲ得ヘシ而シテコレヲ行フノ後其旨趣ヲ主務ノ省へ達スヘシ」と定める（前掲・『法令全書　明治四年』・四二〇頁以下）。

（15）「各裁判所伺留」に綴じ込まれた、ある府県裁判所からほぼ同じ時期に提起された伺末に記入の司法省判事名が、たとえば前掲霞・「問刑条例をめぐる若干の考察」・六八頁以下に掲げる「表」からもうかがえるように、多く同一のものであること、また、前掲藤田・「府県裁判所設置の一齣」・三二二頁以下を中心に述べられている足柄裁判所創設と初代同裁判所所長佐久間司法権少判事との関係、前掲霞・「二つの埼玉裁判所伺をめぐって」・一一二頁以下の註（14）に論じた埼玉裁判所武久司法権少判事の地位をめぐる考証、さらには前掲霞・「新治裁判所在勤・司法権少判事三島毅の一側面」・

一七一頁以下に提示する三島名で提起された大多数の新治裁判所伺の存在、等を勘案するとき、規模の大きな府県裁判所はともかく、通常は、司法省から派遣された一名の裁判官が、そのまま「所長」相当の任に就いたと考えてよいと思う。

(16) 「問刑条例」それ自体、あるいは、現在法務図書館が所蔵する「問刑条例」と命名された厚薄二冊の和綴本の何たるかについては、かつて筆者が、「司法省日誌記事をめぐる一考察」・四六頁以下註(2)にささやかな解題的一文を草した。しかし誠に遺憾ながら「問刑条例」に関する根本的な解題は未済である。また、かつて筆者は、原禎嗣氏より慶應義塾大学三田図書館にも同名文書「問刑条例」(「乾」および「坤」)が存在するとの指摘をいただいており、これらすべてを併せそれぞれの内容の精査検討をなし、総合的な観点から史料評価をしなければならないと思料している。

(17) 前掲霞・「問刑条例をめぐる若干の考察」・七四頁。

(18) 前掲藤田・「足柄裁判所旧蔵『新律条例』考」・二三二頁以下の第五節を参照。

(19) 前掲霞・「脱籍逃亡自首者の処分をめぐって」・八九頁。

(20) 前掲霞・「府県裁判所創設期にみる伺・指令裁判体制の一断面」・一九八頁以下、二〇三頁。

(21) たとえば、前掲藤田・「足柄裁判所旧蔵『新律条例』考」・二三五頁において、藤田氏が、足柄裁判所に新律条例が転写されもたらされた事情を考証するなかで、「佐久間ならこの種のものが裁判を行ううえでいかに役に立つかを充分に認識していたに相違ない」と指摘する点は、本文にいう状況を示唆するものであろう。

(22) たとえば、前掲霞・「問刑条例をめぐる若干の考察」・六八頁以下に示した「表1」に掲げる各府県裁判所からの諸伺が、本文にいう状況をものがたる。さらに、上掲論考・七四頁に取り上げた⑨伺・⑫伺の内容は、より具体的な立証資料といえよう。

(23) 前掲沼・「家族関係法における近代的思惟の確立過程(その一)」・二一〇頁註(1)および前掲沼・「司法省指令の形成をめぐる明法寮の役割」六八二頁以下。前掲霞・「『司法省日誌』考」・一頁以下は、司法省日誌の内容の実証的分析を試みたものであるが、遺憾ながら第二期および第三期刊行分についての作業は未済である。

(24) 前掲霞・「司法省日誌記事をめぐる一試論」・三九頁以下の第二節を参照。

(25) 「脱籍逃亡」し、五〇日を越えて「復帰」し「自首」した者についての処断をめぐる、この時点での裁判実務担当者の共通認識は「首免ヲ聴サス贖罪ニ処ス」であった。こうした結論が得られる経緯については、前掲霞・「司法省日誌記事をめぐる一試論」・四二頁以下を参照。

(26) 前掲霞・「司法省日誌記事をめぐる一試論」・五二頁以下の第三節を参照。
(27) 前掲霞・「二つの埼玉裁判所伺をめぐって」・一〇七頁。
(28) 前掲霞・「二つの埼玉裁判所伺をめぐって」・一〇七頁。
(29) 前掲霞・「『司法省日誌』登載指令の援引をめぐる一考察」・一二五頁以下。
(30) 前掲・『法令全書　明治六年』・一七三五頁。
(31) 第一二四号については、前掲霞・「『司法省日誌』登載指令の援引をめぐる一考察」・一二七頁以下、一二八頁以下および一三六頁註(22)を参照。
(32) 前掲霞・「『司法省日誌』登載指令の援引をめぐる一考察」・一二八頁以下。
(33) 前掲霞・「『司法省日誌』登載指令の援引をめぐる一考察」・一二八頁以下。
(34) 前掲・『法令全書　明治七年』・一三四三頁。
(35) さらに詳しくは、前掲霞・「『司法省日誌』登載指令の援引をめぐる一考察」・一三一頁および一三六頁註(26)を参照。
(36) 前掲霞・「新治裁判所在勤・司法権少判事三島毅の一側面」・一八一頁以下。

三、結　語

本稿では、伺・指令裁判体制と名づける明治初期の刑事裁判において、各府県の裁判担当者や各府県裁判所の司法省判事が、いかなる環境の中でいかなる姿勢で自らの任務を全うしようとしたのか、特に新律綱領単独施行期を中心に、これまで筆者が発表してきた論考を整理することを通じて考察してみた。最後に、「まとめ」の意味をこめ、若干の点にふれておきたいと思う。

さて、刑事裁判実決に際し、本稿にいう「判断上の資料」を有するか否かのちがいが、各府県の裁判担当者に大きな負担を強いたであろうことは、本論中に述べた通りである。それでは、なぜこうした状況が継続されたのであろうか。これまでの筆者論考の中でも断片的にふれてきたが[1]、筆者は、このことと、後に日誌登載指令の援引を求めた三府県の伺へのにべもない拒否回答、日誌登載指令の援引をめぐる紆余曲折、これらはいずれも軌を一にする司法省の、ある「意図」の表明と考えるのである。つまりそれは、江藤司法卿の強い主導で進められた地方官からの司法権接収という目的達成のため、でき得る限り府県に「情報」を与えず、必要であれば伺を立て指示を仰がせることにより、地方官たちを同省の膝下に従わせ、裁判実務を実質的に全面掌握しようとする「意図」のなせる技と思料するのである。しかし一方、明治七年初頭に急転直下日誌登載記事の条件付援引が認められた背後には、明治六年後半の江藤自身の下野や江藤派司法省幹部辞任を原由とする、司法省をめぐる内外諸機関の力関係の変化がうかがわれ、決して裁判事実務担当者達の便宜を図ろうとしてというような単純な制度改変ではなかったことも推測される。すなわち、ひとまず、先の「意図」は棚上げし、日誌登載指令にその代役を委ねることにより、指令発令の機会を削減し、もって実質的指令担当者として飛躍的に拡大した明法寮の権限縮少を目指したのではないか、といった黎明期わが国「司法」界が抱えた「ひずみ」からの要因が推考されることも視野に入れておく必要があろう[2]。そして、こうした点を勘考しつつ、さらに明治初期司法史全体の解明を進めることが緊要ではないだろうか。

それにしても、客観的にみて、当時の裁判実務担当者達の刑事裁判への対応姿勢は、真摯であり大いに評価されてしかるべきであろう。特に府県の裁判担当者のそれは、司法省判事に優るとも劣らないと思料される。本稿が対象とする時期とは若干ずれるが、本書所収第七章「改定律例施行と新旧法の効力をめぐって」にみる明治六年九月以降に提起された四つの滋賀県伺からは、改定律例施行前後の新旧法の効力に関する法条解釈に端を発した「議論」において、自らの判断の正当なることを主張し堂々の論陣を張る同県裁判担当者の姿が観取される。これまさに、明治初期の刑事裁判の片翼を担った彼らの矜持を示す好例といえよう(3)。

その間の膨大な伺・指令を綴じ込む「府県伺留」および「各裁判所伺留」の最終冊には、それぞれ明治八年六月初旬の日々を記した指令案が散見されるが、明法寮を牽引車とした、本稿にいう伺・指令裁判体制は、制度上では明治八年五月四日同寮の廃止をもってひとまず終焉を迎えることとなる。

(1) 前掲霞・「『司法省日誌』登載指令の援引をめぐる一考察」・一三七頁。

(2) ここにいう筆者の考察の、より十分な理解のためには、前掲・「『司法省日誌』登載指令の援引をめぐる一考察」・一三八頁以下の註(2)を参照されたい。ちなみに、前掲沼・「司法省指令の形成をめぐる明法寮の役割」・六八八頁には、綱領・律例の運用をめぐる明法寮の縦横無尽の活動について、「太政官をやや無視しての独走」との指摘がある。筆者もまた、前掲・『明治初期刑事法の基礎的研究』所収「明治七年司法省第一〇号布達施行直後の伺・指令」・二二〇頁註(13)において、立法をめぐり明法寮がその権限を逸脱したと考えざるを得ない一例を示した。その一方沼博士は、前掲・「明法寮についての再論」・七二五頁で、明治六年四月一九日江藤の司法卿失脚を機に、司法本省自体が、「明法寮の独走に対しようやくブレーキを掛け」ようとしたと述べる。こうした状況を勘考するとき、当時国家機関内において比類なき法律専門家集団であった明法寮に対し、太政官や江藤無き後の司法本省の評価は、その有用性を重視するよりもむしろ同寮に集中する法解釈等の権限拡張を危惧する、大変厳しい姿勢への方向転換が看取される。如上の内情を反映したためであろうか、明法寮をめぐり、太政官は明治六年六月八日に早々と廃止の方針を決し（前掲・『法規分類大全

官職門　官制　司法省一』・八七頁）、実際明治八年五月四日には廃寮となる（前掲・『法規分類大全　官職門　官制　司法省一』・八七頁）。

（3）　前掲霞・「改定律例施行と新旧法の効力をめぐって」・一四四頁以下。

〔付記〕

本稿は、平成一四年八月二三、二四両日にわたり、米国ワシントン州における、州立ワシントン大学ロースクールが主催する「Law in Japan: A Turning Point」と題するシンポジュウムにおいて、「LEGAL HISTORY」分野の発表者としての参加依頼を受け、そのための原稿用に作成したものに加筆した論考である。なお、シンポジュウムにおいては、東京大学法学部教授ダニエル・フット氏（当時）および慶應義塾大学文学部訪問研究員迫村知子氏（当時）の全面的な協力により成稿をみた、本稿にもとづく英文翻訳原稿が、出席者に供されたことを、両氏への心からなる謝辞を呈しつつ、明記しておきたい。

第十一章　近代解部考序論

一、はじめに

利光三津夫博士の論文「解部考[1]」は、わが国上代官制において司法事務に携わったとされる「解部」なる官人に関する研究である。上掲論文で博士は、それまで解明されることのなかった、上代の解部が、「いかなる司法事務を掌っていたか」また「解部にはその伴造伴部たる氏族が存在したかどうか、またそれが存在したとすれば、いかなる氏族が、伴造、伴部を世襲していたか」という二点を中心に[2]、諸史料を掲げきわめて詳細な考証を展開し、実証的かつ総括的な「古代解部研究」を開陳しておられる[3]。考察に拠れば、養老令中の治部・刑部両省に置かれた解部は、いずれも、「わが国独特の官職であつて、唐制の輸入によつて生じたものではな」[4]く、そうした中で身分訴訟を管轄する治部省のそれは、「上代にクガダチの執行を世襲としていたその道の練達者達の後裔で」、その伝承する技術にもとづき「神判の方法以外の拷問の執行にもあたったものと推定せられ[5]」、刑部省のそれは、拷問執行の任とともに、「囚人又は原被両造の申立てを整理し、更に証拠を発見し、鞫状即ち取調書を作成することを、その職掌とするに過ぎ」ず、[6]ともに当時の裁判制度下にあって、何らの決定権も有することのない属吏的存在であったとの結論が示されている。[7]如上の考察に加え、右に紹介した利光博士の論文では、さらに時代を明治初期に転じ、明治政府の官制上新たに設けられた「解部」と称する司法部局官員について、[8]

なお、明治初年、所謂大宝律令の官制が復活せられたときも、解部なる官が置かれたが、明治の解部もその地位低く、その行うところは、江戸幕府の調役の与力程度の職掌に過ぎなかった。[9]

との「指摘」がなされている。上述の内容は、これまでほとんどスポットのあてられることのなかったわが国近代の司法制度における「解部」に言及するという点で注目に値するとともに、[10]明治初期の司法史を研究対象としてきた者として筆者は、利光博士のいう「低い地位」と「与力程度の職掌」という見解について、史料の実証的分析にもとづき、いずれあらためて検証の機会を得たいと考えてきた。

その後筆者は、「実像の「司法職務定制」（その三）」[11]と題する連載拙稿のなかで、いわゆる「近代解部」をとりあげ、

ちなみに、司法職務定制にみる解部については、未だ十分な体系的解明がなされているとはいい難い状況です。法曹官僚としての解部は一体いかなる立場にあったのか、官僚機構の視点からみて、解部は判事に昇進するためのワンステップであったのか、それとも解部はそれ自体完結した専門職種であったのか、彼らの勤務先の一つである府県裁判所において、具体的にどのような仕事に従事していたのか、そんな疑問にも現時点ではなかなか満足のいく明快な解答を呈することが

できません。[12]

との認識を披瀝するとともに、未だ仮説の域を出ないものの、当時知り得た史料や先学の業績に依拠して、近代解部の何たるかについて若干の見解を呈した。[13] そしてその結果、やはり解部について綿密な考証を加えることなしには、制度的側面からの明治初期司法史研究に、画龍点睛を欠くとの意を強くするに至った。そこで本稿では、近代解部研究の第一歩として、右にいう「実像の「司法職務定制」（その三）」に掲げた四つの表題[14]の中から、これまでの筆者の研究領域と最も密接に関連する「府県裁判所在勤司法省解部の果たした役割[15]」なる項を選択し、しかるべき原史料にもとづき、特に刑事裁判を素材としつつ該内容をより深めてみたいと思う。

（1）利光三津夫『律令制とその周辺』（昭和四二年一一月）所収「解部考」・二三七頁以下。併せて利光博士は、慶應義塾大学通信教育部テキストである『改訂　日本法制史Ⅰ（古代）』（平成一五年四月）・一一八頁においても、「解部」をめぐり言及する。

（2）前掲利光・「解部考」・二三七頁。

（3）利光博士は、「解部」についての先行研究として、前掲利光・「解部考」・二三七頁の第一節註（1）において、瀧川政次郎および栗田寛両博士の論文を掲げる。なおそれに加え、前掲利光論文以降に古代「解部」について言及した考察としては、井上光貞、関晃、土田直鎮、青木和夫校注『日本思想体系三　律令』（昭和五一年一一月）・五二一頁補註16C、阿部武彦『日本古代の氏族と祭祀』（昭和五九年五月）所収「伴造・伴部考」・三四五、三四七頁、『永島福太郎先生退職記念　日本歴史の構造と展開』（昭和五八年一月）所収福原栄太郎「孝徳朝の『刑部尚書』について」・三〇〇頁以下、長谷山彰『日本古代の法と裁判』（平成一六年二月）所収「奈良・平安時代における刑部省と判事局」・七七頁以下を挙げることができる。

（4）前掲利光・「解部考」・二三九頁。

（5）前掲利光・「解部考」・二四三頁。

（6）前掲利光・「解部考」・二四五頁。

（7）筆者は、前掲長谷山・「奈良・平安時代における刑部省と判事局」・八六頁以下における「判事と解部による裁判」、あるいは「判事・解部が並んで司法事務に関与する」といった記述を通じ、長谷山氏が、本文に紹介する利光博士の「解部」に対する考察とは若干異なり、すなわち、「解部」を、単なる「属吏」に止まらず、「判事」とともに律令体制下の裁判実務を支えるための必要不可欠な存在であった、とする見解のもとに置いているように推察する。さらにまた前掲註（3）に掲げる論文中、前掲福原・「孝徳朝の『刑部尚書』について」・三〇二頁以下には、前掲利光論文に示された古代解部をめぐる考察に対する反証批判が述べられている。その中で古代解部が、「大宝・養老令制」における裁判時に、「事実の審理」を担当し、訴訟遂行に欠くことのできない役割を果たしていたとする指摘は注目に値する。

（8）明治維新後「解部」の名称が、新政府の司法官衙における官職として最初に現れるのは、明治二年七月八日に創設された「刑部省」においてである（内閣記録局編『法規分類大全　官職門　官制　刑部省』・九頁）。そこでは、

大解部（従六位）　中解部（正七位）　少解部（従七位）　掌問窮争訟

と定める。

（9）前掲利光・「解部考」・二四五頁以下。

（10）数少ない「近代解部」に言及する論文より、たとえば、『刑事実体法と裁判手続――法学博士井上正治先生追悼論集――』（平成一五年一〇月）所収大國仁「わが国における近代的捜査機関の系譜」・二〇一頁は、本文にいう「司法職務定制」の規定を前提として、「解部」を、職制上「判事」とともに「裁判官」と位置づける。さらに、鈴木正裕『近代民事訴訟法史・日本』（平成一六年二月）所収「目安糺と訴訟却下」・六頁註（5）も近代解部について解説する。また、藤原明久「明治六年における京都府と京都裁判所との裁判権限争議（上）――裁判権独立過程の一断面――」（『神戸法学雑誌』第三四巻第三号・四八二頁以下　昭和五九年一二月）、藤田弘道『新律綱領・改定律例編纂史』（平成一三年四月）所収「府県裁判所設置の一齣」・三二一頁、本書所収第五章「二つの埼玉裁判所伺をめぐって」・九七頁以下は、

それぞれ、先の「司法職務定制」が設置を定めた「府県裁判所」のうち、明治五年後半期に逐次創設された京都裁判所・足柄裁判所・埼玉裁判所について、主要構成員の一角をなす「解部」の人的側面、すなわち彼らの解部就任以前の職歴やその後の官歴に言及した論文として、本稿との関連できわめて重要である。また、手塚豊『明治刑法史の研究(上)』(昭和五九年三月)所収「明治五年・額田県『断刑簿』」・七五頁以下は、明治四年一一月一五日に設置され「三河八郡および尾張知多郡の全領域」を管轄地とした「額田県」の刑事裁判記録(「断刑簿」)を紹介する史料解題である。そのなかで手塚博士は、額田県開庁当時の組織や人的配置を詳らかにし、県の刑事裁判の実態を明らかにする。そこに示された考証は、未だ本稿と直接の関連を有するものではないが、額田県の司法権が府県裁判所に継承される際、同県において従来訴訟の処理に当たっていた人々が、そうした転換期にいかなる職に就きえたのか、「解部」の位置づけを考える際に、改めて見直すことになるかもしれない。

(11) 霞信彦「実像の「司法職務定制」(その三)」(『NBL』第七七二号・七〇頁以下　平成一五年一一月)。

(12) 前掲霞・「実像の「司法職務定制」(その三)」・七一頁。

(13) 前掲霞・「実像の「司法職務定制」(その三)」・七一頁。

(14) 順に、「解部、その名の由来」・「官員としての解部」・「府県裁判所在勤解部の前歴をめぐって」・「府県裁判所在勤解部の果たした役割」である。

(15) 前掲霞・「実像の「司法職務定制」(その三)」・七三頁以下。

二、本　論

(1) 明治五年四月二五日、初代司法卿[1]に就任した江藤新平は、自らが意図し推進する司法制度改革[2]の、最も主要な課題の一つである、司法権の中央政府専管を完遂するために、維新後最初の司法行政・裁判制度に関する網羅規定「司法職務定制」（明治五年八月三日太政官達全一〇八条、以後本稿では「定制」とも称する）を制定した[3]。明治四年七月一四日に断行された廃藩置県以後国家的規模でおこなわれるようになっていた刑事裁判は、これを機に、「府県」および「府県裁判所」という二系統の裁判機関が担当することとなり[4]、司法省（明治四年七月九日設置）直属の法律専門家集団にして、わが国シンクタンクの嚆矢ともいうべき「明法寮」（明治四年九月二七日設置同八年五月四日廃止[5]）との緊密な連携のもとで執行されていった。筆者は、そうした刑事裁判体制を、「伺・指令裁判体制[6]」と命名し、これまで同体制の実態解明に力を注いできた。ちなみに、本書所収第十章「明治初期における刑事裁判体制について――伺・指令裁判体制を中心として――」[7]は、叙上の目的達成のもとに逐次発表してきた、伺・指令裁判体制を題材とする一連の論考[8]の「まとめ」的な意味をもつ。

ところで、筆者が上掲諸論考をなすにあたり、最も重要かつ必須の史料として常に俎上にのせ、精密な分析・検討を心がけたのは、現在法務省法務図書館が所蔵し、かつて沼正也博士が「明法寮申律課記録」と位置づけた「府県伺留」および「各裁判所伺留」であった[9]。理由としては、両伺留には、明治初期の、司法制度が未だ確立していたとは言い難い時期、日本全国津々浦々の各府県や各府県裁判所でおこなわれた刑事裁判において、裁判官役を担っていた人々[10]から提起された、法の解釈や適用を中心とするぼう大な数にのぼる伺とそれに対する司法省側の指令が綴じ込まれており、当時の刑事裁判に従事する法律実務家の足跡を明確かつ実証的に辿ることができる、という点が挙げられる[11]。

さて、右にいう両伺留のなかで「各裁判所伺留」には、上述のように、明治五年八月以降、司法職務定制の規定にもとづき司法省が設置した各府県裁判所からの伺が編綴されているが、それらを概観すると、伺発信者として、時に府県裁判所における何らかの肩書きを付して提起されたものが散見される。その中には、「大解部某」などと記された「解部名」による伺が見受けられるが、この「解部」は、名称的には明治二年刑部省官員として置かれた近代解部[12]の延長上にあるものの、時期的に見て制度上はそれと全く異なり、定制「第五章　判事職制」第二〇条中に、

大解部　権大解部　中解部　権中解部　少解部　権少解部
各裁判所ニ出張シ聴訟断獄ヲ分掌ス[13]

との官階・職掌のもとで定められた「司法省解部」であることは、疑いを容れない（以後本稿にいう解部は、単に「解部」と呼称する場合も含め、すべて定制下に設けられた「司法省解部」を指す）。筆者はこれまで、「各裁判所伺留」にみる刑事裁判執行に係わる伺、つまり府県裁判所より呈される伺は、原則的には、府県裁判所所長たる「司法省判事[14]」名で提起され、司法省解部を直接の発信者とする伺は、数的にも質的にもきわめて例外の存在であるとの「認識」で捉えてきた。しかし、本稿を起こし司法省解部を考察の対象とするなかで、いま一度上掲の「認識」が本当に正鵠を得ているのか、あらためて該史料を網羅的に検証することこそが不可欠であるとの結論に至った。すなわち、その結果如何では、発信者名に併記された肩書きなどから、府県裁判所に配置された「司法省解部の果たした役割」を、いささかなりとも詳らかにできるのではないかと思料したからである。そこで、「各裁判所伺留」に綴じ込まれた伺の中で、司法省解部名で発せられたそれらをまとめ、一覧に供したのが次に掲げる「表」である。

(2)

整理番号	伺名	伺提出期日	伺提起者肩書	伺提起者名	史料名
1	出稼祈願等ニテ本官庁江届ス他管地ニ出ル者之儀ニ付伺	明治六年 二 月二三日	山梨裁判所長代 権大解部	松本正忠	(二) 明治六年 六一号
2	年令計算之儀ニ付伺	明治六年 三 月一七日	山梨裁判所長代 権大解部	松本正忠	(二) 明治六年 九五号
3	刑律之儀ニ付伺	明治六年 四 月二〇日	新治裁判所在勤所長代理 司法権大解部	牧野重正	(二) 明治六年 一二四号
4	田糧欺穏之儀ニ付伺書	明治六年 五 月一八日	足柄裁判所長代理 司法中解部	岡田直臣	(三) 明治六年 一五一号
5	郵便鉄道等罰則ニ付伺	明治六年 五 月三一日	兵庫裁判所所長代 司法大解部	大脇弼教	(三) 明治六年 一五五号
6	私娼衒売条例伺	明治六年 五 月三一日	兵庫裁判所所長代 司法大解部	大脇弼教	(三) 明治六年 一五九号
7	盗贓ニ係ル代金償却法伺	明治六年 五 月一三日	兵庫裁判所所長代 司法大解部	中村元嘉	(三) 明治六年 一六九号
8	窩弓殺傷人律之儀ニ付伺	明治六年 三 月一九日	山梨裁判所長代 大解部	松本正忠	(四) 明治六年 二一二号
9	無産ノ者再逃走ノ儀ニ付伺	明治六年 九 月一四日	京都裁判所長北畠少判事代理 司法大解部	犬塚重遠 草野允素	(四) 明治六年 二四二号
10		明治六年 九 月二四日	(埼玉裁判所) 司法大解部	高木勤	(四) 明治六年 二四四号

番号	件名	日付	差出	解部	出典
11	擬律伺	明治六年九月一二日	(埼玉裁判所) 司法大解部	高木勤	(四) 明治六年 二四五号
12		明治六年六月二九日	(埼玉裁判所) 司法大解部	松村道文	(四) 明治六年 二四七号
13	犯罪自首ノ儀ニ付伺	明治六年一〇月五日	京都裁判所長代理 司法大解部	犬塚重遠 草野允素	(四) 明治六年 二六九号
14	車馬殺傷人之ニ付伺	明治六年一〇月一七日	京都裁判所長司法少判事北畠治房代理 司法大解部	犬塚重遠 草野允素	(四) 明治六年 二八〇号
15	老小婦女棒鎖之儀ニ付伺	明治六年一〇月一四日	京都裁判所長北畠少判事代理 司法大解部	犬塚重遠 草野允素	(四) 明治六年 二九三号
16	盗犯私和ノ儀ニ付伺	明治六年一〇月二五日	京都裁判所長少判事北畠治房代理 大解部	犬塚重遠 草野允素	(四) 明治六年 二九四号
17	再犯加等ノ儀ニ付疑義伺	明治六年一〇月二三日	京都裁判所長少判事北畠治房代理 大解部	犬塚重遠 草野允素	(四) 明治六年 二九五号
18	改定律例御頒布以前処決ノ罪犯貼断方伺	明治六年一〇月二〇日	京都裁判所長少判事北畠治房代理 大解部	犬塚重遠 草野允素	(五) 明治六年 三〇五号
19		明治六年一一月一二日	(埼玉裁判所) 司法大解部	高木勤	(五) 明治六年 三一六号
20	一家人共犯罪之儀ニ付伺	明治六年一一月一一日	兵庫裁判所長代理 司法大解部	大脇弼教	(五) 明治六年 三一八号
21	律例疑義伺	明治六年一一月二〇日	京都裁判所長少判事北畠治房代理 大解部	犬塚重遠 草野允素	(五) 明治六年 三二〇号

22	律例疑義伺	明治六年一一月一七日	京都裁判所長少判事北畠治房代理 大解部	犬塚重遠 草野允素	(五) 明治六年　三二二号
23	律例疑義伺	明治六年一一月二八日	京都裁判所長少判事北畠治房代理 大解部	犬塚重遠 草野允素	(五) 明治六年　三二六号
24	律例疑義伺	明治六年一一月二〇日	京都裁判所長少判事北畠治房代理 大解部	犬塚重遠 草野允素	(五) 明治六年　三二八号
25	窃盗犯数ニ依リ首従ヲ不分伺	明治六年一一月(日欠)	兵庫裁判所長代理 司法大解部	大脇弼教	(五) 明治六年　三三〇号
26	犯罪自首ノ儀ニ付伺	明治六年一一月(日欠)	京都裁判所長少判事北畠治房代理 大解部	犬塚重遠 草野允素	(五) 明治六年　三三一号
27	賭博犯罪ノ儀ニ付伺	明治六年一一月一八日	兵庫裁判所長代理 司法大解部	大脇弼教	(五) 明治六年　三三二号
28		明治六年八月五日	(埼玉裁判所) 司法大解部	松村道文	(五) 明治六年　三三三号
29		明治六年一〇月二四日	(埼玉裁判所) 大解部	高木勤	(五) 明治六年　三三五号
30	律例疑義伺	明治六年一一月一七日	京都裁判所長少判事北畠治房代理 大解部	犬塚重遠 草野允素	(五) 明治六年　三三六号
31		明治六年一一月三〇日	京都裁判所長少判事北畠治房代理 司法大解部	犬塚重遠 草野允素	(五) 明治六年　三三九号
32	一家人共犯罪之儀ニ付伺	明治六年一〇月二九日	京都裁判所長少判事北畠治房代理 大解部	犬塚重遠 草野允素	(五) 明治六年　三四〇号

番号	件名	日付	差出	氏名	典拠
33	律例疑義伺	明治六年一一月　二日	京都裁判所長少判事北畠治房代理 大解部	犬塚重遠 草野允素	(五) 明治六年　三四四号
34	律例疑義伺	明治六年一一月二八日	京都裁判所長少判事北畠治房代理 大解部	犬塚重遠 草野允素	(五) 明治六年　三四六号
35	律例疑義伺	明治六年一一月　八日	京都裁判所長少判事北畠治房代理 大解部	犬塚重遠 草野允素	(五) 明治六年　三四八号
36		明治六年一二月　八日	(埼玉裁判所) 大解部	高木勤	(五) 明治六年　三五一号
37		明治六年一二月一〇日	(埼玉裁判所) 大解部	高木勤	(五) 明治六年　三五二号
38		明治六年一〇月二四日	(埼玉裁判所) 大解部	高木勤	(五) 明治六年　三六〇号
39	給没賍物之儀ニ付伺	明治六年一〇月一四日	京都裁判所長北畠少判事代理 司法大解部	犬塚重遠 草野允素	(五) 明治六年　三六六号
40	律例疑義伺	明治六年一一月三〇日	京都裁判所長少判事北畠治房代理 大解部	犬塚重遠 草野允素	(五) 明治六年　三七一号
41		明治六年　八　月二〇日	(埼玉裁判所) 松村大解部司法中解部	渡辺吉利	(五) 明治六年　三八三号
42		明治六年　八　月一七日	(埼玉裁判所) 松村大解部病気ニ付代司法中解部	渡辺吉利	(五) 明治六年　三八七号
43	新属相盗再犯者処置之儀ニ付伺	明治七年　一　月一三日	千葉裁判所長代理 司法権大解部	高塩又四郎 河野通故	(六) 明治七年　九号

番号	件名	日付	差出	氏名	出典
44	私娼衒売律例疑義伺	明治六年一一月一七日	京都裁判所長少判事北畠治房代理 大解部	犬塚重遠 草野允素	(六) 明治七年 一〇号
45	懲役終身限内老疾者収贖之儀ニ付疑義伺	明治六年一一月一七日	京都裁判所長少判事北畠治房代理 大解部	犬塚重遠 草野允素	(六) 明治七年 一三号
46	律例疑義伺	明治七年 二 月 五 日	京都裁判所長代理 大解部	草野允素 松本正忠	(六) 明治七年 一七号
47		癸酉（明治六年）一二月 二 日	山梨裁判所 司法権大解部	山本昌行	(六) 明治七年 二八号
48		明治七年 一 月一八日	山梨裁判所長代理 司法省八等出仕	中嶋清武	(六) 明治七年 三〇号
49	刑典之儀ニ付伺	明治七年 二 月 三 日	千葉裁判所長代理 司法権大解部	高塩又四郎 河野通故	(六) 明治七年 三八号
50	律例疑義伺	明治七年 二 月 八 日	京都裁判所長代理 大解部	草野允素 松本正忠	(六) 明治七年 四三号
51	律例疑義伺	明治七年 二 月一八日	京都裁判所長代理 大解部	草野允素 松本正忠	(六) 明治七年 四四号
52	刑典之儀ニ付伺	明治七年 二 月一九日	千葉裁判所副所長 司法権大解部	荻野覚行	(六) 明治七年 四七号
53	律例疑義伺	明治七年 二 月 五 日	京都裁判所長代理 大解部	草野允素 松本正忠	(六) 明治七年 四八号
54	失火疑義伺	明治七年 二 月二八日	京都裁判所長代理 大解部	草野允素 松本正忠	(六) 明治七年 四九号

55	律例疑義伺	明治七年三月(日欠)	京都裁判所長代理 大解部	草野允素 松本正忠	(六)明治七年　五一号
56	律例疑義伺	明治七年二月二〇日	京都裁判所長代理 大解部	草野允素 松本正忠	(六)明治七年　五三号
57	祖父母父母ヲ誤殺傷スル疑義伺	明治七年二月二七日	京都裁判所長代理 大解部	草野允素 松本正忠	(六)明治七年　五五号
58	遺失物取扱之儀ニ付伺	明治七年三月一五日	京都裁判所長坂本権中判事代理 大解部	草野允素 松本正忠	(六)明治七年　五七号
59	律例疑義伺	明治七年三月四日	京都裁判所長代理 大解部	草野允素 松本正忠	(六)明治七年　五八号
60	疑義伺	明治七年四月二日	京都裁判所長権中判事坂本政均代理 大解部	草野允素 松本正忠	(六)明治七年　六六号
61	旧銅貨私ニ相場ヲ立テ売買スル儀ニ付伺書	明治七年四月(日欠)	京都裁判所長権中判事坂本政均代理 大解部	草野允素 松本正忠	(六)明治七年　六八号
62	遺失物之儀ニ付伺書	明治七年四月一七日	京都裁判所長権中判事坂本政均代理 大解部	草野允素 松本正忠	(六)明治七年　七七号
63	刑典之儀ニ付伺	明治七年四月二四日	千葉裁判所副所長 大解部	荻野覚行	(六)明治七年　八〇号
64	律例疑義伺	明治七年三月一〇日	京都裁判所長代理 大解部	草野允素 松本正忠	(六)明治七年　八五号
65	疑義伺	明治七年四月二八日	京都裁判所長権中判事坂本政均代理 大解部	草野允素 松本正忠	(六)明治七年　八七号

66	疑義伺	明治七年四月二五日	京都裁判所長権中判事坂本政均代理 大解部	草野允素 松本正忠	(六) 明治七年 八八号
67	旧銅貨私ニ相場ヲ立テ売買スル儀ニ付再伺	明治七年四月三〇日	京都裁判所長権中判事坂本政均代理 大解部	草野允素 松本正忠	(六) 明治七年 八九号
68	疑義伺	明治七年五月一〇日	京都裁判所長権中判事坂本政均代理 権大解部・大解部	石田頼慶 草野允素	(六) 明治七年 九五号
69	疑義伺	明治七年四月三〇日	京都裁判所長権中判事坂本政均代理 大解部	草野允素 松本正忠	(六) 明治七年 一〇〇号
70	犯権限旨所分疑義ニ付伺	明治七年五月二二日	兵庫裁判所長代理 権大解部	木原章六	(七) 明治七年 一〇一号
71	律例疑義伺	明治七年五月一七日	京都裁判所長権中判事坂本政均代理 権大解部・大解部	石田頼慶 草野允素	(七) 明治七年 一〇八号
72		明治七年七月三一日	埼玉裁判所長判事賜休中ニ付副所長 大解部	高木勤	(七) 明治七年 一三六号
73		明治七年八月一二日	埼玉裁判所長判事賜休中ニ付副所長 大解部	高木勤	(七) 明治七年 一四四号
74		明治七甲戌年八月三日	山梨裁判所長三好権少判事代理 大解部	山本昌行	(七) 明治七年 一五二号
75		明治七年七月一〇日	権少判事上田庸澂所労ニ付代理 大解部（埼玉裁判所）	高木勤	(七) 明治七年 一六八号
76		明治七年八月一七日	埼玉裁判所長判事賜休中ニ付副所長 大解部	高木勤	(七) 明治七年 一七〇号

整理番号	伺名	伺提出期日	伺提起者肩書	伺提起者名	史料名
77	疑義伺	明治七年 五 月 四 日	京都裁判所長権中判事坂本政均代理大解部	草野允素 松本正忠	(七)明治七年 一七四号
78	士族犯罪ノ儀ニ付伺	明治七年 五 月二〇日	京都裁判所長権中判事坂本政均代理権大解部・大解部	石田頼慶 草野允素	(七)明治七年 一九三号
79	遺失及ヒ盗賍物処分ノ義伺	明治七年一〇月二五日	埼玉裁判所長判事所労ニ付副所長大解部	高木勤	(八)明治八年 四〇号
80	律文ノ儀ニ付伺	明治八年 四 月 九 日	熊谷裁判所長権少判事松田宣風代理権大解部	田中義忠	(八)明治八年 六四号
81	律例疑義伺	明治七年 四 月一五日	京都裁判所長権中判事坂本政均代理大解部	草野允素 松本正忠	(八)明治八年 七六号

① 「整理番号」は、後の考察の便宜のために、各伺が「府県裁判所伺留」に掲載されている順に、筆者が付したものである。
② 「伺名」は、各伺に表題として掲げられた内容を転記した。斜線をひいたものは、特に表題がないことを意味する。
③ 「伺提出期日」は、各伺文末に記されている時日である。
④ 「伺提起者肩書」は、各伺文末に記されたものを転記した。なお、「埼玉裁判所」については、原史料に裁判所名の記入はないが、確認の上（ ）内に示した（たとえば10）。本稿の考察では、この項が最も重要である。
⑤ 「伺提起者名」は、④にいう肩書をもつ解部の具体的な氏名である。④で肩書が一つでありながら二人の解部名が挙がっている場合は、両者同官職であり（たとえば13）、肩書が二つで、二人の解部名が挙がっている場合は、順にそれぞれの官職にある（たとえば68）。
⑥ 「史料名」に掲げてあるのは、各伺が、「各裁判所伺留」に綴じ込まれている巻およびそこに付されている固有の史料番号である。

(3) それでは、右の「表」（以後本稿では、「表」と呼称する）を素材として、本稿の目的である府県裁判所に配属された司法省解部が、同所でいかなる役割を果たしていたのかに関する検討を進めてみたい。まず、解部を提起者とする伺の数であるが、総数は八一件、府県裁判所別内訳は以下の通りである。

京都裁判所　四五件
埼玉裁判所　一六件
兵庫裁判所　七件
山梨裁判所　六件
千葉裁判所　四件
新治裁判所・足柄裁判所・熊谷裁判所　各　一件

「各裁判所伺留」には、明治五年より明治八年に至る間の全七三五件の伺が収録されており、その一〇パーセント強の伺が解部により提起されていることとなる。この割合について、多寡あるいは原則・例外といった観点から、それをどう理解するかは論の分かれるところであろうし、半数以上が京都裁判所伺である点を重視すれば、限られた府県裁判所に固有かつ特異な現象とする捉え方もあるかもしれない。[15]しかし、少なくとも伺・指令裁判体制下に設置されたおよそ半数にあたる府県裁判所で、[16]解部独自の手になると判断される伺が提出され、筆者管見の及ぶ限り、そうした伺を一件の例外もなく司法省側が受理、司法省判事に対すると変わらぬ通常通りの手続きを経て、指令が下されている事実は注目に値しよう。[17]つまり、たとえ割合は多いとはいえないまでも、同省側は、刑事裁判実決の際に生じた擬律・科刑の疑義解決に向けて、解部を伺発信者とする処理方式を、伺・指令裁判体制の一角を形成する何ら問題なきものとして、実務上違和感なく認容していたことが確認される。とすれば、解部なる法曹が、判断権限など何ら有しない、司法省判事の単なる下僚であったとする見解に立つことには、いささかの疑問を呈さざるを得ない。さらに如上の指摘は、「表」作成の原典とした「各裁判所伺留」という史料の性格からも補強される。すなわち、上掲伺留所収の伺には、個別の刑事事案の具体的処断を尋ねるものは少なく[18]、当時の現行刑法典であった「新律綱領」および「改定律例」といった律系刑法典に特有の複雑な運用に係わる[19]、いわば法律的素養に裏打ちされた法解釈論を内容としたものが中心であり、記名により各解部が独自の責任で、そうした伺を提起し得たということは、法律実務家としての能力面からみても、彼らが、司法省判事の属吏下僚に止まるものではなかったとの推測を可能にしよう[20]。

(4) 次いで、「表」中「伺提起者肩書」の項に注目しそれらを総覧することを通じて、府県裁判所配属の司法省解部が、同所においていかなる地位にあったのかについてその一端を考察してみたい。該項が示す彼らの肩書は、大きく分けて①「〇〇裁判所某所長代理もしくは代」、②「〇〇裁判所副所長」、③「肩書なし」の三種類であり、なかでも①が最多数を占める。この事実からは、伺を提起する立場にあった解部が、付された肩書名称から判断する限り、各府県裁判所所長の任を代理代行する、つまり「ナンバー2」の地位にあったとの推測が可能である。しかし一方、定制に設けられた府県裁判所の職制は「所長」のみであり[21]、「所長代理」・「(所長)代」・「副所長」といった職名は定制規定上存在しない[22]。従ってそれらは、まさに時々の伺提起者の権限や仕事の内容を正当化し明確にするために、便宜的にあるいは臨時に用いられたものと考えることもできよう。ところで、明治六年一月に創刊された、司法省独自の定期刊行物「司法省日誌[23]」をひもとく時、上述の点に関連し、さらに一歩進めた考証をなし得るかもしれない、きわめて興味深い記事が散見される。すなわち、以下に掲げる四つの辞令がその具体例である。

(a)　明治六年八月二〇日〔達書〕

埼玉裁判所在勤申付候事　　大解部　高木勤

埼玉裁判所当分所長代申付候条徒以下ノ刑ハ処決シ流以上ハ可伺出事(24)

　　右同人

(b)　明治六年九月四日〔達書〕

京都裁判所在勤　　　大解部　草野允素

其裁判所長北畠少判事御用出京中代理申付候条犬塚大解部申合可相勤候猶難決事件ハ大坂裁判所長ノ指図ヲ受可申事(25)

(c)　明治七年一月八日〔達書〕

　　八等出仕　中島清武(26)

山梨裁判所長出張迄当分代理申付候事

但権限儀ハ本省章程第六十九条、第七十条ノ通相心得本省へ可伺出事(27)

(d)　明治七年一月八日〔達書〕

　　権中判事　北畠治房

御用都合有之ニ付大解部ノ内へ代理申付置至急帰京可有之候事

但大解部代理中ノ儀ハ本省章程第六十九条、第七十条ノ通相心得候様可被申達候事(28)

(e)　明治七年一月二四日〔達書〕

千葉裁判所在勤中付候事　　大解部　荻野覚行

　　同人

千葉裁判所在勤中副所長申付候事(29)

右に掲げる各辞令は、明らかに「表」に示したそれぞれの伺提起者との間に相関関係をもつ。時期的に、各辞令に最も呼応する伺を挙げれば、(a)→10・11、(b)→9、(c)→48、(d)→50、(e)→52となろう。[30] そして、これらの辞令は、府県裁判所における解部の役割を考えるために、優れて有効な手がかりを提供してくれる。すなわち、上掲の辞令のどれもが「達書」といういわば公式の形式を踏んで下されていることやそれらの内容を通じて、「表」中にみられる「所長代理」・「（所長）代」・「副所長」という肩書は、単に文書上便宜的にあるいは臨時に付されたものにとどまらず、定制に規定された職名ではないが、司法省部内において正式な職制として認知されており、府県裁判所所長の職務代行者としての地位を意味するものであったと認識してよいと思う。また、上掲の肩書が公的な存在であるが故に、付与する権限の明確化を図る目的で、辞令(a)が、刑事裁判において職務代行者たる解部が自らの判断で科刑し得る範囲を示し、辞令(c)・(d)が、定制「第一七章　各区裁判所章程」中の二条文を掲げているともいえる。本稿に関わる刑事事案処断の権限について、辞令(c)・(d)にみる二条文中の、

> 第六九条　各区ノ断刑ハ笞杖ニ止リ徒以上ハ専断ノ権無シ若シ鞫問シテ徒以上ノ罪ト察スレハ假口書ヲ添ヘ其罪囚ヲ其府県裁判所ニ送致スヘシ杖以下ト雖モ裁決シ難キ者ハ上ニ同シ但シ其推問已ニ服シ罪状明白ナレトモ律条明文無ク擬断シ難キモノハ只其口書ヲ送リ処分ヲ乞フヘシ連累人ハ罪軽シト雖モ正犯ト同所ニ処断シ徒杖ノ権限ニ関セス[31]

を前提として考えれば[32]、司法省は、先にいう該職務代行者に対し、現実点では未だ時期の特定はできないものの、定制「第十七章　各区裁判所章程」に、

各区裁判所ハ府県裁判所ニ属シ地方ノ便宜ニ因テ之ヲ設ケ其地名ヲ冒ラシメ某裁判所トシ其区内ノ聴訟断獄ヲナス其章程左ノ如シ[33]

と定める、「区裁判所」[34]が有する裁判管轄権を与えるまでの意向を有していたことが推知される。[35]以上の考察からは、急激な制度改革に法的素養や経験を有する人的資源が追いつかず、ともすれば、明治維新後法曹養成制度が未整備であったこととも相俟って、司法省判事の必ずしも十分な充足ができなかったという現実の事情を背景として、[36]その不在や欠員を補い、府県裁判所の機能を停滞させないために、解部という官職中最上級の大解部を中心に、必要に即して、限定的とはいえ公的な処断権限の委譲がおこなわれていた、との指摘ができるのではないだろうか。そして、こうした面からも筆者は、少なくとも中級以上の司法省解部は、府県裁判所で何ら判断権限もたない、単なる司法省判事の属吏下僚に甘んずる存在ではなかったと考えておきたい。[37]

（1）　司法省はすでに明治四年七月九日に設置されていたが、長官である「卿」は、その後欠員となっていた。そうした状況が続いた事情については、たとえば、菊山正明『明治国家の形成と司法制度』（平成五年二月）所収「江藤新平の司法改革」・一四九頁以下を参照。

（2）　前掲菊山・『明治国家の形成と司法制度』所収の諸論文には、江藤新平の強力な先導により進められた司法制度改革を題材とする詳細な考察が示されている。なお、それらをふくめ同改革に関する先行研究については、本書所収第十章「明治初期における刑事裁判について——伺・指令裁判体制を中心に——」・二二二頁註（16）。

（3）　「司法職務定制」に関する先行研究については、前掲霞・「明治初期における刑事裁判について」・二一二頁註（17）を参照。

（4）一つの国内に二系統の裁判機関が存在した「理由」をめぐって、菊山氏は、前掲・『明治国家の形成と司法制度』所収「江藤新平の司法改革」・一六八頁以下の第三節に、予算執行を軸とした司法省と大蔵省の対立に注目し詳細な考察を示している。ちなみに、司法・大蔵両省の対立は、わが国最初の近代行刑法ともいうべき「監獄則并図式」（明治五年一一月二九日頒布、一般に「明治五年監獄則」ともいう）実施の際にも起きており、上掲の「理由」に関連して、筆者は、その間の事情の解明にも関心を有している。

（5）「明法寮」を対象とする研究としては、まず、沼正也『財産法の原理と家族法の原理〔新版〕』（昭和五五年一〇月）所収の諸論文を挙げなければならない。また、前掲藤田・『新律綱領・改定律例編纂史』所収「改定律例編纂者考」・二五六頁以下も示唆に富む。それら先行研究の詳細については、前掲霞・「明治初期における刑事裁判について」・二一三頁註（22）を参照。

（6）「伺・指令裁判体制」の「定義」については、前掲霞・「明治初期における刑事裁判について」・二〇九頁を参照。

（7）前掲霞・「明治初期における刑事裁判について」・二〇五頁以下。

（8）それら論考の詳細については、前掲霞・「明治初期における刑事裁判について」・二〇九頁および二一三頁註（23）を参照。

（9）明法寮申律課や「府県伺留」・「各裁判所伺留」に関して、沼博士は、前掲・『財産法の原理と家族法の原理〔新版〕』所収の諸論文において、詳細かつ精緻な考察を呈している。個々の具体的論文名については、前掲霞・「明治初期における刑事裁判について」・二二五頁以下註（1）を参照。

（10）筆者は、府県におけるそれを「裁判担当者」、府県裁判所におけるそれを「司法省判事」（もしくは「府県裁判所裁判官」）と呼称し類別してきた。両者を併せて、「裁判実務担当者」と総称する。前掲霞・「明治初期における刑事裁判について」・二〇九頁を参照。

（11）今日法務省法務図書館が所蔵する明治初期刑事裁判史料には、本稿に掲げた「伺留系」と「口書系」という異なる二つの系統がある。それぞれの位置づけについては、前掲霞・「明治初期における刑事裁判について」・二二六頁註（2）を参照。

（12）本稿「一、はじめに」の註（8）を参照。
（13）前掲・『法規分類大全　官職門　官制　司法省一』・一一五頁。
（14）定制では、「第十五章　府県裁判所章程　府県ニ置ク所ノ裁判所ハ府名県名ヲ冒ラシメ某裁判所トス章程左ノ如シ」中第五六条は冒頭で、「府県裁判所ノ長ハ判事ノ内一人之ニ充ツ」（前掲・『法規分類大全　官職門　官制　司法省一』・一二四頁）と定めるが、現実の司法省判事の人員配置は、前掲霞・「明治初期における刑事裁判について」・一三七頁以下の註（15）に言及するように、一部を除き原則一名であり、その者が否応なしに所長の任に就いたと推測される。
（15）他所と比較して、確かに京都裁判所における解部対応の伺の多さは看過できない。ところで、京都府と明治五年一〇月七日に創設された京都裁判所とのさまざまな紛議をめぐっては、前掲藤原・「明治六年における京都府と京都裁判所との裁判権限争議（上）」・四七五頁以下および同「明治六年における京都府と京都裁判所との裁判権限争議（下）――裁判権独立過程の一断面――」（『神戸法学雑誌』第三四巻第四号・九〇五頁以下　昭和六〇年三月）に詳しい。解部が伺提起者となっている件数の多さと、前掲論文で藤原氏が考察する京都裁判所が抱えた問題との関連性については、別途検討する余地がある。
（16）定制にもとづき全国展開が企図された府県裁判所も、筆者のいう伺・指令裁判体制下終末期（明法寮廃止まで）においてすら、組織の新設や統廃合の結果存置したのは、東京・大阪・京都・千葉・新治・茨城・栃木・熊谷・埼玉・神奈川・足柄・山梨・函館・新潟・長崎・佐賀の三府一三県の各府県裁判所であったし、叙上の期間を通じて、数的にはほぼその範囲を超えていない（司法省編纂『司法沿革史』（昭和一四年一〇月）・二頁以下を参照）。
（17）本文「表」に掲げた八一件すべての伺について確認済みである。
（18）前掲註（11）を参照。
（19）明治維新後、最初の国家的統一刑法典「新律綱領」（明治三年一二月二七日頒布）および「改定律例」（明治六年七月一〇日施行）の、改正・追加の様式等については、手塚豊『明治刑法史の研究（上）』（昭和五九年三月）所収「明治六年太政官布告第六十五号の効力――最高裁判所判決に対する一異見――」・一一七頁以下に詳細な考察がなされている。
（20）「表」中61の伺には、

近頃京摂間ノ商人共頻リニ旧銅貨ヲ買締メ又ハ私ニ相場ヲ立テ売買致スニ付銅貨払底諸人難渋之趣相聞候右者追々御布令モ有之且太政官第三十五号布告ニ依リ即今右所業ニ及候者偵索勾問中ニ候処右該犯人ハ違令ニ問擬シ所断致シ候儀ハ勿論ノコトト存シ候得共其売買スル所ノ銅貨金円ハ花利ヲ追シテ官ニ没シ原貨ハ事主ニ還付致シ候儀哉又ハ給没賍物条に照シ取与倶ニ罪アル賍見做シ都テ官ニ没入致シ候儀哉此段相伺候至急御指令被下度候也

とする伺本文に加え、以下の「追伸」が付されている。

本文犯罪者ノ回テ生スル所以ノ者ハ今般新銅貨御鋳造御発行ニ付商人共新旧銅貨ノ量目新銅貨ヨリ重キコト幾レド三倍セルヲ以テ各自貯蓄シ又ハ私ノ抵価ヲ立テ売買致ス儀ト被存候特ニ今般太政官本年第三一三号ノ御布告ニハ銅貨海外ヱ輸出御差許シニ付テハ滋マス右等ノ所為ニ及フ者不尠ト相察シ候元来貨幣公債書等ノ類等ニ諸物価ノ騰低スルハ品物ノ精粗軽重ニ因リテ一定の抵価ナシ多クハ是自然ノ勢ヒニ出テ人力ノ不及トコロ政府モ亦敢テコレヲ圧制スルコトヲ不得儀存候権外ノ儀ニハ候得共新旧品位御比較速ニ均等ノ抵価ニ御改正不相成テハ啻ニ犯罪者ノ多ク出来スルノミナラズ銅貨払底ニ相成衆庶難渋可致ス杞憂ノ至ニ候間此段宜シク御高議ヲ仰キ候也

これは、伺提起者である両大解部が、伺に挙げた「近頃京摂間ノ商人共頻リニ旧銅貨ヲ買締メ又ハ私ニ相場ヲ立テ売買致ス」という違法行為の原因が、政府の通貨政策にあると思料し太政官宛上呈した意見書である。一例にはすぎないが、こうした論陣の内容からも、司法省解部の能力の高さがうかがわれる。

(21) 前掲註（14）を参照。

(22) この他に、解部に付されたものではないが、明治八年一月一〇日に提起された伺の発信者名には、「京都裁判所副長権少判事　人見恒民」（「各裁判所伺留　八」所収第二一〇号）のように「副長」という肩書が用いられている。しかし「副長」という官職も定制の規定には存在しない（司法省判事複数配置のために便宜的に用意された職名か）。

(23) 「司法省日誌」の何たるか、またそれに関する先行研究については、前掲霞・「明治初期における刑事裁判について」・二二〇頁以下を参照。

(24) 「司法省日誌　明治六年後第三四号」。

(25) 「司法省日誌　明治六年第四九号」。

(26)「八等出仕　中島清武」は、唯一解部以外の官職にあって府県裁判所所長代理として伺を提起する者であるが、該官職が、官階的には司法省判事の下位かつ大解部に相当し、しかも彼自身明治七年一〇月八日付をもって、官階的には横滑りのかたちで「大解部」に任じられていることから（「司法省日誌　明治七年第一六二号」）、「表」中に掲げ考証の対象とした。

(27)「司法省日誌　明治七年第三号」。

(28)「司法省日誌　明治七年第十号」。

(29)「司法省日誌　明治七年第十五号」。

(30)「表」からは、時間的に考えて、それぞれ他の複数の伺との相関が推測されるが、とりあえず辞令時日と最も近接する伺を掲げた。

(31) 前掲・『法規分類大全　官職門　官制　司法省二』・一二七頁。なお、第七〇条は、区裁判所の「聴訟」に関する金銭管轄範囲を示した規定であり割愛した。

(32) 辞令(a)では、「所長代」の大解部に、「新律綱領」が定めていた五刑中死刑・流刑を除く下位三段階の徒刑・杖刑・笞刑までを科する権限を認めており、辞令(c)・(d)が掲げる定制第六九条より独自に専断できる科刑の幅が広い。こうした相違は、職務代行者としての職名は設けたものの、権限をめぐり、当初司法省内部での判断が確定していなかったことによるのであろうか。

(33) 前掲・『法規分類大全　官職門　官制　司法省一』・一二七頁。

(34) 定制に規定された「区裁判所」の、活動状況や人員配置など実態については、明治初期の司法制度研究のなかで、府県裁判所に増して解明されていない。前掲・『司法沿革史』・一五頁以下には、明治五年八月以降の府県裁判所設置記事に加え、明治五年八月一七日に初めて、「埼玉裁判所管内ニ行田、粕壁ノ二区裁判所、入間裁判所管内ニ深谷、大宮ノ二区裁判所ヲ置ク」という記載がみられる。

(35) また辞令(b)では、隣接府県裁判所の司法省判事の指揮を仰ぐことも付言されているが、今日と異なる通信事情を勘案し、緊急事態に対し司法省の意を体しての迅速な処理がなされるようにとの意向を示したものであろうか。

(36) 前掲菊山・『明治国家の形成と司法制度』所収「明治初期司法制度史研究の現状と課題」・一八頁以下は、「司法制度を支える裁判官の養成は急務であった」との指摘とともに、その問題をめぐる先学の論文を紹介する。

(37) それでは、「表」中に名を現すことのない権中解部以下の司法省解部が、府県裁判所でいかなる役割を果たしていたのだろうか。疑問の解明のためには、筆者は、前掲註(11)に掲げた「口書系」と称するもう一つの明治初期刑事裁判史料を分析することが、重要であろうと考えている。この点については、仮説として前掲霞・「実像の『司法職務定制』(その三)」・七三頁に言及したが、あらためて史料にもとづく詳細な検討をしたいと思う。

三、結語

本稿では、明治維新後の司法制度中に設けられた、いわゆる近代解部のなかで、特に「司法職務定制」が定める法曹である司法省解部が果たした役割について、府県裁判所を舞台として考察してみた。すでに本論冒頭でもふれたように、司法権の中央政府専管を達成することを希求してやまなかった初代司法卿江藤新平は、その目的を達成するために府県裁判所を創設し、同所を確固たる司法機関として全国的に展開させ定着させることを、自らの改革の最重要課題とした。そしてそうしたなかで、本稿での考察の帰着として、本来の改革の尖兵たる司法省判事の数的不足を補い改革を維持するために、職務代行者として、重要な役割を担ったのが大解部を中心とした解部ではなかったのか、との認識を得た。しかし、本稿論題にも示したように、本論に述べた内容は、近代解部研究のほんの出発点にすぎない。そして、本稿題材を対象とする限り、府県裁判所に配属された中級以下の司法省解部の職務、司法本省を初め他の部署や機関における解部の任務、解部に任ぜられた人々の前歴、その法的知識や見識のレベル、解部の職にあった者の明治初期法曹官僚機構のなかでの官職遍歴状況など、さらに解明しなければならない問題は枚挙にいとまがない。それゆえ、今後筆者としては、必要な原史料の綿密な分析を通じ上掲諸点を一つ一つ考察し、近代解部、特に司法省解部が、明治初期司法史に果たした役割の詳細を明らかにすることを予定している。

霞　信彦（かすみ のぶひこ）
1951年生まれ。慶應義塾大学法学部教授。慶應義塾大学大学院法学研究科公法学専攻博士課程単位取得退学。法学博士（慶應義塾大学）。
主要著作：『明治初期刑事法の基礎的研究』（慶應義塾大学法学研究会叢書、1990年）、『日本法制史 史料集』（共編、慶應義塾大学出版会、2003年）、『矩を踰えて　明治法制史断章』（慶應義塾大学出版会、2007年）、峯村光郎（田中実補訂）『改訂・法学（憲法を含む）』（霞信彦ほか改訂、慶應義塾大学通信教育部、2010年）、『日本法制史Ⅱ─中世・近世・近代』（共著、慶應義塾大学通信教育部、2012年）、『法学講義ノート 第5版』（慶應義塾大学出版会、2013年）、『法学概論』（編著、慶應義塾大学出版会、2015年）他。

明治初期伺・指令裁判体制の一掬

2016年1月30日　初版第1刷発行

著　者────霞　信彦
発行者────坂上　弘
発行所────慶應義塾大学出版会株式会社
〒108-8346　東京都港区三田2-19-30
ＴＥＬ〔編集部〕03-3451-0931
〔営業部〕03-3451-3584〈ご注文〉
〔　〃　〕03-3451-6926
ＦＡＸ〔営業部〕03-3451-3122
振替 00190-8-155497
http://www.keio-up.co.jp/
装　丁────鈴木　衛
組　版────株式会社キャップス
印刷・製本──中央精版印刷株式会社
カバー印刷──株式会社太平印刷社

Printed in Japan ISBN978-4-7664-2294-8